An Introduction to the Study of the Anglo-Saxon Language, Comprising an Elementary Grammar, Selections for Reading, With Explanatory Notes and a Vocabulary

ATWOOD & CULVER,
STEREOTYPERS,
MADISON, WIS.

PREFACE.

This book has been prepared to serve as an introduction to the study of Anglo-Saxon; it makes no claim to originality, but only aims to present in an elementary form the well-understood principles of Anglo-Saxon grammar. It is designed rather to prepare the way for more advanced works on the subject, like those of Dr. March, than to supersede or come into competition with them. From its great age, its wonderful continuity of development, and the opportunity afforded for illus-tration by kindred dialects, the Anglo-Saxon offers a tempting field to the student of Comparative Philology, and one which will amply repay any toil that may be bestowed upon it; but in order that the student may advantageously cultivate this field, a certain amount of preparation is indispensable; which preparation it is the aim of this book to afford.

The extracts for reading have been selected so as to gradually increase in difficulty. Beginning with ideas which are familiar, the student passes to those which are less readily apprehended, and then to selections which require more labor on his part. Anglo-Saxon poetry is, as a rule, quite difficult, and I have endeavored to lead up to these difficulties gradually, by giving both the prose and the poetic version of Boethius's Metres, thus acquainting the student with the poetic form without the difficult labor of translating wholly unfamiliar passages. In making these selections I have been somewhat restricted by the elementary character of the book, but I have endeavored to admit nothing devoid of interest.

Hoping that this work may be of service in facilitating the study of Anglo-Saxon, and may increase our estimate of the value of the inheritance which we have in our mother-tongue, the author leaves his work with the public, saying with King Alfred, "And nu bit and halsað ælcne þara þe þás bóc rǽdan lyste, þæt he him ne wíte gif he hit rihtlícor ongite þonne he mihte; for þam þe ælc mon sceal be his andgites mǽðe and be his æmettan sprecan þæt he sprecð and dón þæt he déð."

UNIVERSITY OF WISCONSIN,
MARCH, 1875.

TABLE OF CONTENTS.

GRAMMATICAL INTRODUCTION.

SOUNDS OF THE LETTERS.

1. The Anglo-Saxon alphabet has twenty-four letters, as follows: A, B, C, D, E, F, G, H, I, K, L, M, N, O, P, R, S, T, U, W, X, Y, and Ð, ð, Þ, þ, representing the two sounds of th, as heard in *thine, thin.*

2. An accent is found in A.-S. mss., generally placed over the long vowels, but too capriciously to indicate any law; it is used in this work to denote a long vowel.

3 The VOWELS were probably sounded thus:—

a   as in *what.*

æ   as in *fat.*

á   like *aw* in *straw*, passing nearly to long *o*, as in *note.*

ǽ   like *a* in *fate.*

au like ow in *now.*

e   as in *met.*

é   as in *mete* (as cwén, *queen*, Gothic kwino).

e   before a vowel not forming a diphthong (break-ing) like consonantal *y* (j).

eo like German œ.

eó like *ee* in *seen* (seón to see).

ea as in *swear.*

eá like á preceded by ĕ.

i   as in *dim.*

í   as in *dime* (sometimes as in *machine*, (so heora, hiora).

i   before a vowel like consonantal *y* (j) (so *iest* for east).

iw   like *ew* in *new.*

o   as in *whole.*

ó   like *oo* in *foot.*

u   as in *full.*

ú   as in *fool.*

y and ý like French u, coalescing finally with **i, í.**

NOTE 1. The simple vowels are a, i, u; a strengthens to æ (á), ó, breaks to ea, and weakens to æ, o, e; i strengthens to í. á (ǽ), breaks to eo, weakens to e; u strengthens to eó (ú), eá (ó), weakens to o. y is i-umlaut of u. Ea and eo seldom coalesce into perfect diphthongs.

NOTE 2. " Radical short *a* can only stand before a single consonant and *st, sc,* when this consonant, or these letters are again followed in the inflection by a, o, u, in nouns, a, o, u, e, in adjectives, a, o, u, ia, in verbs;" in other cases, æ is used instead of a; before *m, n,* a may change to *o,* as *man, mon;* before *l* and *r,* followed by another consonant, a may change to *ea.*

4. The Consonants have generally their present sounds, but the following peculiarities are to be noted: c is always sounded like *k;* cw like *qu;* ð like th in *thine,* and þ like th as in *thin,* but these characters are used quite interchangeably: g at beginning of words is generally hard, but is sometimes soft as in the pronouns ge, git,—at the end like German soft *g,* almost passing into *y,* as dæg, *day;* h at beginning of words, a strong aspirate,—at end, a guttural, like German ch; *h* sometimes stands for final *g,* as burh, *gen.* burge; hw like *wh.*

ETYMOLOGY.

5. The Parts of Speech are the Noun, Adjective, Pronoun, Verb, Adverb, Preposition, Conjunction and Interjection.

NOUNS.

Declension.

6. Nouns vary in form, to denote the relations of Gender, Number and Case. There are three genders, Masculine, Feminine and Neuter; three numbers, Singular, Dual (two) and Plural; six cases, Nominative, Genitive, Dative, Accusative, Vocative and Instrumental.

NOTE. The gender in A.-S. is grammatical, and is not determined by the sex of the object.

7. Nouns have two numbers, singular and plural; only pronouns have the dual, used to denote two taken together.

8. The Cases are used to denote the following relations:

Nom. subject of a sentence.

Gen. modern possessive, or denoting the relation expressed by the preposition *of.*

Dat. denoting the relation usually expressed by prepositions *to* or *for.*

Acc. modern objective.

Voc. used in Address, same in form as Nominative.

Inst. denotes the agent, or the relation expressed by the prepositions *by* or *with.*

NOTE. As the Vocative is the same in form as the Nominative, it will be omitted in the paradigms.

9. There are four Declensions of Anglo-Saxon Nouns, distinguished by the ending of the Genitive singular—

The first ends in *es*   the second in *e*

The third in   *a*   the fourth in *an*

NOTE. The fourth declension is called weak; the others strong.

10. In the first declension are found only masculine and neuter nouns; in the second, only feminines; in the third, masculine and feminine; in the fourth, masculine and feminine.

NOTE. The first, second, and third decl. comprise the vowel stems (a (ia), i, u); the fourth, the consonant stems; in this declension are found four neuters, eáge, eáre, lunge, clywe.

11. The following is a

Summary of Case Endings:

Sing.	DECL. I Mas.	Neut.	DECL. II. Fem.		DECL. III. Mas.	Fem.	DECL. IV. Mas.	Fem.
N.&V.	—, e	—, e	u,	—	u,	—	a,	e
Gen.	es	es	e	e	a	a	an	
Dat.	e	e	e	e	a, u	a,—	an	
Aco.	—, e	—, e	u, e	e,—	u	—	an	
Inst.	e	e	e	e	a	a,—	an	
Plural.								
N.A.V.	as	—, u	a, e	e, a	u, o, a	a	an	
Gen.	a	a	a	ena	a, ena	a	ena	
D.&I.	um	um	um		um		um	

NOTE. The dative plural sometimes ends in *on, un,* or *an.* In late A.S. the *a* of the gen. pl. sometimes weakens to *e,* as huí fela lande [landa] (p. 69), *of how many lands;* and finally drops, as seofon fót [fóta] mǽl (p. 68), *a portion of seven feet.*

First Declension. Gen. Sing. es.

12. Masculines.

1. Stól, *stool.*   2. Dæg, *day.*   3. Bere, *barley.*

	Sing.	Pl.	Sing.	Pl.	Sing.	Pl.
N.	stól	stól-as	dæg	dag-as	bere	ber-as
G.	stól-es	stól-a	dæg-es	dag-a	bere-s	ber-a
D.	stól-e	stól-um	dæg-e	dag-um	bere	ber-um
A.	stól	stól-as	dæg	dag-as	bere	ber-as
I.	stol-e	stól-um	dæg-e	dag-um	ber-e	ber-um

4. Byre, *son.*   5. Fót, *foot.*   6. Beáh, *ring.*

	Sing.	Pl.	Sing.	Pl.	Sing.	Pl.
N.	byre	byre (as)	fót	fét	beáh	beág-as
G.	byr-es	byr-a	fót-es	fót-a	beág-es	beág-a
D.	byr-e	byr-um	fét	fót-um	beág-e	beág-um
A.	byre	byre (as)	fót	fét	beáh	beág-as
I.	byr-e	byr-um	fót-e	fót-um	beág-e	beág-um

Note. Fét is for fét-e.

13. Neuters.

7. Word, *word.*   8. Fæt, *vat.* 9. Ríce, *kingdom.*

	Sing.	Pl.	Sing.	Pl.	Sing.	Pl.
N.	word	word	fæt	fat-u	ríce	ríc-u
G.	word-es	word-a	fæt-es	fat-a	ríc-es	ríc-a
D.	word-e	word-um	fæt-e	fat-um	ríc-e	ríc-um
A.	word	word	fæt	fat-u	ríce	ríc-u
I.	word-e	word-um	fæt-e	fat-um	ríc-e	ríc-um

Note 1. Like stól are declined masc. monosyllables, deriva-tives in l, m, n, r, ing, els, að, óð, oð, eð, od, ot, et, — h, oc, uc, —u(o). Derivatives in eð and els often drop *as* in the nom. and acc. pl.; as, hǽleð for hǽleðas, fætels for fætelsas. Like dæg are declined hwæl, mæg, pæð, stæf, etc. Like bere are declined bryne, cese, cwede, ele, ege, ende, esne, hæle; derivatives in cre, words compounded with scipe. Like býre are inflected words used

only in the plural, as Dene, *Danes;* words compounded with ware, as Cantware, Kent-men, though these latter sometimes form the acc. pl. in *as.* Like fót are declined tóð, man. Like word are declined neuter monosyllables; derivatives in — h, el, ol, en. er, or, ur, od, ed, et, ot, eld. Like fæt are declined hæc, bæð, fæc, fæs, glæs, etc.

NOTE 2. Byre and fót are from stems in i; nouns like Bere are from strengthened stems in ia; other stems in first decl. end in a.

NOTE 3. Feoh, *cattle,* takes gen. feós, dat. feó, acc. feoh, pl. wanting.

NOTE 4. Some nouns take a or u in nom. and acc. pl., as deofol pl., deofla, deoflu; cíld, cíldra, cíldru.

NOTE 5. Words ending in an unaccented short vowel are frequently syncopated, as engel, gen. engles; tácen, tácnes; tungol, tungles; segen, segnes.

NOTE 6. Metathesis takes place in the plural of some nouns ending in sc, as fisc, a fish, pl. fixas (ficsas).

NOTE 7. Some nouns in eó take ý in the pl., as feónd, pl. fýnd.

NOTE 8. Some neuters like lim, brim, hlið, take eo in plural — (u-umlaut) as, leomu, etc.

Second Declension. Gen. Sing. e.

14. FEMININES.

1. Gifu, *gift.*   2. Dæd, *deed.*   3. Duru, *door.*

	Sing.	Pl.	Sing	Pl.	Sing.	Pl.
N.	gif-u	gif-a (e)	dæd	dæd-a	duru	dur-a
G.	gif-e	gif-a (ena)	dæd-e	dæd-a	dur-e	dur-a
D.	gif-e	gif-um	dæd-e	dæd-um	dur-a (e)	duru-m
A.	gif-u (e)	gif-a (e)	dæd-e	dæd-a	duru (e)	dur-a

NOTE. Nouns like gifu are from stems in ä; like dæd from stems in i; duru has stem in u.

15. ANOMALOUS NOUNS. SECOND DECL.

	SINGULAR.			PLURAL.		
N. A.	*Gen.*	*Dat.*	*N. A.*	*Gen.*	*Dat.*	
bóc	bóce	béc	béc	boca	bócum	*book*
bróc	bróce	bréc	bréc	bróca	brócum	*breeches*
burh	burge	byrig –	byrig	burga	burgum	*burg*
cú	cús	cý	cý	cúna	cúm	*cow*
gós	góse	gés	gés	gósa	gósum	*goose*
lús	lúse	lýs	lýs	lúsa	lúsum	*louse*
mús	múse	mýs	mýs	músa	músum	*mouse*
turf	turfe	tyrf	tyrf	turfa	turfum	*turf*

NOTE 1. Like gifu and denu, decline all feminines in *u;* derivatives in l, n, r, s, nes, nys, ung, ing, etc. Words in ung sometimes take the dative singl. in a, and the nom. and acc. pl. in as. Like dǽd are declined monosyllables; derivatives in oc, n, en, es, ð.

NOTE 2. To this declension belong nouns in *o* indeclinable in the singular, as brædo, *breadth ;* the plurals are rare.

Third Declension. Gen. Sing. a.

16. MASCULINE.				FEMININE.	
1. Sunu, *son.*		2. Wudu, *wood.*		3. Hand, *hand.*	
Sing.	*Pl.*	*Sing.*	*Pl.*	*Sing.*	*Pl.*
N. sunu	sun-a	wudu	wud-as	hand	hand-a
G. sun-a	sun-a (ena)	wud-a (es)	wud-a (ena)	hand-a	hand-a
D. sun-a	sunu-m	wud-a	wudu-m	hand-a (hand)	hand-um
A. sunu	sun-a	wudu	wud-as	hand	hand-a
I. sun-a	sunu-m	wud a	wudu-m		

NOTE. This declension is very irregular, showing a constant tendency to merge into the others; stems all in u.

17. ANOMALOUS NOUNS. THIRD DECL.

SINGULAR.			PLURAL.		
N. A.	*Gen.*	*Dat.*	*N. A.*	*Gen.*	*Dat.*
sumor	sumores	sumora	sumoras	sumora	sumorum
winter	wintres	wintra	winter	wintra	wintrum
feld	feldes	felda	feldas	felda	feldum

Fourth Declension. Gen. Sing. an.

18. MASC. FEM. NEUT.

1. Hunta, *hunter.* Tunge, *tongue.* Eáge, *eye.*

	Sing.	*Pl.*	*Sing.*	*Pl.*	*Sing.*	*Pl.*
N.	hunt-a	hunt-an	tunge	tung-an	eáge	eág-an
G.	hunt-an	hunt-ena	tung-an	tung-ena	eág-an	eág-ena
D. I.	hunt-an	hunt-um	tung-an	tung-um	eág-an	eág-um
A.	hunt-an	hunt-an	tung-an	tung-an	eág-e	eág-an

NOTE 1. Compare this Declension with the definite declension of adjectives.

NOTE 2. To this declension belong certain monosyllabic roots, as clife, clufe, derivatives in l, n, r, s, ig, w, all adding a or e in the nominative.

19. ANOMALOUS NOUNS.

SINGULAR.			PLURAL.		
N. A.	*Gen.*	*Dat.*	*N. A.*	*Gen.*	*Dat.*
fæder	fæder (es)	fæder	fæderas	fædera	fæderum
bróðor	bróðor	bréðer	bróðru (a)	bróðra	bróðrum
módor	módor	méder	módra (u)	módra	módrum
dóhter	dóhtor	déhter	dóhtra	dóhtra	dóhtrum
sweostor	sweostor	sweostor	sweostra	sweostra (ena)	sweostrum
scó (eó)	scós (eós)	scó (eó)	scós (eós) (sceón)	sceóna	scóum
sǽ	(sǽs) sǽ	sǽ	sǽs	(sǽa)	sǽm
eá	(eás) eá	eá	eá (eás)	eá	eám
ǽ (law)	ǽ	ǽ		[plural wanting]	
beó	bean	—	beón	beóna	beóum

ADJECTIVES.

20. In Anglo-Saxon, as in German, Adjectives have two forms of Declension: the Definite form, used when the noun modified by the adjective is limited by some definitive word, as a demonstrative or possessive pronoun; the Indefinite form used in all other cases.

21. The forms of the Definite Declension are the same as in the Fourth Declension of Nouns. The inflection of the Adjective in the Indefinite Declension, as in the other Teutonic languages, resembles the pronominal rather than the substantive forms.

22. DEFINITE DECLENSION.

Se góda, *the good.*

	SINGULAR.			PLURAL.
	Mas.	*Fem.*	*Neut.*	*M. F. N.*
N.	gód-a	gód-e	gód-e	gód-an
G.	gód-an	gód-an	gód-an	gód-ena
D.I.	gód-an	god-an	gód-an	gód-um
A.	gód-an	gód-an	gód-e	gód-an

Se smala, *the small.*

	SINGULAR.			PLURAL.
	Mas.	*Fem.*	*Neut.*	*M. F. N.*
N.	smal-a	smal-e	smal-e	smal-an
G.	smal-an	smal-an	smal-an	smal-ena
D.I.	smal-an	smal-an	smal-an	smal-um
A.	smal-an	smal-an	smale	smal-an

NOTE. Some adjectives of this declension suffer contraction, as fægera, fægra, *fair;* fámiga, fámga, *foamy,* etc. Some double the final consonant, as grim, grimma.

23. INDEFINITE DECLENSION.

1. Gód, *good.*

	SINGULAR.			PLURAL.	
	Mas.	*Fem.*	*Neut.*	*M. F.*	*Neut.*
N.	gód	gód (u)	gód	gód-e	gód-u
G.	gód-es	gód-re	gód-es	gód-ra	gód-ra
D.	gód-um	gód-re	god-um	gód-um	gód-um
A.	gód-ne	gód-e	gód	gód-e	gód-u
I.	gód-e	gód-re	god-e	gód-um	gód-um

2. Smæl, *small.*

	SINGULAR.			PLURAL.	
	Mas.	*Fem.*	*Neut.*	*M. F.*	*Neut.*
N.	smæl	smal-u	smæl	smal-e	smal-u
G.	smal-es	smæl-re	smal-es	smæl-ra	smæl-ra
D.	smal-um	smæl-re	smal-um	smal-um	smal-um
A.	smæl-ne	smal-e	smæl	smal-e	smal-u
I.	smal-e	smæl-re	smal-e	smal-um	smal-um

NOTE 1. The *u* of the feminine singular and neuter plural quite often weakens to *e*, and sometimes drops. The termination *e* has weakened from an original *a*, which is still occasionally found; as (dat. sing. fem.) micelra for micelre (p. 105, l. 25) (acc. pl.), calla for ealle (p. 123, l. 4). The Participles, when used as Adjectives, have both declensions.

NOTE 2. Adjectives in *e*, as blíðe, retain the *e* in the nominative singular of the three genders, and in the acc. sing. neuter.

NOTE 3. In late A.S. the inst. often takes the place of the dative; as, mid ǽnige men (p. 67, l. 20).

24. COMPARISON.

The Comparative degree of Adjectives is regularly formed by adding to the positive indefinite, *ra* for the masculine and *re* for the feminine and neuter. The Comparative has only the Definite declension.

The Superlative degree is regularly formed in the definite declension by adding to the positive, *esta, este, este,* (osta, oste, oste); in the indefinite, by adding to the positive *est* (ost), as,

Swíð, *great.*

	Mas.	*Fem.*	*Neut.*
Compar.	se swíð-ra	seó swíð-re	þæt swíð-re
Sup. Def.	se swíð-esta	seó swíð-este	þæt swíð-este
	swíð-osta	swíð-oste	swíð-oste
Sup. Ind.	swíð-est, swíð-ost		

NOTE. In A.-S. the idea of comparison was carried much further than in the modern use,—the comparative termination being used in the formation of other relative words, as oðer, *second,* hwæðer, *which one of the two?* æfer, *ever,* ofer, *over,* etc. So also the ordinals are all superlative forms, as fyr-sta, *first.*

25. IRREGULAR COMPARISON.

Some adjectives become irregular in comparison, through the influence of vowel-change — a changing to e; æ to a; eá into ý or í; ea, eo, u, to y; others are defective, the positive and comparative being formed from different roots.

Forms in *ma* (me) are relics of an old superlative form, which has been taken as a positive, and again compared.

The following are irregular, through vowel-change:

Positive.	*Comparative.*	*Superlative.*	
lang	lengra (leng)	lengest	*long*
strang	strengra	strengest	*strong*
eald	yldra	yldest	*old*
neáh	nearra (nýra)	nyst (nýhst)	*nigh*
neáh	neár	next (néhst)	
heáh	hýrra	hýhst	*high*

Positive.	Comparative.	Superlative.	
eáðe	ýðra (éð)	ýðest (eáðost)	*easy*
feor	fyrre	fyrrest	*far*
geong	gyngra	gyngest	*young*
sceort	scyrtra	scyrtest	*short*
soft (seft)	seftra	seftest	*soft*

The following are irregular, the different forms being referrible to different roots:

Positive.	Comparative.	Superlative.	
gód	betera (bet)	betst	*good*
yfel	wyrsa	wyrst	*evil*
micel	mára (má)	mæst	*much*
lytel	læssa	læst	*little*

The following are from Adverbs:

Adverb.	Pos.	Comparative.	Superlative.	
á	—	ærra (ær)	ærest	*ever*
	—	æfterra	æftemest	*after*
fore	—	fyrra	forma, fruma, fyrst	*fore*
feor	feor	fyrre	fyrrest	*far*
forð		furðor	forðmest	*forth*

From Superlatives, assumed as Positives:

Positive.	Comparative.	Superlative.	
æftuma	æftra	æftemest	*after*
hindema	hindera	hindemest	*hind*
innema	innera	innemest	*inner*
útema	útra	ýtemest	*outer*
midma	—	midmest	*mid*
niðema	niðra	niðmest	*nether*

So also compounds with *weard*, as —

forðweard	furðor	furðum, forðmest
norðweard	norðor	norðmest
úteweard	utra (útor)	útema, útemest
niðeweard	niðra (niðor)	niðema, niðemest

26. Numerals.

	Cardinals.	Ordinals.
1	án	forma, fyrsta
2	twegen, twá, tu	oðer
3	þrí, þreó	þridda
4	feower	feowerða
5	fíf	fífta
6	six	sixta
7	seofon (syfone)	seofoða (eða)
8	eahta	eahtoða (eða)
9	nigon, nigen	nigoða (eða)
10	týn, tén	teoða
11	endleofan (ellefan)	endleofta
12	twelf	twelfta
13	þreótyne	þreóteoða
14	feowértyne	feowerteoða
15	fíftyne	fífteoða
16	sixtyne	sixteoða
17	seofontyne	seofonteoða
18	eahtatyne	eahtateoða
19	nigontyne	nigonteoða
20	twentig	twentigoða
21	án and twentig	án and twentigoða
30	þritig, þrittig	þritigoða
40	feowertig	feowertigoða
50	fíftig	fíftigoda
60	sixtig	sixtigoða
70	hundseofontig	hundseofontigoða
80	hundeahtatig	hundeahtatigoða
90	hundnigontig	hundnigontigoða
100	hundteontig, hund	hundteontigoða
101	hund and án	án and hundteontigoða
110	hundendleofantig	hundendleofantigoða
120	hundtwelftig	hundtwelftigoða
130	hund and þritig	hund and þritigoða
200	twá hund	twá hundteontigoða
1000	þúsend	

Note. Combined numbers are sometimes connected by eac or and, meaning *added to;* sometimes by the next higher ten, and wana, læs *or* butan, denoting *less.*

27. An ordinal before *healf* numbers the whole of which the half is to be taken, e. g., þridde healf, two and a half, but when the cardinal is used the number is not diminished, as þreó healf, *three halves.* This same idiom holds good when the number is to be subtracted, as, he heóld þæt ríce óðrum healfum læs þe þrittig wintra, *he held the kingdom one year and a half less than thirty years.*

NOTE. Sum, before a cardinal, renders the number indefinite, as, he hæfde sume hund scipa, *he had about a hundred ships*: so also swilce, as, swilce þrittig wintre, *about thirty years of age:* a cardinal limiting sum numbers. the whole of which sum denotes a part, as, he code syxa sum, *he went one of six—with five others*

28. DECLENSION OF NUMERALS.

1. án, *one;* in plural, *all.*

	SINGULAR.			PLURAL.
	Mas.	*Fem.*	*Neut.*	*M. F. N.*
N.	án	án	án	áne
G.	ánes	ánre	ánes	ánra
D.	ánum	ánre	ánum	ánum
A.	ánne	áne	án	áne
I.	áne	ánre	áne	ánum

2. *Twegen*, twain. 3. Þreo, *three.*

	Mas.	Fem.	Neut.	Mas.	Fem.	Neut.
N.A.	twegen	twá	twá (tú)	þrý (i, eó)	þreó	þreó
G.	twegra	twegra	twegra	þreóra	þreóra	þreóra
D.	twam	twam	twam	þrim	þrim	þrim

NOTE 1. Twega is sometimes found instead of twegra.

NOTE 2. Begen, *both,* is declined like twegen. Cardinals, from feower to twelf, and from þreotyne to nigontyne are used as indeclinables; but they are sometimes inflected, like bere in the first declension of nouns.

PRONOUNS.

Personal Pronouns.

29. The Personal Pronouns are ic, þu, and he, heo, hit, *he, she, it.* Ic and þu retain the dual forms; they are thus declined:

1. Ic, *I.*   2. Þu, thou.

	Sing.		*Dual.*		*Plural.*	
N.	ic	þú	wit	git	we	ge
G.	mín	þín	uncer	incer	úser, úre	eówer
D.	me	þé	unc	inc	ús	eów
A.	mec, me	þec, þe	unc (it)	inc (it)	úsic, ús	eówic, eów

3. He, *he;* heó, *she;* hit, *it.*

SINGULAR.

	Mas.	*Fem.*	*Neut.*
N.	he	heó	hit
G.	his	hire (heore)	his
D.	him (heom)	hire (heore)	him (heom)
A.	hine	hí, heo, hie	hit
I.	hý (heó)	——	hý (heó)

PLURAL.

Mas. Fem. Neut.

N.	hie (hig, hi, heo)
G.	heora (hyra, hira, hiora)
D.	him (heom)
A.	hie (hig, hi, heo)

NOTE. The instrumental hý, heó, occurs only in a demonstrative sense, as heodæg, to-day. The pronoun *he* was originally a demonstrative, and still retains somewhat of this force.

30. The reflexive pronoun is wanting, although the possessive, sín, indicates the former use of the regular

reflexive sín, se, sec. Its place is now supplied by the personal pronouns, to which for the sake of emphasis, *self* is sometimes added. *Self*, in the nominative, takes both adjective declensions; in the oblique cases it follows the indefinite only. Self is also used as a demonstrative.

Possessives.

31. The genitives mín, þín, sín, úser (ure) eower, uncer, incer, are used as possessives, and are inflected thus:

1. Mín, *mine.*

	SINGULAR.			PLURAL.	
	Mas.	*Fem.*	*Neut.*	*M. F.*	*N.*
N.	mín	mín	mín	míne	mínu (mine)
G.	mínes	mínre	mínes	mínra	mínra
D.	mínum	mínre	mínum	mínum	mínum
A.	mínne	míne	mín	míne	mínu (mine)
I.	míne	——	míne		

2. úser, *our.*

SINGULAR.

Mas.	*Fem.*	*Neut.*
N. úser (úre)	úser (úre)	same as mas,
G. úseres (ússes, úres)	úserre (ússe; úrre)	same as mas
D. úserum (ússum, úrum)	úserre (ússe, úrre)	same as mas
A. úserne (úrne)	úsere (ússe, úre)	úser (úre)
I. úsere (ússe, úre)	—— ——	same as mas.

PLURAL. N. A. úre; G. úrra (ússa); D. úrum.

NOTE. þín and sín are inflected like mín. Úser suffers assimilation of *r* to *s*, and then is contracted; eówer, uncer and incer are declined regularly according to the indefinite declension

Demonstratives.

32. Two demonstrative pronouns are found in Anglo-Saxon, both of which are derived from the same root.

1. Se, seó, þæt, *the.*

	SINGULAR.			PLURAL.
	Mas.	*Fem.*	*Neut.*	*M. F. N.*
N.	se	seó	þæt	þá
G.	þæs	þǽre	þæs	þára (þæra)
D.	þam (þæm)	þǽre, (þa)	þam (þæm)	þám (þæm)
A.	þone (þæne)	þá	þæt	þá
I.	þý (þé)	――	þý (þé)	þam (þæm)

2. Þes, þeós, þis, *this.*

	SINGULAR.			PLURAL.
	Mas.	*Fem.*	*Neut.*	*M. F. N.*
N.	þes	þeós	þis	þás
G.	þises	þisse	þises	þissa
D.	þisum	þisse	þisum	þisum
A.	þiṣne	þas	þis	þás
I.	þys	――	þys (þeós)	þisum

NOTE 1. Se, seó, stand for þe, þeó: seó is retained in *she.* The genitive and dative singular of þeós, are contracted forms, contracted thus: þisere þisre; þisse by assimilation; in like manner, the genitive plural is contracted from þisera, þisra, þissa. þæt and þis are found with pl. verbs; as, þæt wǽron ealle Finnas (p. 73, l. 2).

NOTE 2. We find in the adverb and preposition geond a relic of an old demonstrative. Compare German *jener.* Yon is still used as a demonstrative at the South; e. g., *yon house* for *that house.*

Relatives.

33. The demonstrative se, seó, þæt, and the indeclinable þe, are used as relative pronouns. Þe is also used in conjunction with se, seó, þæt, in all cases, thus:

2

	SINGULAR.			PLURAL
	Mas.	*Fem.*	*Neut.*	*M. F. N.*
N.	se þe (seþe)	seó þe	þæt þe, þætte	þá þe
G.	þæs þe	þǽre þe	þæs þe	þára þe
D.	þam þe	þǽre þe	þam þe	þám þe
A.	þone þe	þá þe	þæt þe, þætte	þá þe

NOTE 1. þe is similarly used with the personal pronouns he, heó, hit, as Ɉe his, *whose;* for se þe is found ðe þe, as Ðe þe wille (p. 128, l. 8).

NOTE 2. Swú, retained in *who-so,* is also used as an indeclinable relative.

Interrogatives.

34. The interrogatives are hwá, *who,* hwæt, *what,* hwæðer, *which of two,* hwylc, *what sort of?* Hwæðer and hwylc follow the indefinite declension.

1. Hwá, hwæt.
SINGULAR.

	Mas. Fem.	*Neut.*
N.	hwá	hwæt
G.	hwæs	hwæs
D.	hwam (hwæm)	hwam (hwæm)
A.	hwone (hwæne)	hwæt
I.		hwý (hwe)

2. Hwæðer.
SINGULAR.

	Mas.	*Fem.*	*Neut.*
N.	hwæðer	hwæðer(u)	hwæðer
G.	hwæðeres	hwæðerre	hwæðeres
D.	hwæðerum	hwæðerre	hwæðerum
A.	hwæðernᵃ	hwæðere	hwæðer

PLURAL.

	Mas. Fem.	Neut.
N.	hwæðere	hwæðeru
G.	hwæðerra	hwæðerra
D.	hwæðerum	hwæðerum
A.	hwæðere	hwæðeru

NOTE. Hwæðer is frequently contracted, as hwæðres for hwæðeres.

Indefinites.

35. The Indefinite Pronouns are án, *one, some one;* anra gehwylc, *every one;* oðer, *another;* sum, *a;* hit sume, *somewhat;* self and sylfa, intensive, like Latin, *ipse;* man, used as an indefinite subject, like German *man,* French *on;* wiht, *something;* ǽnig, nǽnig, manig, *any, none, many;* hwæt-hwægu, *somewhat;* hwæs-hugu, *some one's.* Here also belong compounds with swá, as, swa-hwá-swá, *whosoever;* swa-hwæt-swá, *whatsoever;* swa-hwylc-swá, *of what-sort-soever;* swa-hwæðer swá, *whichsoever of the two;* so also ge-hwá, ge-hwylc, ge-hwæðer, *some one, any one, either.*

NOTE 1. From the demonstrative swá and the adj. líc comes swylc, *such;* from the inst. þý and líc, þýlic, þylc, *this-like, such;* þus with líc forms þuslíc, *such;* with gerád, þusgerád, *of this sort;* á-ge forms compounds thus: with líc, ælc (ágelic), *each one;* with hwylc, æghwylc, *whosoever;* with hwá, æghwá, *whosoever;* with hwæðer æghwæðer, *each.*

NOTE 2. Sum is used, (1) as an indefinite article; (2) as an indefinite pronoun; (3) with numerals.

NOTE 3. From the demonstratives and interrogatives a corresponding series of adverbs is formed, as þær, þæs, þá, þonne, þonan, *there, since, while, then, thence.*

VERBS.

36. Anglo-Saxon Verbs form only the Active Voice by inflection: the Passive Voice is formed by the auxiliary verbs beon, wesan and weorðan.

37. Four Modes are formed by inflection: the Indicative, which simply predicates; the Subjunctive, which predicates contingently, and in subordinate clauses; the Imperative, which commands; and the Infinitive, the substantive form of the verb. To the verb also belong Participles, present and past, and the gerund, or dative case of the infinitive.

38. But two Tenses are formed by inflection: the present, which is also used as a future; and the past, which is also used as a perfect. A future is also formed by sceal and wille with the infinitive; and a perfect and pluperfect, with hæbbe, hæfde, as at present.

39. There are two Numbers, Singular and Plural, the Dual being found only in the pronouns.

40. There are three Persons: first, second and third.

Conjugation of Verbs.

41. The Principal Parts of a Verb are the Present Infinitive, the first person singular of the Past tense (and in the Second Conjugation the first person plural also), and the Past Participle.

42. Verbs in Anglo-Saxon may be arranged in two Conjugations, according to the method of forming the Past tense.

43. The First Conjugation forms the past tense by adding ode (ede), de (te) to the present stem; and the

past participle by dropping final e from the past tense. This conjugation originally formed its past tense by the aid of the auxiliary *did*, as I lov-ed, I love-did.

44. The Second Conjugation forms the past tense by a change of the vowel of the present stem; the past participle ends in en. This conjugation originally formed its past tense by reduplication.

45. The second and third persons of the present indicative singular often suffer vowel change.

The vowels	e, eo	a	ea	eá	á	ó	eó	u	ú
change to	i y	e	e(y)	é(ý)	æ	é	ý	y	ý

46. If a radical ending in t, d or ð, comes in immediate contact with st or ð (for est, eð), the following rules apply: After *t*, st stands but ð drops, as itst, it (for itð); *d* before st generally drops; before ð, both change to *t*, as rit for ridð; ð before st and ð drops, as cwist, for cwiðst and cwið for cwiðð; *st* before st drops, as birst for birstst, before ð rejects ð, as birst for birstð; *nd* before st or ð becomes nt, as stenst, stent, for standest, standð.

First Conjugation.

47. There are two Cases under the First Conjugation. The First forms the past tense by adding de to the present stem, with the connecting-vowel o, or e, or directly to the stem.

48. The Second Case forms its past tense by adding te to the present stem; it includes all verbs whose roots end in c, t, p, x. Verbs whose root ends in *c* change c to h, in the past tense, as tæcan, tæhte, *teach, taught.*

NOTE. Certain verbs, with a long radical syllable for é, take ó in the past tense, as, sécan, sóhte, to seek

Paradigms of Verbs.

49. Case I. Past Tense in de.

1 Lufian, *to love.* 2. Nerian, *to save.* 3. Hýran, *to hear.*

PRINCIPAL PARTS.

Inf. Pres.	*Past Tense.*	*Past Part.*
lufian	lufode	(ge)lufod
nerian	nerede	nered
hýran	hýrde	hýred

INDICATIVE MODE.
PRESENT TENSE.

Singular.	Plural.
1. ic lufige nerie hýre	1, 2, 3. we, ge, hi, lufiað (lufige)
2. þu lufast nerest hýrest	neriað (nerie)
3. he lufað nereð hýreð	hýrað (hýre)

PAST TENSE.

Singular.	Plural.
1. ic lufode nerede hýrde	1, 2, 3. we, ge, hi, lufodon
2. þu lufodest neredest hýrdest	neredon
3. he lufode nerede hýrde	hýrdon

SUBJUNCTIVE MODE.
PRESENT TENSE.

Singular.	Plural.
1, 2, 3. lufige nerie hýre	1, 2, 3. lufigen nerien hýren

PAST TENSE.

1, 2, 3. lufode nerede hýrde	1, 2, 3. lufoden nereden [hýrden

IMPERATIVE MODE.

lufa   nerie   hýr   lufiað   neriað   hýrað

                                  lufige   nerie   hýre

INFINITIVE MODE.

Present.	*Gerund.*
lufian nerian hýran	to lufianne .to nerianne to hýranne

PARTICIPLES.

Present.			*Past.*		
lufigende	neriende	hýrende	lufod	nered	hýred

NOTE 1. The first form given under the Indicative Present plural, and the Imperative plural is used when the pronominal subject precedes the verb, or is omitted; the second, when the pronoun immediately follows the verb.

NOTE 2. In the Indicative Present second person singular, o is sometimes found for a, as talost for talast. In the past tense, some verbs take *a* instead of *o*, as a connecting vowel.

NOTE 3. The Subjunctive plurals sometimes end in *on* or *an*.

NOTE 4. A periphrastic future tense is also formed with sceal or wille, with the infinitive; a perfect with hæbbe, and a pluperfect with hæfde and the past participle, as ic hæbbe gelufod, hæfde gelufod, I have loved, had loved.

NOTE 5. The intensive prefix ge is generally used with the past tense and past participle, but may be used with all the tenses.

50. The Preterite Verbs, cunnan, sculan and willan, are thus conjugated:

1. IND. *Pres.* Ic can, þú canst (cunne) he can; we cunnon; *Past.* Ic cúðe, þú cúðest, he cúðe; we cúðon. SUBJ. *Pres.* 1, 2, 3. cunne, cunnen; *Past.* 1, 2, 3. cúðe, cúðen (on). INF. cunnan. PART. (ge)cúð.

2. IND. *Pres.* Ic sceal, þú scealt, he sceal; we sculon (sceolon); *Past.* Ic sceolde (scolde), þú sceolde (scoldest), he sceolde (scolde), we sceoldon (scoldon). SUBJ. *Pres.* 1, 2, 3. Scyle (scule), scylen (sculen); *Past.* 1, 2, 3. Sceolde (scolde), sceolden). INF. Sculan.

3. IND. *Pres.* Ic wille (wile), þú wilt, he wille (wile), we willað; *Past.* Ic wolde, þú woldest, he wolde, we woldon. SUBJ. *Pres.* 1, 2, 3. wille (wile), willen (willan); *Past.* 1, 2, 3. wolde, wolden (on). INF. willan.

NOTE. Cúðe is for cunde. Like cunnan, conjugate also, unnan, ge-unnan, *to grant*, of-unnan, *to refuse.* Willan also has a negative form, nyllan, *to be unwilling. Ind. Pres.*, nelle, nelt, nele, nellað, *Past,* nolde, noldon; *Subj. Pres.*, nelle, nyllon.

51. The Irregular Verbs, dón, *to do*, gangan (gán), *to go*, búan, *to dwell*, are thus conjugated:

1. IND. *Pres.* Ic dó, þú dést, he déð (dó), we dóð; *Past.* Ic dide, þú didest, he dide, we didon. SUBJ. *Pres.* dó, dón; *Past.* dide, diden. IMPER. dó, dóð. INF. *Pres.* dón. *Ger.* to dónne. PART. *Pres.* (dónnde); *Past.* gedón.

2. IND. *Pres.* Ic gá (gange), þú gǽst, he gǽð (gá), we gáð (gangað); *Past.* ic eode (gengde), þú eodest (gengdest), he eode (gengde), we eodon (gengdon). SUBJ. *Pres.* gange, gangen; *Past.* eode, eoden. IMPER. gang (gá), gáð. INF. *Pres.* gangan (gán). *Ger.* to ganganne. PART. *Pres.* gangende; *Past.* (ge)gán (gegangen).

3. IND. *Pres.* Iç búe, þú býst, he býð (búe), we búað; *Past.* Ic búde, þú búdest, he búde, we búdon. SUBJ. *Pres.* bú, bún; *Past.* búde, búden. IMPER. bú, búað. INF. *Pres.* búan. *Ger.* to búanne. PART. *Pres.* búnde. *Past.* gebún.

CASE II. PAST TENSE IN TE.

52. This case includes all verbs forming the past tense in te.

1. Métan, *to meet*. 2. Bringan, *to bring*. 3. Reccan, *to relate*.

PRINCIPAL PARTS.

Pres. Inf.	Past Tense.	Past Part.
métan	métte	ge-mét
bringan	bróhte	(ge)bróht
reccan	reahte (rehte)	(ge)reaht

INDICATIVE MODE.

PRESENT TENSE.

Singular.			Plural.
1. méte	bringe	recce	1, 2, 3. métað
2. métest	bringest	reccest (récst)	bringað
3. méteð	bringeð	recceð (récð)	reccað

PAST TENSE.

1. métte	bróhte	reahte	1, 2, 3. métton
2. méttest	bróhtest	reahtest	bróhton
3. métte	bróhte	reahte	reahton

SUBJUNCTIVE MODE.

PRESENT TENSE.

1, 2, 3. méte bringe recce   1, 2, 3. méten bringen reccen

PAST TENSE.

1, 2, 3. métte bróhte reahte 1, 2, 3. métten bróhten reahten

IMPERATIVE MODE.

mét bring rece   métað (e) bringað (e) reccað (e)

INFINITIVE MODE.

Present.	Gerund.
métan bringan reccan	to métanne to bringanne to rec-
	[cenne

PARTICIPLES.

Present.	Past.
métende bringende reccende	métte bróht reaht

NOTE. The Past tense often changes the vowel of the present, as e into ea, ó into ó; sometimes i and y into o.

53. The Irregular Verbs, magan, *to be able*, motan (*must*), witan, *to know*, and ágan, *to own*, are thus conjugated:

1. IND. *Pres.* Ic mæg, þú meaht (miht), he mæg, we

magon; *Past.* ic meahte, þú meahtest, he meahte, we meahton. Subj. *Pres.* mæge, magen (mægen); *Past.* meahte, meahten. Inf. magan.

2. Ind. *Pres.* Ic mót, þú móst, he mót, we móton; *Past.* ic móste, þu móstest, he móste, we móston. Subj. *Pres.* móte, móteu; *Past.* móste, mósten. Inf. mótan.

3. Ind. *Pres.* Ic wát, þú wást, he wát, we witon; *Past.* ic wiste, þú wistest, he wiste, we wiston. Subj. *Pres.* wite, witen (on); *Past.* wiste, wisten. Inf. *Pres.* witan. *Ger.* to witanne. Part. *Pres.* witende; *Past.* (ge)witen.

4. Ind. *Pres.* Ic áh, þú áge, he áh, we ágon; *Past.* ic áhte, þú áhtest (áhst), he áhte, we áhton. Subj *Pres.* áge, ágen; *Past.* áhte, áhten. Inf. *Pres.* ágan. *Ger.* to áganne. Part. *Pres.* ágende; *Past.* ágen.

Note. For meahte, etc., mihte, etc., is found; and for wiste, etc., wisse, etc. Witan is also conjugated negatively, nitan (nytan) *not to know.*

54. Here belong also the following verbs:

1. Durran, *to dare.* 2. Þurfan, *to need.* 3. Dugan, *to be good for.*

1. Ind. *Pres.* S. dear, dearst, dear. Pl. durron. *Past.* dorste, dorstest, dorste. Pl. dorston. Sub. *Pres.* S. durre. Pl. durren. *Past.* S. dorste. Pl. dorsten.

2. Ind. *Pres.* S. þearf, þearft (þurfe), þearf. Pl. þurfon. *Past.* S. þorfte, þorftest, þorfte. Pl. þorfton. Sub. *Pres.* S. þurfe. Pl. þurfen. *Past.* S. þorfte. Pl. þorften.

3. Ind. *Pres.* S. deáh, duge, deáh. Pl. dugon. *Past.* S. dóhte, dóhtest, dóhte. Pl. dóhton. Subj. *Pres.* S. duge. Pl. dugen (on). *Past.* S. dóhte. Pl. dóhten (on). Part. *Pres.* dugende.

Second Conjugation.

55. The Second Conjugation includes all those verbs which form the past tense by changing the vowel of the present. It is subdivided into six cases, classified according to the vowels found in the Past tense, singular and plural, and in the Past Participle. They may be further grouped into two groups: in the first three cases, the vowel in the Present Infinitive and Past Participle is the same, and the same *letter* is found in all the persons and numbers of the past tense (the third case lengthening the vowel in the plural); in the second group, including the last three cases, the vowel of the participle differs from the vowel of the infinitive, and the vowel in the second person singular and the entire plural of the past tense differs from the vowel in the first and third persons.

56. The following table presents the classification of the Verbs of this Conjugation, according to the vowels of the Principal Parts:

	PRES. INF.	PAST TENSE. Singular.	Plural.	PAST PART.
Case I.	——	eó (é)	eó (é)	as inf.
II.	a ea	ó	ó	as inf.
III.	i, e	æ	ǽe	as inf. [o]
		[a	á	u]
IV.	í	ǽ	i	i
V.	i	a	u	u
VI. { A. eo [e i]	A. ea }	u	o	
{ B. eó [í ú]	B. eá }			

NOTE 1. The first case embraces the so-called reduplicative verbs.

NOTE 2. In the third case liquid roots quite generally take o in the participle.

NOTE 3. In place of æ, ǽ, of the third case, ea, éa, are sometimes found, as gifan, geaf, geáfon, gifen.

NOTE 4. The Participle in the sixth case sometimes takes short u in place of short o.

57. The following Paradigms exemplify the above six cases:

Paradigms.

FIRST GROUP. INF. AND P. P. SAME VOWEL.

1. Healdan, *to hold.* 2. Dragan, *to draw.* 3. Helan, *to hide.*

PRINCIPAL PARTS.

Pres. Inf.	healdan	dragan	helan
Past Sing.	heóld	dróh	hæl
Past Plu.	heóldon	drógon	hǽlon
Past Part.	healden	dragen	holen

INDICATIVE MODE.
PRESENT TENSE.

Singular.				Plural.		
1. healde	drage	hele	1, 2, 3.	healdað (healde)		
2. hyltst	drægst	hilst		dragað (drage)		
3. hylt (healt)	drægð	hilð		helað (hele)		

PAST TENSE,

1. heóld	dróh	hæl	1, 2, 3,	heóldon	
2. heólde	dróge	hǽle		drógon	
3. heóld	dróh	hæl		hǽlon	

SUBJUNCTIVE MODE.
PRESENT TENSE.

1, 2, 3. healde drage hele   1, 2, 3. healden dragen helen

PAST TENSE.

1, 2, 3. heólde dróge hǽle   1, 2, 3. heólden drógen hǽlen

IMPERATIVE MODE.

heald drag hel   healdað (e) dragað (e) helað (e)

INFINITIVE MODE.

Present.				*Gerund.*
healdan	dragan	helan	to healdanne	to draganne to [helanne

Participles.

Present.			*Past.*		
healdende	dragende	helende	(ge)healden	dragen	holen

58. SECOND GROUP. INF. AND P. P. DIFFERENT VOW.

4. Drífan, *to drive.* 5. Bindan, *to bind.* 6. Helpan, *to help.*

PRINCIPAL PARTS.

Prés. Inf.	drífan	bindan	helpan
Past Sing.	dráf	band	healp
Past Pl.	drifon	bundon	hulpon
Past Part.	drifen	bunden	holpen

INDICATIVE MODE.

PRESENT TENSE.

Singular.			*Plural.*	
1. drífe	binde	helpe	1, 2, 3.	drífað (e), bindað (e)
2. drífst	bindst	hilpst		helpað (e)
3. drífð	bint	hilpð		

PAST TENSE.

1. dráf	band	healp	1, 2, 3.	drifon, bundon, hulpon
2. drife	bunde	hulpe		
3. dráf	band	healp		

SUBJUNCTIVE MODE.

PRESENT TENSE.

1, 2 3. drífe binde helpe		1, 2, 3. drífen binden helpen	

PAST TENSE.

1, 2, 3. drife bunde hulpe		1, 2, 3. drifen bunden hulpen	

IMPERATIVE MODE.

drif   bind   help   drífað (e)   bindað (e)   helpað (e)

INFINITIVE MODE.

Present.   *Gerund.*

drífan   bindan   helpan   to drífanne   to bindanne   to [helpanne

Participles.

Present.   *Past.*

drífende bindende helpende   (ge)drifen bunden holpen

NOTE 1. It will be observed that the vowel which is found in the plural of the Indicative Past, is also found in the second person singular of that tense, and throughout the Subjunctive Past.

NOTE 2. Verbs will be found under Case 1, which, owing to contraction, appear to be exceptions, as fón (for fangan), *past*, féng, *pp.*, fangen; so hón, for hangan.

NOTE 3. Verbs belonging under Case 2, beginning with sc, sometimes form the past in eó (what is called the breaking of the vowel), as scyppan (for scapan) takes in the past, either scóp or sceóp. Here also belong contracted verbs, like sleán for sleáhan. Some liquid roots also take o in the p. p., as swerian, p. p. ge sworen.

NOTE 4. Verbs under Case 3, with liquid roots, usually form the p. p. in o, but sometimes they also retain the vowel of the pres. inf., as helan, *to hide*, p. p. holen or helen; some other verbs also form the p. p. in o, as brecan, *to break*, p. p. brocen; æ sometimes shifts to ea, as gifan, geaf; cuman, *to come*, changes a, á, in the past tense, to o, ó, thus com, cómon, for cam, cámon — a change quite common in A.-S. before m and n. Niman, *to take* (neoman), takes numen in p. p.

NOTE 5. Case 4 includes verbs with long *í* in the present infinitive — for *ai*, as the past tense shows.

NOTE 6. Case 5 includes verbs with short *i* in the infinitive present, usually ending in a double liquid or a liquid and a mute.

NOTE 7. Case 6 closely resembles case 3; it includes verbs having eo, eó, in pres. inf., and others with e or i ending in a double liquid, or a liquid and a mute, which shift æ in the past tense to ea. Some verbs in cos change *s* to *r* in the p. pl. and p. p., as ceósan, ceás, curon, coren; so hreósan.

NOTE 8. The following is Koch's classification:

		I. REDUPLICATIVE VERBS.			II. OTHER STRONG VERBS.		
	Inf.	*Past.*	*P. P.*	*Inf.*	*Past S.*	*Pl.*	*P.P.*
I.	a, ea	eo, é	a, ea	i, e, eo	a, ea, œ	u	u, o
II.	á	eo, é	á	i, e	a, æ	ú, úe	o
III.	úe	eo, é	úe	i. e	æ, a	úe	e
IV.	eá	eo	eá	a, ea	ó	ó	a, ea
V.	ó	eo, é	ó	í	á	i	i
VI.	é	eo	é	eo, u	eá	u	o

Conjugation of Beon, Wesan, Habban.

59. The verb *to be*, in Anglo-Saxon, is formed from four stems which, however, arise from two roots — compare Latin *sum, fui.* The forms from beon usually have a future force.

INDICATIVE MODE.

PRESENT TENSE.

Singular.			Plural.	
1. eom beóm (beo)	hæbbe (habbe)	sind sindon beoð (beo)		
2. eart bist	hæfst (hafast)	habbað (hafiað)		
3. is bið	hæfð (hafáð)	(hæbbe, habbe)		

PAST TENSE.

1. wæs	hæfde	wǽron	hæfdon	
2. wǽre	hæfdest			
3. wæs	hæfde			

SUBJUNCTIVE MODE.

PRESENT TENSE.

1, 2, 3. beo, síe (sí, sig, seó)   1, 2, 3. beon, síen (sín)
         habbe (hæbbe)   habben, hæbben (habbon)

PAST TENSE.

1, 2, 3. wǽre   hæfde   wǽren (on)   hæfden

IMPERATIVE MODE.

beo   wes   hafa   beoð (beo)   wesað (wese)   habbað (e)

INFINITIVE MODE.

Present.   *Gerund.*

beon wesan habban   to beonne to wesanne to habbanne

PARTICIPLES.

Present.   *Past.*

beonde   wesende   habbende   (ge)wesen   (ge)hæfed

NOTE 1. Eom is also inflected negatively, neom. Habban also takes a negative form, nabban.

NOTE 2. Weorðan, *to become*, is thus conjugated: *Ind. Pres.* weorðe, wyrst, wyrð; weorðað (e). *Past.* wearð, wurde, wearð; wurdon. *Subj. Pres.* weorðe; weorðen. *Past.* wurde; wurden. *Infin. Pres.* weorðan. *Ger.* to weorðanne. *Imper.* weorð, weorð-að (e). *Participles Pres.* weorðende. *Past.* geworden. This verb also forms: *factus est*, hafað geworden, wearð geworden; *factus erat*, wæs geworden.

60. PASSIVE VOICE.

The Passive is formed in Anglo-Saxon by the verb *to be* and the Past Participle. Ælfric, the grammarian, gives the Passive, thus:

IND.   *Pres.*   Ic eom gelufod (amor)
        Past.   Ic wæs gelufod (amabar)
        Perf.   Ic wæs fulfremedlíce gelufód (amatus sum)
        Plup.   Ic wæs gefyrn gelufod (amatus eram)
        Fut.   Ic beo gelufod (amabor)
SUBJ. *Pres.*   Eálá gif ic beo gelufod gyt (utinam amer)
        Past.   Eálá gif ic wǽre gelufod (utinam amarer)
        Perf.   Eálá gif ic wǽre fulfremedlice gelufod
                           (utinam amatus essem)
CONJ. *Pres.*   þonne ic eom nu gelufod (cum amer)
        Past.   þá þá ic wæs gelufod (cum amarer)
        Fut.   þonne ic beo gelufod gyt (cum amatus ero)

IMPERAT.	Si þú gelufod (amare)
INF. *Pres.*	Beon gelufod (amari)
Past.	Gefyrn ic wolde þæt þú wǽre gelufod (olim volui te amatum esse)
Fut.	Ic wille beon gelufod (amatum iri volo)
Ger.	He is to lufiganne (amandus est ille)
PARTICIP.	Se þe sceal beon gelufod (amandus).

List of Verbs for Practice.

61. We give below a list of Verbs, for practice in Conjugation, and to familiarize the reader in the vowel-changes:

First Conjugation.

CASE I. PAST TENSE IN ode, ede, de.

Pres. Inf.	*Past Ind.*	
ælan	ælde	to set on fire
andian	andode	to envy
ascian (axian)	ascode (axode)	to ask
behýdan	behydde	to hide
bletsian	bletsode	to bless
blindian	blindode (ade)	to blind
bodian	bodode	to announce
byrigan	byrigde	to taste
eglan	eglede	to ail
fægnian	fægnode	to rejoice
fréfrian	fréfrode	to console
fyllan	fylde	to fill
hingrian	hingrede	to hunger
lǽran	lǽrde	to teach
nemnan	nemde	to name
ontynan	ontynde	to open
secgan	sǽde	to say
wuldrian	wuldrode	to glorify
wyrigan	wyrigde	to curse

NOTE. The connecting vowel *o* is sometimes changed to *a*

3

62. CASE 2. PAST TENSE IN te.

Pres. Inf.	*Past Ind.*	
✔ bétan	bétte	to amend
bringan	brohte (brang)	to bring
bycgan	bohte	to buy
ehtan	ehte	to persecute
fæstan	fæste	to fast
geneahlæcan	geneahlæhte	to draw near
onlihtan	onlihte	to light
récan	rohte	to reck
sécan	sohte	to seek
settan	sette	to place
syltan	sylte	to salt
técan	téhte	to teach
wyrcan	worhte	to work
þyrstan	þyrste	to thirst

Second Conjugation.

63. CASE 1. PAST TENSE IN eó, é.

Inf.	*Ind. Pres., 1.*	*3.*	*Past Tense.*	*Past Part.*	
beátan	beáte	beáteð	beót	ge(beáten)	*beat*
✔ cnáwan	cnáwe	cnæwð	cnéow	cnáwen	*know*
feallan	fealle	fylð	feóll	feallen	*fall*
grówan	grówe	gréwð	greów	grówen	*grow*
✔ heáwan	heáwe	heáweð	heów	heówen	*hew*
hleápan	hleápe	hlypð	hleóp	hleápen	*leap*
swápan	swápe	swæpð	sweóp	swápen	*sweep*
wealdan	wealde	wylt	weóld	wealden	*wield*
weaxan	weaxe	wyxð	weóx	weaxen	*wax*
wépan	wépe	wépð	weóp	wepen	*weep*
hangan	hange (hó)	hehð	héng	hangen	*hang*
✔ hátan	háte	hét	héht (hét)	háten	*command*
lǽtan	lǽte	lǽt	lét	lǽten	*let*

NOTE. Here also belongs brǽdan, bréd (bræd), (pl., brédon. brudon), brǽden (gebrǽd).

CASE 2. PAST TENSE IN 6.

Inf.	Ind. Pres., 1.	3.	Past.	Past Part.	
faran	fare	færð	fór	(ge) faren	*fare*
galan	gale	gælð	gól	galen	*sing*
grafan	grafe	græfð	gróf	grafen	*grave*
hlihhan	hlihhe	hlihð	hlóh	hleahen	*laugh*
(hleahhan)			(pl. hlógon)	(hlægen)	
leahan	leahe	lehð	lóh (gon)	leahen (lægen)	*blame*
scacan	scace	scæcð	scóc	scacen	*shake*
			(sceóc)		
sceádan	sceáde	scyt	sceód	sceaden	*shade*
scyppan	scyppe	scypð	scóp	sceapen	*shape*
(sceapan)			(sceóp)		
sleán	sleá	slýhð	slóh	slegen	*slay*
(sleahan)			(pl. slógon)		
standan	stande	stent	stód	standen	*stand*
wacsan	wacse	wæxð	wósc	wæscen	*wash*

NOTE. Verbs beginning with *sc* sometimes divide the vowel o into eo (breaking) as above. Short a is sometimes replaced by short æ in the p. p., as dragan, dróg, drægen, *draw;* so also, hladan, hlód, hlæden, *lade;* wádan, wód, wæden, *wade.* Verbs, with short e, or i, also sometimes take a or æ in the p. p., as hebban, hóf, hafen, *heave;* steppan, stóp, stapen, *step;* so also hlihhan, and leahan, given above.

65. CASE 3. PAST TENSE. SING., æ. PL., æ.

Inf.	Ind. Pres., 1.	3.	Past.	Past Part.	
cnedan	cnede	cnit	cnæd	cneden	*knead*
drepan	drepe	dripð	dræp	drepen	*strike*
etan	ete	it (iteð)	æt	eten	*eat*
gifan	gife	gifð	geaf (æ, a)	gifen	*give*
lesan	lese	list	læs	lesen	*lease*
métan	méte	mit	mæt	meten	*mete*
swefan	swefe	swifð	swæf	swefen	*sleep*
sprecan	sprece	spricð	spræc	sprecen	*speak*
tredan	trede	trit	træd	treden	*tread*
wefan	wefe	wifð (eð)	wæf	wefen	*weave*
wesan	(wese	weseð)	wæs	ge wesen	*be*

Liquid Roots take P. P. in o.

Inf.	Ind. Pres., 1.	ă.	Past.	Past Part.	
beran	bere	birð	bær	boren	*bear*
⌣ cwellan	cwele	cwilð	cwæl	cwolen (cwelen)	*kill*
⌣ hélan·	héle	helð	hœl	holen (helen)	*hide*
⌣ scéran	scére	scirð	scær (scear)	scoren	*shear*
stélan	stéle	stilð	stæl	stolen	*steal*
⌣ teran	tere	tirð	tær	toren	*tear*

NOTE. We sometimes find æ resolved into ea, in the past tense, as in gifan, *give;* gitan, geat, geten, *get;* verbs in sc are particularly liable to this change, as sceran, scear, scoren; so also seón, seáh, gesewen, *see.* Short i, in the inf., often changes to short e in the p. p., as biddan, bæd, beden, *pray;* licgan, læg, legen, *lie;* sittan, sæt, seten, *sit;* þicgan, þeah (þáh) (pl., þǽgon, þigdon) þegen, *taste.* Wríhan, with í in the inf, is conjugated thus: wríhan, wreah (pl., wrǽgon), wrigen, *cover.* Brecan follows the analogy of liquid roots, and has brocen in the p. p. Niman, *take,* and cwiman (cuman), *come,* have a, á, (o, ó), in the past, and u in the p. p.

66. CASE 4. INF., í. PAST SING., á. PL., i. P.P., i.

Ind. Pres., 1.	3.	Past Sing.	Pl.	Past Part.	
bíde	bídeð	bád	bidon	biden	·*bide*
bíte	bít (eð)	bát	biton	biten	*bite*
blíce	blícð	blác	blicon	blicen	*shine*
cíde	cít	cád	cidon	ciden	*chide*
dwíne	dwíneð	dwán	dwinon	dwinen	*dwindle*
drífe	drífð (eð)	dráf	drifon	drifen	*drive*
flíte	flít	flát	fliton	fliten	*contend*
gíne	gínð	gán	ginon	ginen	*yawn*
glíde	glídeð	glád	glidon	gliden	*glide*
grípe	grípeð	gráp	gripon	gripen	*gripe*
líðe	líð (eð)	láð	líðon	liðen	*sail*
·ríde·	rít	rád	ridon	riden	*ride*
rípe	rípeð	ráp	ripon	ripen	*reap*
scíne	scíneð	scán	scinon	scinen	*shine*

Ind. Pres., 1, 3.		Past Sing.	Pl.	Past Part.	
slíde	slídeð	slád	slidon	sliden	*slide*
sníce	sníceð	snác	snicon	snicen	*sneak*
smíte	smíteð	smát	smiton	smiten	*smite*
tíhe (teó)	tíhð	táh	tigon	tigen	*accuse*
wríte	wríteð	wrát	writon	writen	*write*

NOTE. Teóhan is also conjugated according to the sixth case: *past,* teáh, tugon; *pp.,* togen.

67. CASE 5. INF., i. PAST SING., a. PL., u. P.P., u.

Ind. Pres., 1, 3.		Past Sing.	Past Pl.		Past Part.	
acwince	acwincð	acwanc	acwuncon		acwuncen	*quench*
bringe	bringð	brang	brungon		brungen	*bring*
blinne	blinð	blan	blunnon		blunnen	*cease*
brinne	brinð	bran	brunnon		brunnen	*burn*
climbe	climbð	clamb	clumbon		clumben	*climb*
clinge	clingð	clang	clungon		clungen	*cling*
crince	crinceð	cranc	cruncon		cruncen	*cringe*
drince	drincð	dranc	druncon		druncen	*drink*
finde	fint	fand	fundon		funden	*find*
frinc	frinð	fran	frunon		frunen	*ask*
grinde	grint	grand	grundon		grunden	*grind*
rinne	rinð	ran	runnon		runnen	*run*
singe	singð	sang	sungon		sungen	*sing*
spinne	spinð	span	spunnon		spunnen	*spin*
stince	stincð	stanc	stuncon		stuncen	*stink*
winde	wint	wand	wundon		wunden	*wind*
winne	winð	wan	wunnon		wunnen	*win*

NOTE. Some verbs, containing r, suffer metathesis: so byrnan, for brinnan; yrnan, arn, urnon, urnen, for rinnan, etc. Frinan takes also frignan and fregnan in the *pres. inf.;* frœgn (frægn), frungon (frugnon), in the *past;* and frungen (frugnen), in the *pp.*

68. CASE 6. PAST SING., ea (eá). PL., u. P. P., o.

A.

Ind. Pres., 1.	3.	Past Sing.	Past Pl.	Past Part.	
beorge	byrgð	bearg (h)	burgon	borgen	*guard*
ceorfe	cyrfð	cearf	curfon	corfen	*carve*
deorfe	dyrtð	dearf	durfon	dorfen	*suffer*
eorne (yrne)	yrneð	earn (arn)	urnon	eornen (urnen)	*run*
feohte	fyht	feaht	fuhton	fohten	*fight*
meorne	myrnð	mearn	murnon	mornen	*mourn*
speorne	spyrnð	spearn	spurnon	spurnen	*spurn*
steorfe	styrfð	stearf	sturfon	storfen	*starve*
belle	bilð	beal	bullon	bollen	*bellow*
delfe	dilfð	dealf	dulfon	dolfen	*delve*
helpe	hilpð	healp	hulpon	holpen	*help*
melce	milcð	mealc	mulcon	molcen	*milk*
melte	milt	mealt	multon	molten	*melt*
swelte	swilt	swealt	swulton	swolten	*swelter*
gilde	gilt	geald	guldon	golden	*pay*
gille	gilð	geal	gullon	gollen	*yell*
gilpe	gilpð	gealp	gulpon	golpen	*boast*

B.

beóde	beódeð (byt)	beád	budon	boden	*bid*
buge (beóge)	bugeð	beáh	bugon	bogen	*bow*
ceóse	ceóseð (cysð)	ceás	curon	coren	*choose*
cneóde	cnyt	cneád	cnudon	cnoden	*knot*
dreóge	dreógeð (dryhð)	dreáh	drugon	drogen	*suffer*
fleóhe	flyhð	fleáh	flugon	flogen	*flee*
freóse	fryst	freás	fruron	froren	*freeze*
geóte	gýt	geát	guton	goten	*pour out*
leóse	lyst	leás	luron	loren	*lose*

Ind. Pres., 1.	3.	Past Sing.	Past Pl.	Past Part.	
reóce	rycð	reác	rucon	rocen	*reek*
sceóto	scóteð (scýt)	sceát	scuton	scoten	*shoot*
scúðe	seóðcð (sýð)	seáð	sudon	soden	*seethe*
sıncócc	smycð	smeác	smucon	smocen	*smoke*
teóhe	týhð	teáh	tugon	togen	*tug*
dúfe	dýfð	deáf	dufon	dofen	*dive*
lúce	lycð	lcác	lucon	locen	*lock*
lúte	lýt	lcát	luton	loten	*lout*
scúfe	scyfð	sceáf	scufon	scofen	*shove*
súcc	sycð	seác	sucon	socen	*suck*

NOTE. The exceptions under this case are, a for eá, in the past, and u for o, in the participle, as hlemman, hlam hlummon hlummen (hlommen), *to made a noise.*

68 (a) GENERAL NOTES ON THE VERB.

1. The original ending of the Ind. p. pl. was *un;* this weak-ened to *on* (*an,* § 3, n. 2). The original form is sometimes found, as hí eorþan águn (p. 49, l. 6), *they shall own the earth.*

2. The original ending of the subj. p. pl. was *an* (*on,* § 3, n. 2); as, ærþam ealle þing gewurðan (p. 50, l. 4), *before all things take place:* on is often found for *en,* as sóþlíce þonne ge fæston (p. 52, l. 30).

3. The pp. sometimes ends in *an;* as, hit wære begytan, (p. 67, l. 24), *it were procured.*

4. The pres. inf. sometimes ends in *on* for *an.*

SYNTAX.

69. The Anglo-Saxon syntax corresponds very closely with the Latin.

NOTE. The statement of familiar principles is omitted, (as that a verb must agree with its subject), and attention is mainly given to those uses of the genitive and dative cases of nouns, and of the subjunctive mode of verbs, which are not clearly recognized in modern English.

NOUNS.

Genitive Case.

70. A noun limiting the meaning of another noun is put in the genitive.

NOTE. This genitive may be subjective; as, Godes gife, *God's grace;* or objective; as, Godes egsa, *the fear of God.*

71. A noun added to another noun to express an attribute is put in the genitive.

NOTE. As: hwítes líchaman and fægeres andwlitan men;— lamb ánes geares. This genitive stands also in the predicate: his líchama wæs þæs ylcan gecyndes. Here also belong nouns denoting material.

72. Interrogative and indefinite pronouns denoting a part take a genitive of the whole.

NOTE. As: hwæt gódes do ic? hwylc manna? gumena æg-hwylc; ǽnig þæra engla.

73. Adjectives denoting plenty or want; also those denoting an operation of the mind, take the genitive.

NOTE. Here belong those denoting knowledge, ignorance, remembering, forgetting, desire, love, fear, sorrow, pride, shame, guilt, innocence, worth, merit, demerit, etc.

74. A noun in the genitive may be added to an adjective to denote that in which the attribute inheres.

NOTE. As: módes milde; mǽgenes strang.

75. Cardinals, ordinals, and adjectives used partiti ;ely, are followed by the genitive.

NOTE. Here belong also indeclinables or neuters, denoting quantity or number, as má, fela, feá, lyt: — þæt eálond, is six míla micel; þu þæt fær gewyrc fíftiges wíd, þrittiges heáh, þreo hund lang, elngemeta; fela manna wat; þeáh hyra feá wǽron; þær byð wundra má.

76. Verbs denoting an operation of the mind; as, to fear, rejoice, be ashamed, boast, wonder, care for reck, rue, wish, yearn for, remember, tempt, enjoy; also those denoting rule or superiority, take the genitive.

77. Verbs denoting to need, want, be deprived of, cease, refuse, deny, miss, behove, take the genitive.

NOTE. Here also belong abídan, *to wait for;* æthrınan, *to touch;* hleahhan, *to laugh;* and on-fangan, *to receive*

78. Verbs of sharing and touch, and those affecting a part, are followed by the genitive.

79. Beón denoting possession takes a genitive of the possessor.

NOTE. As: heó and hire bearn sý þæs hláfordes.

80. Adverbs of place and quantity may take the genitive.

NOTE. As: æghwær corðan; ic gife him þæs leohtes genoh.

81. Prepositions denoting locative relations, as innan, utan, wið, may take the genitive.

NOTE. As: innan landes, oððe utan landes; þa gewendon hí wið þæs cildes.

Dative and Instrumental.

82. Nouns denoting cause, manner, means, instrument and accompanying circumstance, are put in the dative or instrumental.

NOTE. The dative case absorbed the instrumental, so that the syntax of both cases is given together.

83. Nouns denoting measure of difference, time when and place where, are put in the dative or instrumental.

NOTE. As: þæt torhte lond is twelfum herra folde fæðm-rímes; hér gefór Ælfred six nihtum ǽr calra háligra mæssan. This construction sometimes takes the dative with a preposition, as hér on þisum geare ; time when is sometimes put in the genitive.

84. Adjectives denoting nearness, likeness, comparison, plenty, want, pleasure, pain, trust, distrust, etc., may take the dative or instrumental.

NOTE. Full, wyrðe and scyldig, take a genitive, dative or instrumental, denoting guilty of, guilty towards, or guilty by.

85. The comparative degree may take a dative.

NOTE. The genitive is sometimes found; as, seðe is læssa on Godes ríce, se is his mára, Lk. 7, 28; but the construction of þonne with the nominative is more common; as, hú ne synt ge sélran þonne hig?

86. Verbs denoting to bid, say, command, wield, answer, praise, hear, obey, worship; serve, follow, give, show, appear, help, pity, honor, fear, respect, please, trust, etc., take the dative.

87. Verbs denoting nearness and likeness, take the dative.

88. Beón denoting possession, and verbs denoting to belong to, behove, befit, seem; also to need, to happen, take the dative.

89. Certain verbs take a reflexive dative ; as, to take, go, fear, &c. ; as, he him hámweard ferde.

90. Words used absolutely are put in the dative.

NOTE. As: þínra dura beloccnre. Sometimes the instrumental is used with the dative, as þisum þus gedóne.

Accusative Case.

91. Extent of time and space are put in the accusative.

NOTE. Sometimes in the dative, as above.

92. The accusative is used after verbs and adjectives to denote precisely the limit of their signification.

NOTE. This is an imitation of the Greek construction; as, græs ungréne.

93. Active verbs take an accusative of the direct object.

.94. Verbs of motion take an accusative, denoting where the motion ends.

NOTE. As: hi noldon ðone reðan cwellere eft gecyrran, *they would not return to the cruel murderer.*

95. Intransitive verbs may take an accusative of cognate meaning.

NOTE. As: he lifde his líf; and cyninges þegnas oft ráde onridon: also, sometimes a dative; as, men libban þam life.

96. The subject of an infinitive is put in the accusative.

97. Impersonals of appetite or passion take an accusative of the person affected.

98. Verbs of naming, teaching, etc., take two accusatives, one denoting the person, and the other the thing.

99. Factitive verbs take two accusatives, both denoting the same person or thing.

100. The accusative is used with prepositions implying motion and extent.

Genitive and Dative.

101 Verbs of granting, refusing and thanking, take a dative of the person and genitive of the thing. ·

NOTE. The dative marks the person interested, and the genitive the aim or motive of the interest; as, ic feores þé unnan wille; ic þancige Gode and eow eallum þæs friðes.

Genitive and Accusative.

102. Verbs of asking, accusing, convicting, acquitting, depriving, reminding, and impersonals of feeling, take the accusative of the person and genitive of the thing.

NOTE. As: he hine bidde fultúmes; tyhð me untreowða, *he accuseth me of untruths;* hine his ríces he benam; þæt he nanes þinges ne lyste. Impersonals of feeling sometimes take a dative of the person and a genitive of the cause of the feeling, as, Ða of-þuhte Gode mancynnes yrmða; him of-þuhte þæs slæpes.

Accusative and Dative.

103. Any verb, together with the accusative of the direct, may take a dative of the indirect object.

NOTE. Here belong all verbs which require a secondary object; as, to give, show, say, order, etc.

VERBS.

Subjunctive Mode.

104. In principal sentences the subjunctive is used to make a contingent assertion.

NOTE. This uncertainty may incline on the one hand towards desire, on the other towards doubt.

105. In subordinate sentences the subjunctive mode is used —

(1). In substantive sentences.
(2). In conditional sentences.
(3). In relative sentences of general application.
(4). In temporal sentences with þonne, ǽr, oð, wið.
(5). In concessive sentences.
(6). In final sentences, expressing purpose.
(7). In consecutive sentences, to express a result.
(8). In comparative sentences indicating an imagined compari-
son.
(9). In indirect questions.

NOTE. As: þé is betere þæt án þínra lima forweorðe; gyf hwa slá (*strike*) þé; syle þam þe þé bidde; þonne þu fæste smyra þín heáfod; þeah þe he geóng sý; begymað þæt ge ne dón eówre riht-wísnesse beforan mannum; gif man sý dumb oððe deáf geboren, þæt he ne mǽge his synna geandettan; hér wæs se móna swilce he wǽre mid blóde begoten (*covered*); he acsode hwær Crist aoen-ned wǽre.

106. In conditional sentences the present subjunctive in the protasis, denotes possibility; the past, impossibility of realization.

NOTE. The indicative proposes as real, the subjunctive as supposed.

PROSODY.

107. Anglo-Saxon verse is alliterative. Each verse is divided into two sections; and a perfect verse has three alliterative words — two in the first section, and one in the second. In reading, the alliterative words are to be marked by a stress of voice.

NOTE. The letter which begins the alliterative words is called the rime-letter; the one in the second section is called the chief letter, the others, sub-letters. For examples, see the poetic selections.

108. Perfect vowel alliteration requires the words to begin with different vowels.

NOTE. As: yfelne mid eldum, he wæs æghwæm láð.
But sometimes we find the same vowel repeated; as —
     And hi æne on dæge æton symle.

109. Sometimes double alliteration is found, and occasionally final rhyme, as —
     Þara þe lyft and flód lædað and fédað.
     Ne synn, ne sacu, ne sár wracu.

SELECTIONS FOR READING.

THE SERMON ON THE MOUNT.

MATT. V—VII.

A.D. 995.] Sóþlíce ða se Hǽlend geséh ða menigu, he ástáh on
ðone múnt; and ðá he sæt, ðá genealǽhton his leorning-
cnihtas to him. And he ontýnde his múþ, and lǽrde hí,
and cwæþ: Eadige synd ða gástlican þearfan, forðam
hyra ys heofena ríce. Eadige synd ða líþan, forðam ðe
hí eorþan águn. Eadige synd ða ðe nú wépaþ, forðam
ðe hí beoþ gefréfrede. Eadige synd ða ðe for rihtwís-
nysse hingriaþ and þyrstaþ, forðam ðe hí beoþ gefyllede.
Eadige synd ða míld-heortan, forðam ðe hí míld-heort-
nysse begytaþ. Eadige synd ða clǽn-heortan, forðam ðe
hí God geseoþ. Eadige synd ða gesybsuman, forðam
ðe hí beoþ Godes bearn genemnede. Eadige synd ða ðe
ehtnysse þoliaþ for rihtwísnysse, forðam ðe hyra ys
heofonan ríce. Eadige synd ge, ðonne hí wyriaþ eow,
and ehtaþ éow, and secgeaþ ǽlc yfel ongén eow leogende,
for me; geblissiaþ and gefægniaþ, forðam ðe eower méd
ys mycel on heofonum; swá hí ehtun ða wítegan ðe
befóran eow wǽron.

Ge synd eorþan sealt; gyf ðæt sealt áwyrþ, on ðam ðe
hit gesylt biþ, hit ne mæg syððan to náhte, búton ðæt
hit sý út-áworpen, and sý fram mannum fortreden. Ge
synd middan-eardes leoht; ne mæg seó ceaster beon
behýd ðe byþ uppan múnt áset; ne hí ne ǽlaþ hyra leoht-
fæt, and hit under cyfe settaþ, ac ofer candel-stæf, ðæt hit
onlihte eallum ðam ðe on ðam húse synd. Swá onlihte
eower leoht befóran mannum, ðæt hí geseon eowre gódan
weorc, and wuldrian cowerne fæder ðe on heofonum ys.

4

Nelle ge wénan ðæt ic come towurpan ða ǽ, oððe ða wítegan; ne com ic ná towurpan, ac gefyllan. Sóþes on eornost ic secge eow, ǽrðam ðe gewíte heofon and eorþe, án i, oððe án prica, ne gewít fram ðære ǽ, ǽrðam ealle þing gewurðan. Eornostlíce se ðe towyrpþ án of ðysum læstum bebodum, and ða men swá lǽrþ, se byþ læst gen- emned on heofonan ríce; sóþlíce se ðe hit déþ, and lǽrþ, se biþ mycel genemned on heofonan ríce. Sóþlíce ic secge eow, búton eower rihtwísnys máre sý ðonne ðæra wrítera and Sundor-hálgena, ne gá ge on heofonan ríce.

Ge gehýrdon ðæt gecweden wæs on ealdum tídum, Ne ofsleh ðú; se ðe ofslihþ, se byþ dóme scyldig. Ic secge eow, sóþlíce ðæt ǽlc ðe yrsaþ hys bréðer, byþ dóme scyldig; sóþlíce, se ðe segþ hys bréðer, Ðú áwordena, he biþ geþeahte scyldig; se ðe segþ, Ðú stunta, se byþ scyl- dig helle fýres. Eornostlíce gyf ðú bringst ðíne lác to weofode, and ðú ðær geþencgst, ðæt ðín bróðor hæfþ ǽnig þing ágén ðé, lǽt ðær ðíne lác befóran ðam altáre, and gang ǽr and gesybsuma wið ðínne bróðer, and ðonne cum ðú syððan and bring ðíne lác. Beo ðú onbúgende ðínum wiðerwinnan hraðe, ða hwíle ðe ðú eart on wege mid him, ðe-læs ðe ðín wiðerwinna ðé sylle ðam déman, and se déma ðé sylle ðam þéne, and ðú sý on cwertern send. Sóþes ic secge ðé, Ne gǽst ðú ðanone, ǽr ðú ágylde ðone ýtemestan feorþling. . . . .

Gyf ðín swýðre eage ðé áswíce, áhola hit út, and áwurp hyt fram ðé; sóþlíce ðé ys betere, ðæt án ðínra lima forwurðe, ðonne eal ðín líchama sý on helle ásend. And gyf ðín swíðre hand ðé áswíce, áceorf hí of, and áwurp hí fram ðé; wítodlíce ðé ys betere, ðæt án ðínra lima forwurðe, ðonne eal ðín líchama fare to helle.

Sóþlíce hit ys gecweden, Swá hwylc swá his wíf for- lǽt, he sylle hyre hyra híw-gedáles bóc. Ic secge eow to sóþum, ðæt ǽlc ðe his wíf forlǽt, búton forlegenysse

þingum, he déþ ðæt heo unriht-hǽmþ, and se unriht-
hǽmþ, ðe forlǽtene æfter him genimþ.

Eft ge gehýrdon, ðæt gecweden wæs on ealdum cwy-
dum, Ne forswere ðú, sóþlíce Drihtne ðú ágyltst ðíne
áþas. Ic secge eow sóþlíce, ðæt ge eallunga ne swerion;
ne þurh heofon, forðam ðe heo ys Godes þrym-setl; Ne
þurh eorþan, forðam ðe heo ys hys fót-scamul; ne þurh
Hierusalem, forðam ðe heo ys mæres cyninges cester;
Ne ðú ne swere þurh ðín heafod, forðam ðe ðú ne miht
ǽnne locc gedón hwítne, oððe blacne; Sóþlíce sý cower
sprǽc, Hyt ys, hyt ys; Hyt nys, hyt nys; sóþlíce gyf ðær
máre byþ, ðæt biþ of yfele.

Ge gehýrdon ðæt gecweden wæs, Eage for eage, and
tóþ for tóþ. Sóþlíce ic secge eow, ne winne ge ongén ða
ðe eow yfel dóþ; ac gyf hwá ðé slea on ðín swýðre
wenge, gegearwa him ðæt óðer; and ðam ðe wylle on
dóme wið ðé flítan, and niman ðíne tunecan, lǽt him tó
ðínne wæfels; and swá hwá swá ðé genýt þúsend stapa,
gá mid him óðre twá þúsend. Syle ðam ðe ðé bidde,
and ðam ðe [wylle] æt ðé borgian ne wyrn ðú him.

Ge gehýrdon ðæt gecweden wæs, Lufa ðínne nextan,
and hata ðínne feond. Sóþlíce ic secge eow, lufiaþ eowre
fýnd, and dóþ wel ðam ðe eow yfel dóþ, and gebiddaþ for
eowre ehteras, and tǽlendum eow; ðæt ge sýn eowres
fæder bearn ðe on heofonum ys, se ðe déþ ðæt his sunne
up-áspringþ ofer ða gódan and ofer ða yfelan, and he lǽt
rínan ofer ða rihtwísan and ofer ða unrihtwísan. Gyf ge
sóþlíce ða lufiaþ ðe eow lufiaþ, hwylce méde habbaþ ge?
hú ne dóþ mánfulle swá? And gyf ge ðæt án dóþ ðæt
ge eowre gebróðra wylcumiaþ, hwæt dó ge máre? hú
ne dóþ hǽðene swá? Eornostlíce beoþ fulfremede, swá
cower heofonlíca fæder is fulfremed.

Begýmaþ, ðæt ge ne dón eowre rihtwísnesse beforan
mannum, ðæt ge sýn geherede fram him, elles næbbe ǵe

méde mid eowrum fæder ðe on heofonum ys. Eornust-
líce ðonne ðú ðíne ælmessan sylle, ne bláwe man býman
beföran ðé, swá líceteras dóþ on gesomnungum and on
wícum, ðæt hí sín ge-árwurþode fram mannum; sóþ ic
secge eow, hí onféngon hyra méde. Sóþlíce ðonne ðú
ðíne ælmessan dó, nyte ðín wynstre hwæt dó ðín swýðre:
ðæt ðín ælmesse sý on díglum, and ðín fæder hit ágylt
ðé, se ðe gesyhþ on díglum. And ðonne ge eow gebid-
don, ne beo ge swylce líceteras, ða lufiaþ ðæt hig gebid-
don hí standende on gesomnungum and stræta hyrnum,
ðæt men hig geseon; sóþ ic secge eow, hí onfengon
.,yra méde. Ðú sóþlíce ðonne ðú ðé gebidde, gang into
ðínum bed-clyfan, and ðínre dura belocenre, bidde ðínne
fæder on díglum, and ðín fæder ðe gesyhþ on díglum,
hyt ágylt ðé. Sóþlíce ðonne ge eow gebiddon nellon
ge sprecan fela, swá swá hæðene, hig wénaþ ðæt hí sín
gehýrede on hyra menigfealdan spræce. Nellen ge
eornostlíce him ge-efenlæcan, sóþlíce eower fæder wát
hwæt eow þearf ys, ærðam ðe ge hyne biddaþ. Eorn-
ustlíce gebiddaþ eów ðus: Fæder úre ðú ðe eart on
heofonum, sí ðín nama gehálgod; to-becume ðín ríce;
gewurðe ðín willa on eorþan swá swá on hcofonum;
úrne dæghwamlícan hláf syle us to-dæg; and forgyf us
úre gyltas, swá swá we forgyfaþ úrum gyltendum; and
ne geléd ðú us on costnunge, ac álýs us of yfele. Sóþ-
líce. Wítodlíce gyf ge forgyfaþ mannum hyra synna,
ðonne forgyfþ eower se heofonlíca fæder eow eowre gyl-
tas. Gyf ge sóþlíce ne forgyfaþ mannum, ne cower fæder
ne forgyfþ eow eowre synna.

Sóþlíce ðonne ge fæston, nellon ge wesan swylce
lcase-lícceteras, hig fornymaþ hyra ansýna, ðæt hig
æteowun mannum fæstende; sóþlíce ic secge eow, ðæt
hig onféngon hyra méde. Ðú sóþlíce ðonne ðú fæste,
smýra ðín heafod, and þweah ðíne ansýne; ðæt ðú ne

sÿ gesewen fram mannum fæstende, ac ðínum fæder ðe
ys on díglum, and ðín fæder ðe gesyhþ on díglum, hyt
ágylt ðé. Nellen ge gold-hordian eow gold-hordas on
eorþan, ðær óm and moþþe hit fornimþ, and ðær þeofas
hit delfaþ and forstelaþ; gold-hordiaþ eow sóplíce gold-
hordas on heofenan, ðær náðor óm ne moþþe hit ne for-
nimþ, and ðar þeofas hit ne delfaþ, ne ne forstelaþ.
Wítodlíce ðær ðín gold-hord is, ðær is ðín heorte.
Ðines líchaman leohtfæt is ðín eage; gyf ðín eage biþ
ánfeald, eall ðín líchama biþ beorht; gif ðín eage sóplíce
biþ mánfull, eall ðín líchama byþ þýsterfull. Eornustlíce
gyf ðæt leoht ðe on ðé is synt þýstru, hú mycle beoþ ða
þýstru?

Ne mæg nán man twám hláfordum þeowian, oððe he
sóplíce ǽnne hataþ, and óðerne lufaþ; oððe he biþ ánum
gehÿrsum, and óðrum ungehÿrsum. Ne mágon ge
Gode þeowiaň and woruldwelan. Forðam ic secge eow,
ðæt ge ne sín ymbhÿdige eowre sáwle, hwæt ge eton;
ne eowrum líchaman, mid hwam ge sÿn ymbscrÿdde.
Hú nys seó sáwl sélre ðonne mete, and eower líchama
betera ðonne ðæt reáf? Behealdaþ heofonan fuglas, for-
ðam ðé hig ne sáwaþ, ne hig ne rípaþ, ne hig ne gadriaþ
on berne; and eower heofonlíca fæder hig fét. Hú ne
synt ge sélran ðonne hig? Hwylc eower mæg sóplíce
geþencan ðæt he ge-eacnige áne elne to hys anlícnesse?
And to hwí synt ge ymbhÿdige be reáfe? Besceawiaþ
æceres lílian, hú hig weaxaþ. Ne swincaþ hig, ne hig
ne spinnaþ; Ic secge eow sóplíce, ðæt furðon Salomon
on eallum hys wuldre næs oferwrigen swá swá án of
ðyson. Sóplíce gyf æceres weod, ðæt ðe to-dæg is, and
biþ to-morgén on ofen ásend, God scrÿt, ealá ge ge-
hwǽdes geleafan, ðam mycle má he scrÿt eow? Nellen
ge eornustlíce beoň ymbhÿdige, ðus cweðende, Hwæt
ete we? oððe, Hwæt drince we? oððe, Mid hwam beo

we oferwrogene? Sóþlíce ealle ðás þing þeoda sécaþ; witodlíce eower fæder wát ðæt ge ealra ðyssa þinga beþurfon. Eornustlíce sécaþ ǽrest Godes ríce and hys rihtwísnesse, and ealle ðás þing eow beoþ ðær-to ge-eac node. Ne beo ge ná hogiende ymb ða morgenlícan neode, sóþlíce se morgenlíca dæg caraþ ymb hyne sylfne; ǽghwylc dæg hæfþ genóh on hys ágenum ymbhogan.

Nellen ge déman, ðæt ge ne sýn fordémede; witodlíce ðam ylcan dóme ðe ge démaþ, eow biþ gedémed, and on ðam ylcan gemete ðe ge metaþ, eow byþ gemeten. To hwí gesihst ðú ðæt mot on ðínes bróðor eagan, and ðú ne gesyhst ðone beam on ðínum ágenum eagan? Oððe húmeta cwyst ðú to ðínum bréðer, Bróður, þafa ðæt ic út-ádó ðæt mot of ðínum eagan, ðonne se beam biþ on ðínum ágenum eagan? Lá ðú líccetere, ádó ǽrest út ðone beam of ðínum ágenum eagan, and beháwa ðonne ðæt ðú út-ádó ðæt mot of ðínes bróður eagan. Nellen ge syllan ðæt hálige húndum, ne ge ne wurpen eowre mere-grotu tofóran eowrum swýnon, ðe-læs hig mid hyra fótum hig fortredon, and hig ðonne ongean gewende eow toslýton. Biddaþ, and eow biþ geseald; sécaþ, and ge hit fíndaþ; cnuciaþ, and eow biþ ontýned. Witodlíce ǽlc ðæra ðe bit, he onfehþ; and se ðe sécþ, he hyt fínt; and ðam cnuciendum biþ ontýned. Hwylc man is of eow, gyf his sunu hyne bit hláfes, sylst ðú him stán? Oððe gyf he bytt fisces, sylst ðú him næddran? Eornustlíce nú ge, ðe yfele synt, cunnan góde sylena eowrum bearnum syllan, mycle má eower fæder ðe on heofenum ys syleþ gód ðam ðe hyne biddaþ? Eornustlíce ealle ða ðing, ðe ge wyllen ðæt men eow dón, dóþ ge him ðæt sylfe, ðæt ys sóþlíce ǽ and wítegena bebod.

Gangaþ inn þurh ðæt nearwe geat; forðon ðe ðæt geat is swíðe wíd, and se weg is swíðe rúm ðe to forspilled

nesse gelǽt, and swýðe manega synt ðe þurh ðone weg
faraþ. Ealá hú nearo and hú angsum is ðæt geat, and
se weg, ðe to lífe gelǽdt, and swýðe feawa synt ðe
ðone weg fíndon. Warniaþ eow fram leasum wítegum,
ða cumaþ to eow on sceapa gegyrelum, ac hig beoþ
innane reáfigende wulfas; fram hyra wæstmum ge hí
undergytaþ. Cwyst ðú gaderaþ man wínberian of þorn-
um, oððe fíc-æppla of þyrncinum? Swá ǽlc gód treow
byrþ góde wæstmas; and ǽlc yfel treow byrþ yfele wæst-
mas. Ne mæg ðæt góde treow beran yfle wæstmas, ne
ðæt yfele treow góde wæstmas. Ǽlc treow ðe ne byrþ
gódne wæstm, sý hyt forcorfen, and on fýr áworpen.
Wítodlíce be hyra wæstmum ge hig oncnáwaþ.

Ne gǽþ ǽlc ðæra on heofena ríce, ðe cwyþ to me,
Drihten, Drihten; ac se ðe wyrcþ mínes fæder willan ðe
on heofenum is, se gǽþ on heofena ríce. Manege
cweðaþ on ðam dæge to me, Drihten, Drihten, hú ne
wítegode we on ðínum naman, and on ðínum naman we
út-áwurpon deoflu, and on ðínum naman we worhton
mycle mihta? Ðonne cweðe ic to him, Ðæt ic ... v
nǽfre ne cúðe; gewítaþ fram me, ge ðe worhton unriht-
wýsnesse. Eornustlíce ǽlc ðæra ðe ðás míne word
gehýrþ, and ða wyrcþ, biþ gelíc ðam wísan were, se hys
hús ofer stán getimbrode. Ðá com ðær rén, and mycele
flód, and ðær bleowun windas, and áhruron on ðæt hús;
and hyt ná ne feoll, sóþlíce hit wæs ofer stán getimbrod.
And ǽlc ðæra ðe gehýrþ ðás míne word, and ða ne
wyrcþ, se biþ gelíc ðam dysigan men, ðe getimbróde hys
hús ofer sand-ceosel. Ðá rínde hit, and ðær comun flód,
and bleowun windas, and áhruron on ðæt hús; and ðæt
hús feoll, and hys hryre wæs mycel.

REIGN OF KING ALFRED.

FROM A.-S. CHRONICLE.

871. Ðá feng Ælfred, Æðelwulfing, tó Westseaxna ríce, and þæs ymb ænne mónáð gefeaht Ælfred cyning wið ealne þone here lytle werede æt Wiltúne, and hine longe on dæg geflýmde, and þá Deniscan áhton wæl-stowe geweald. And þæs geáres wurdon nigen folcge-feoht gefohten wið þone here on þý cyneríce be súðan Temese, bútan þam þe him Ælfred, þæs cyninges bróðor, and ánlípige ealdormen and cyninges þegnas oft ráde onridon, þc man ná ne rímde. And þæs geáres wærun ofslegene nígon eorlas and án cyning, and þý geáre ná-mon Westseaxe frið wið þone here.

872. Hér fór se here tó Lundenbyrig from Reáding-um and þær wintersetl nam; and þá námon Myrce frið wið þone here.

873. Hér fór se here on Norðhymbre, and: he nam wintersetl on Lindesse æt Turcesíge.

874. Hér fór se here from Lindesse tó Hreopedúne, and þær wintersetl nam, and þone cyning Burhréd ofer sæ ádræfdon ymb twá and twéntig wintra, þæs þe he ríce hæfde, and þæt land eall geeodon, and he fór tó Róme and þær gesæt. And þý ylcan geáre hie sealdon Ceól-wulfe, ánum unwísum cyninges þegne, Myrcna ríce tó healdanne, and he him áðas swór and gíslas scalde, þæt hit him gearo wære, swá hwylce dæge swá hie hit hæb-ban wolden, and he gearo wære mid him selfum and on eallum þám, þe him læstan woldon tó þæs heres þearfe.

875. Hér fór se here from Hreopedúne, and Healf-

deue fôr mid sumum þam here on Norðanhymbre, and
nam wintersetl be Tinan þære eá, and se here þæt lond ge-
eode and oft hergode on Peohtas and on Strætclédwealas.
And fôr Godrûn and O'scitel and Anwind, þá þrí cynin-
gas of Hreopedûne tó Grantebrycge mid miclum here
and sæton þær án geár. And þý sumere fôr Ælfred
cyning ût on sæ mid sciphere and gefeaht wið seofon
sciphlæstas and hiora án geféng and þá oðre geflýmde.

876.. Hér hine bestæl se here and intó Werhám West-
seaxna férde, and síððan wið þone here se cyning frið
nam, and þá gíslas sealdon, þe on þam here weorðoste
wæron, tó þam cyninge, and him þá áðas swóron on þam
halgan beáge, þe hie ær nánre þeóde noldon, þæt hí
hræðlíce of his ríce fóren; and hí þá under þam hí nihtes
bestælon þære fyrde, se gehorsade here, intó Exanceas-
tre, and þý ylcan geáre Healfdene Norðanhumbra land
gedælde and ergende wæron and hiora tilgende.

877. Hér com se here intó Exanceastre from Wer-
hám and se sciphere seglode west ymbûtan; and þá ge-
métte hie micel ýst on sæ, and þær forwearð hundtwelf-
tig scipa æt Swanawic. And se cyning Ælfred æfter
þam gehorsodum here mid fyrde rád oð Exanceaster, and
hí hindan ofrídan ne meahte, ær hie on þam fæstene wæ-
ron, þær him man tó ne meahte. And hie him þær fore
gíslas sealdon, swá feala swá he habban wolde, and mi-
cele áðas swóron, and þá gódne frið heóldon. And þá
on hærfeste gefôr se here on Mercna lond and hit ge-
dældon sum, and sum Ceólwulfe sealdon.

878. Hér hine bestæl se here on midne winter ofer
twelftan niht tó Cyppanháme, and geridon Westseaxna
lond, and gesæton, and micel þæs folces ofer sæ ádræf-
don, and þæs oðres þone mæstan dæl hí geridon and him
tó gecirdon, bútan þam cyninge Ælfrede, and he lytle
weorode uneáðelíce æfter wudum fôr and on mórfæsten-

um. And þæs ylcan wintres wæs Ingwæres bróðor and Healfdenes on Westseaxum, on Défenascyre, mid twentigum scipum and þrim scipum, and hine man þær ofslóh and eahta hund manna mid, and feowertig manna his heres, and þær wæs se gúðfana genumen, þe hí hræfen héton. And þæs on Eástron worhte Ælfred cyning lytle weorude geworc æt Æðelinga-igge, and of þam geworce wæs winnende wið þone here and Sumorsæten se dæl, se þær néhst wæs. Dá on þære seofoðan wucan ofer Eástron he gerád tó Ecgbyrhtes-stáne be eástan Sealwuda, and him cómon þær ongean Sumorsæte ealle and Wilsæte and Hamtúnscire se dæl, þe hire beheonan sæ wæs, and his gefægene wærun. And he fór ymb áne niht of þám wicum tó Igleá, and þæs eft ymb áne niht tó Æðandúne, and þær gefeaht wið ealne þone here, and hine geflýmde, and him æfter rád oð þæt geweorc, and þær sæt feowertyne niht. Dá sealde se here him gíslas and micele áðas, þæt hí of his ríce woldon, and him eác gehéton, þæt hiora cyning fulwihte onfón wolde, and hie þæt gelæston swá. And þæs ymb þreó wucan com se cyning tó him, Godrún, þrittiga sum þára manna, þe in þam here weorðuste wæron, æt Alre, þæt is wið Æðelinga igge, and his se cyning þær onféng æt fulwihte, and his crismlýsing wæs æt Wetmór. And he þær wæs twelf niht mid þam cyninge, and he hine and his geféran mid miclum feo weorðode.

880. Hér fór se here of Cirenceastre on Eástenglc, and gesæt þæt lond and gedælde, and þý ylcan geáre fór se here ofer sæ, þe ær on Fullanhomme sæt, on Froncland tó Gent and sæt þær án geár.

882. Hér fór se here úp andlang Mæse feor on Froncland, and þær sæt án geár. And þý ylcan geáre fór Ælfred cyning mid scipum út on sæ and gefeaht wið feower sciphlæstas Deniscra manna, and þára scipa twá genam.

and þá men ofslægene wæron þe þær on wæron.   And
twegen scipheras him on hand eodon, and þá wæron mi-
clum forslægene and forwundode, ær hie on hand eodon.

885. Hér tódælde se foresprecena here on twá, oðer
dæl eást, oðer dæl to Hrófesceastre, and ymbsæton þá
ceastre, and worhton oðer fæsten ymbe hie selfe, and hí
þeáh ceastre áweredon oððæt Ælfred cyning com útan
mid fyrde. Ðá eode se here tó hiora scipum and forlét
þæt geweorc, and hí wurdon þær behorsode, and sóna
þý ylcan sumere ofer sæ gewiton.   And þy ylcan geáre
sende Ælfred cyning sciphere on Eástengle.   Sóna swá
hie cómon on Stufe múðan, þá métton hie sixtýne scipu
wicinga and wið þá gefuhton; and þá scipu eall geræh-
ton, and þá men ofslógon.   Ðá hie þá hámweard wend-
on mid þære herehýðe, þá métton hí micelne sciphere
wicinga, and þá wið þá gefuhton þý ylcan dæge, and þá
Deniscan áhton sige; and þý ylcan geáre se here on
Eástenglum bræc frið wið Ælfred cyning.

886. Ðý geáre gesette Ælfred cyning Lundenburg,
and him eall Angelcyn tó gecirde, þæt bútan Deniscra
manna hæftnede wæs, and he þá befæste þá burh Æðel-
réde ealdormen tó healdanne.

893. Hér on þisum geáre fór se micela here, þe we
gefyrn ymbe spræcon, eft of þam eástríce (Francna) west-
weard tó Bunnan, and þær wurdon gescipode, swá þæt
hie ásetton him on ánne síð ofer mid horsum mid ealle,
and þá cómon up Limine múðan mid twá hund scipa and
fíftigum scipum.   Se múða is on eástweardre Cent, æt
þæs micelan wuda eástende, þe we Andred hátað.   Se
wudu is eástlang and westlang hundtwelftiges míla lang
oððe lengra, and þrittiges míla brád.   Seó eá, þe we ær
ymbe spræcon, líð út of þam wealde.   On þá eá hie tu-
gon up hiora scipu oð þone weald feower míla fram þam
múðan úteweardan, and þær ábræcon án geweorc inne

on þam fenne; sæton feáwa cirlisce men on, and wæs sám
worht. Ðá sóna æfter þam com Hæsten mid hund eaht-
atigum scipa and worhte him geweorc át Middeltúne,
and se oðer here æt Apuldre.

894. On þeós geáre, þæt wæs ymb twelf mónáð þæs
þe hie on þam eástrice geweorc geworht hæfdon, Norð-
hymbre and Eástengle hæfdon Ælfredé cyninge áðas ge-
seald, and Eástengle foregísla sex; and þeáh ofer þá tre-
ówa, swá oft swá þá oðre hergas mid ealle herige út
fóron, þonne fóron hie oððe mid, oððe on heora healfe án
Ðá gegadrode Ælfred cyning his fyrde, and fór, þæt he
bewícode betwih þám twám hergum þær, þær he néhst
rýmet hæfde for wudufæstenne and for wæterfæstenne,
swá þæt he mihte ægðerne geræcan, gif hie ænigne feld
sécan wolden. Ðá fóron hie síððan æfter þam wealde
hlóðum and flocrádum be swá hwæðere efese, swá hit
þonne fyrdleás wæs, and hí man eác mid oðrum floccum
sóhte mæstra daga ælce oððe on niht, ge of þære fyrde
ge eác of þám burgum. Hæfde se cyning his fyrd on
twá tónumen, swá þæt hí wæron symle healfe æt hám,
healfe úte, bútan þám mannum, þe þá burh healdan sceol-
don. Ne com se here oftor eall úte of þám sætum þonne
tuwa; oðre síðe, þá hie ærest tó londe cómon, ær seó fyrd
gesamnod wære, oðre síðe, þá hie of þám sætum faran
woldon. Ðá hie geféngon micele herehyð, and þá wol-
don ferian norðweardes ofer Temese innan Eástseaxe,
ongean þá scipu: þá forrád seó fyrd hie foran, and him
wið gefeaht æt Fearnháme, and þone here geflýmde;
and þá herehyðe áhreddon. And hí flugon ofer Temese
butan ælcum forda, þá up be Colne on ánne iggað; þá
besæt seó fyrd hie þær útan þá hwíle þe hie þær lengest
mete hæfdon. Ac hí hæfdon þá hiora stemn gesetenne
and hiora mete genotudne, and wæs se cyning þá þyder-
weardes on fære mid þære scíre þe mid him fyrdedon

Ðá he þá wæs þyderweardes, and seó oðre fyrd wæs hám-
weardes; þá Deniscan sæton þær behindan, for þam hiora
cyning wæs gewundod on þam gefeohte, þæt hí hine ne
mihton ferian: þá gegaderodon þá þe on Norðhymbrum
búgeað and on Eástenglum sum hund scipa, and fóron
súð ymbútan, and sum feowertig scipa norð ymbútan,
and ymbsæton án geweorc on Défenascyre be norð þære
sæ, and þá, þe súð ymbútan fóron, ymbsæton Eaxan-
ceaster. Ðá se cyning þæt hýrde, þá wende he hine west
wið Eaxanceastres mid eallre þære fyrde, bútan swíðe
gewealdenum dæle eásteweardes þæs folces. Ðá fóron
forð oð þe hie cómon tó Lundenbyrig, and þá mid þám
burhwarum and þam fultume, þe him westan com, fóron
eást tó Beámfleóte. Wæs Hæsten þá þær cumen mid
his herge, þe ær æt Middeltûne sæt, and eác se micela
here wæs þá þær tó cumen, þe ær on Limenemûðan sæt,
æt Apuldre. Hæfde Hæsten ær geworht þæt geweorc
æt Beámfleóte, and wæs þá út áfaren on hergáð, and
wæs se micela here æt hám. Ða fóron hí tó and geflým-
don þone here and þæt geweorc ábræcon, and genámon
eall þæt þær binnan wæs ge on feo, ge on wífum, ge eác
on bearnum, and brohton eall in tó Lundenbyrig, and
þá scipu ealle oððe tóbræcon oððe forbærndon, oððe tó
Lundenbyrig brohton oððe tó Hrófesceastre. And Hæs-
tenes wíf and his sunu twegen man brohte tó þam
cyninge; and he hí him eft ágeaf, forþam þe hiora wæs
oðer his godsunu, oðer Æðelredes ealdormannes. Hæf-
don hí hiora onfangen, ær Hæsten tó Beámfleóte cóme,
and he him hæfde geseald gíslas and áðas, and se cyning
him eác wel feoh sealde, and eác swá þá he þone cniht
ágeaf and þæt wíf. Ac sóna swá hie tó Beámfleóte
cómon, and þæt geweorc geworht wæs, swá hergode he
on his ríce þone ylcan ende, þe Æðelréd, his cumpæder,
healdan sceolde. And eft oðre síðe he wæs on hergáð

gelend on þæt ylce ríce, þá þá man his geweorc ábræc.
Ðá se cyning hine þá west wende mid þære fyrde wið
Eaxanceastres, swá ic ær sæde, and se here þá burh be-
seten hæfde: þa he þær tó gefaren wæs, þá eodon hie tó
hiora scipum. Ðá he þá wið þone here þær west ábys-
god wæs, and þá hergas wæron þá gegaderode begen tó
Sceóbyrig on Eástseaxum, and þær geweorc worhton,
fóron begen æt gædere up be Temese, and him com
micel eáca tó ægðer ge Eástenglum ge of Norðhym-
brum; fóron þá up be Temese, oð þæt hie gedidon æt
Sæferne. Ðá up be Sæferne þá gegaderode Æðelréd
ealdorman and Aðelm ealdorman and Æðelnóð ealdor-
man and þá cyninges þegnas þe þá æt hám æt þám ge-
weorcum wæron, of ælcre byrig be eástan Pedredan,
ge be westan Sealwuda, ge be eástan ge eác be norðan
Temese, and be westan Sæferne, ge eác sum dæl þæs
norðwealcynnes; and þá hí þá ealle gegadrode wæron,
þá of-fóron hie þone here hindan æt Buttingtúne on
Sæfernstaðe, and hine þær útan besæton on ælce healfe
on ánum fæstenne. Ðá hie þá feala wucena sæton on
twá healfe þære eá, and se cyning wæs west on Défe-
num wið þone sciphere: þá wæron hie mid meteleáste
gewægde, and hæfdon micelne dæl þæra horsa freten,
and þá oðre wæron hungre ácwolen: Ðá eodon hie út tó
mannum þe on eásthealfe þære eá wicodon and him wið
gefuhton. And þá cristenan hæfdon sige, and þær
wearð Ordhelm, cyninges þegn, ofslægen, eác monige
oðre cyninges þegnas, and se dæl, þe þær áweg com,
wurdon on fleáme generede. Ðá hie on Eástseaxe
cómon tó hiora geweorce, þá gegadrode seó láf on East-
englum and of Norðhymbrum micelne here onforan
winter, and befæston hiora wif and hiora scipu and hiora
feoh on Eástenglum and fóron ánstreces dæges and
nihtes, þæt hie gedidon on ánre westre ceastre, on Wir-

healum, seó is Légaceaster geháten. Ðá ne mihte seó
fyrd hie ná hindan offaran, ær hie wæron inne on þam
geweorce, besæton þeáh þæt geweorc útan sume twegen
dagas, and genáman ceápes eall þæt þær bútan wæs, and
þá men ofslógon, þe hie foran forrídan mihton bútan ge-
weorce, and þæt corn eall forbærndon and mid hiora
horsum fræton on ælcre efennehðe; and þæt wæs ymb
twelf mónað þæs þe hie ær hider ofer sæ cómon.

895. And þá sóna æfter þam on þysum geáre fór se
here of Wirheale innan Norðwealas, forþam hie þær
sittan ne mihton, þæt wæs for þy þe hie wæron benu-
mene ægðer ge þæs ceápes ge þæs cornes, þe hie geherg-
od hæfdon. Ðá hie þá eft út of Norðwealum wendon
mid þære herehýðe þe hie þær genumen hæfdon; þá fór-
on hie ofer Norðhymbra land and Eástengla, swá swá seó
fyrd hie geræcan ne mihte, oð þæt hie cómon on Eást-
seaxna land eásteweard on án ígland, þæt is úte on þære
sæ, þæt is Meresíg háten. And swá se here eft hám-
weard wende, þe Eaxanceastre beseten hæfde, þá her-
godon hie úp on Súðseaxum neáh Cisseceastre, and þa
burhware hie geflýmdon and hiora manig hund ofslógon
and hiora scipu sumu genámon. Ðá þy ylcan geáre on-
foran winter þá Deniscan, þe on Meresíge sæton, tugon
heora scipu up on Temese, and þá up on Ligan; þæt wæs
ymb twá gér þæs þe hie hider ofer sæ cómon.

896. On þý ylcan geáre worhte se foresprecena here
geweorc be Ligan, twentig míla bufan Lundenbyrig.
Ðá þæs on sumera fóron micel dæl þára burhwara and
eác swá oðres folces, þæt hie gedidon æt þára Deniscena
geweorce, and þær wurdon geflýmde, and sume feower
cyninges þegnas ofslægene. Ðá þæs on hærfeste þá
wícode se cyning on neáweste þære byrig þá hwile þe
hie hiora corn geripon, þæt þá Deniscan him ne mihton
þæs rípes forwyrnan. Ðá sume dæge rád se cyning up

be þære eá and geháwode, hwær man mihte þá eá foɪ-
wyrcan, þæt hie ne mihton þá scipu út brengan, and hie
þá swá didon, worhton þá twá geweorc on twá healfe
þære eás.   Ðá hie þá þæt geweorc furðum ongunnen
hæfdon and þær tó gewicod hæfdon, þá ongeat se here,
þæt hie ne mihton þá scipu út brengan: þá forléton hí hí
and eodon ofer land, þæt hie gedidon æt Cwátbrycge be
Sæfern, and þær geweorc worhton.   Ðá rád seó fyrd
westweard æfter þam herige, and þá men of Lunden-
byrig gefetedon þá scipu, and þá ealle, þe hie álædan ne
mihton, tóbræcon, and þá þe þær stælwyrðe wæron bin-
nan Lundenbyrig gebrohton.   And þá Deniscan hæfdon
hiora wíf befæst innan Eástengle, ær hie út of þam ge-
weorce fóron; þú sæton hie þone winter æt Cwátbrycge,
þæt wæs ymb þreó gér þæs þe hie on Limene múðan
cómon hider ofer sæ.

897. Ðá þæs on sumera on þisum geáre, tófór se here;
sum on Eástengle, sum on Norðhymbre, and þá þe feoh-
leáse wæron him þær scipu begéton, and súð ofer sæ
fóron tó Sigene.   Næfde se here, godes þances, Angel-
cyn ealles forswíðe gebrocod; ac hie wæron micele
swíðor gebrocode on þám þrim geárum mid ceápes
cwylde and manna, eallra swíðost mid þam þæt manige
þára sélestena cyninges þegena, þe þær on londe wæron,
forðférdon on þám þrim geárum; þára wæs sum Swíðulf,
biscop on Hrófesceastre, and Ceólmund ealdorman on
Cent, and Beorhtulf ealdorman on Eástseaxum, and
Wulfréd ealdorman on Hamtúnscyre, and Ealheard bis-
cop æt Dorceceastre, and Eádulf cyninges þegen on
Súðseaxum, and Beornwulf wicgeféra on Winteceastre,
and Ecgulf cyninges horsþegn, and monige eác mid
him, þeáh ic þá geþungnestan nemde. Þý ylcan geáre,
drehton þá hergas on Eástenglum and Norðhymbrum
Westseaxna land swíðe be þam súðstæðe mid stælher-

gum; ealra swíðost mid þám æscum, þe hie feala geára
æn·timbrodon. Ðá hét Ælfred cyning timbrian lange
scipu ongén þá æscas, þá wæron fulneáh twá swá lange
swá þá oðru; sume hæfdon sixtig ára, sume má; þá
wæron ægðer ge swiftran ge unwealtran ge eác hýran
þonne þá oðru; næron náðer ne on Frisisc gescæpene
ne on Denisc, bútan swá him selfum þuhte, þæt hie nyt-
wyrðoste beón meahton. Ðá æt sumum cyrre þæs ylcan
geáres cómon þær scipu six tó Wiht, and þær mycel yfel
gedidon ægðer ge on Défenum, ge wel hwær be þam
særíman. Ðá hét se cyning faran mid nigonum tó þára
niwena scipa, and forfaran him þone múðan foran on
úter mere; þá fóron hie mid þrim scipum út ongén hie,
and þreó stódon æt ufeweardum þam múðan on dry-
genum. Wæron þá men uppe on londe of agáne: þá
geféngon hie þára þreora scipa twá æt þam múðan úte-
weardum, and þá men ofslógon, and þæt án óðwand.
On þam wæron eác þá men ofslægene bútan fifum; þá
cómon for þý onweg, þé þára oðerra scipu ásæton: þá
wurdon eác swíðe uneáðelíce áseten. Þreó ásæton on
þá healfe þæs deópes, þe þá Deniscan scipu áseten wæron,
and þá oðru ealle on oðre healfe, þæt heora ne mihte nán
tó oðrum. Ac þá þæt wæter wæs æbbod feala furlanga
from þám scipum, þá eodon þá Deniscan from þám þrim
scipum tó þám oðrum þrim, þe on heora healfe beebbode
wæron, and hie þá gefuhton þær. Ðær wearð ofslægen
Lucumon cyninges geréfa, and Wulfheard Frisa, and
Æbbe Frisa, and Æðelhere Frisa, and Æðelferð cyning-
es geneát, and ealra manna Frisiscra and Engliscra
sixtig and twegen, and þára Deniscra hundtwelftig. Ðá
com þám Deniscum scipum þeáh ær flód tó, ær þá crist-
nan mihton heora út áscúfan, and hie for þý út óðreówon.
Ðá wæron hie tó þam gesárgode, þæt hie ne mihton
Súðseaxna land útan berówan; ac hiora þær twá sæ on

5 F⁻.

lond bedráf, and þá men man lædde tó Winteceastre tó
þam cyninge, and he hie þær áhón hét. And þá men cóm-
on on Eástengle þe on þam ánum scipe wæron swíðe for-
wundode. Þý ylcan geare forwearð nó læs þonne twen-
tig scipa mid mannum mid ealle be þam súðríman.

901. Hér gefór Ælfred, Aðulfing, six nihtum ær
ealra háligra mæssan. Se wæs cyning ofer eall Angel-
cynn bútan þam dæle, þe under Dena onwealde wæs,
and heóld þæt ríce oðrum healfum læs þe þrittig wintra,
and þá féng Eádweard, his sunu, tó ríce.

Ac forhwon falleð se snáw,   foldan behýdeð,
Bewrihð wyrta cíð,   wæstmas getígeð,
Geðýð hí and geðreátað,   ðæt hí ðráge beoð
Cealde geclungen: ful oft he gecostað eác
Wildeóra worn,   wætum he oferhrægeð;
Gebryceð burga geátu,   bealdlíce fereð,
Reáfað swíðor mycle,   þonne se swíðra niþ
Se hine gelædeð   on ða laðan wic,
Mid ðám fæcnan   féonde tó willan?
     Lytle hwíle   leáf béoð gréne,
     þonne hí eft fealewiað   feallað on eorðan.
     And forweorniað,   weorðað to duste:
     Swá þonne gefeallað   þa þe firena ær
     Lange læstað,   lifiað him in máne;
     Hýdað heáhgestreón,   healdað georne
     On fæstenne,   feóndum tó willan;
     And wénað wanhogan   þæt hí wilè wuldorcyning
     Ælmihtig God   éce gehýran.

CHARACTER OF WILLIAM, THE CONQUEROR.
FROM A.-S. CHRONICLE.

1087. Æfter ure Drihtnes Hǽlendes Cristes gebyrtíde an þúsend wintra and seofan and hundeahtatig wintra, on þám án and twentigan geare, þæs þe Willelm weolde and stihte Engleland, swá him God uðe, gewearð swíðe hefelíc and swíðe wólbérendlíc gear on þissum lande. Swylc coðe com on mannum, þæt fullneah æfre þe oðer man wearð on þám wyrrestan yfele, þæt is on þám drife, and þæt swá stranglíce, þæt manige men swulton on þam yfele. Syððan com þurh þa mycclan ungewiderunge, þe comon swá we befóran tealdon, swíðe mycel hunger ofer eall Engleland, þæt manig hundred manna earmlíce deáðe swulton þurh þone hunger. Eala, hú earmlíce and hú hreówlic tíd wæs þá. Ða þa wreccæ men lægen fordrifene fullneah to deáðe, and siððan com se scearpa hungor and adyde hi mid ealle. Hwám ne mæg earmian swylcere tíde? Oððe hwá is swá heard-heort þæt ne mæg wépan swylces ungelimpes? Ac swylce þing gewurðað for folces synna, þæt hi nellað lufian God and rihtwísnesse; swá swá hit wæs on þam dagum, þæt litel rihtwísnesse wæs on þisum lande mid ænige men, búton mid munecan áne, þær þær hi wel ferdon.

Se cyng and þa heafod men lufedon swíðe and ofer swíðe gitsunge on golde and on seolfre, and ne róhtan hú synlíce hit wære begytan, búton hit come to heom. Se cyng sealde his land swá deóre to male swá heo deórest mihte; þonne com sum oðer and beade máre þonne þe oðer ær sealde, and se cyng hit let þam men þe him máre beád; þonne com se þridde, and beád gét máre, and se cyng hit let þám men to handa þe him ealra mǽst beád, and ne róhte ná hú swíðe synlíce þa gerefan hit begeatan óf earme mannum, ne hú manige unlaga hi dydon. Ac swá man swýðor spæc embe rihte lage, swá man dyde máre unlaga. Hi arerdon unrihte tóllas, and manige oðre unriht hi dydan þe sindon éarfoþe to areccenne.

Eác on þám ilcan geare, ætfóran hærfeste, forbarn þæt hálige mynster Sancte Paule, þe biscopstóle on Lundene, and manige oðre mynstres, and þæt mǽste dǽl and þæt rotteste eal þære burh. Swylce eác, on þám ilcan tíman, forbarn fullneah ælc heáfod port on eallum Englelande. Eala hreówlíc and wépendlíc tíd wæs þæs geares, þe swá manig ungelimp wæs forðbringende!

Eác, on þám ilcan geare, tofóran Assumptio Sancte Marie, fór Willelm cyng of Normandige into France mid fyrde, and hergode uppan his ágenne hláford, Philippe þám cynge, and slóh of his mannum mycelne dǽl, and forbærnde þa burh Maþante, and ealle þa hálige mynstres þe wæron innan þære burh, and twegen hálige men, þe hýrsumodon Gode on ancer-settle wuniende, þær wæron forbærnde. Ðissum þus gedóne, se cyng Willelm cérde ongean to Normandige. Hreówlíc þing he dyde, and hreówlícor him gelamp. Hú hreówlicor? Him geyfelade and him stranglíce églade. Hwæt mæg ic tellan? Se scearpa deáð, þe ne forlét ne ríce men ne heane, se hine genam. He swealt on Normandige, on þone nextan dæg after Nativitas Sancte Marie, and man bebyrgede hine on Caþum, æt Sancte Stephanes mynstre; ǽrer he hit aræde, and siððan manifealdlíce gegódade. Eala, hú leas, and hú unwrest is þisses middaneardes wela! Se þe wæs ǽrer ríce cyng, and maniges landes hláford, he næfde þa ealles landes búton seofon fót mǽl and se þe wæs hwílum gescrýd mid golde and mid gimmum, he læg þa oferwrogen mid moldan!

He læfde æfter him þreó sunan, Rodbeard hét se yld-esta, se wæs eorl on Normandige æfter him. Se oðer hét Willelm, þe bǽr æfter him on Engleland þone cine-helm. Se þridda hét Heanric, þám se fæder becwǽð ger-suman unateallendlíce.

Gif hwá gewilnigeð to gewítanne hú gedón man he was, oððe hwilcne wurðscipe he hæfde, oððe hú fela lande he wære hláford, þonne wille we be him awritan swá swá we hine ageaton, þe him on lócodan, and oðre hwile on his hírede wunedon.

Se cyng Willelm, þe we embe sprécað wæs swíðe wís man, and swíðe ríce, and wurðfulre and strengere þonne ǽnig his foregenga wære. He wæs milde þám gódum mannum þe God lufedon, and ofer eall gemett stearc þám mannum þe wiðcwǽdon his willan. On þám ilcan stede þe God him geuðe þæt he móste Engleland gegán, he arerde mǽre mynster, and munecas þær gesætte, þæt hit wel gegódade. On his dagum wæs þæt mǽre mynster on Cantwarbyrig getimbrod, and eác swíðe manig óðer ofer eall Engleland. Eác þis land wæs swíðe afylled mid munecan, and þa leofodan heora líf æfter Sanctus Benedictus regule, and se Cristendóm wæs swilc on his dæge þæt ælc man hwæt his háde to belumpe folgode, se þe wolde. Eác he was swíðe wurðful; þriwa he bǽr his cinehelm ælce geare, swá oft swá he wæs on Engle-land. On Eastron he hine bǽr on Winceastre; on Pen-tecosten on Westmynstre; on midewintre on Gleɑwe-ceastre; and þænne wæron mid him ealle þa ríce men ofer eall Engleland, arcebiscopas, and leódbiscopas, abbo-das, and eorlas, þegnas and cnihtas.

Swilce he wæs eác swíðe stearc man and rǽðe, swá þæt man ne dorste nán þing ongean his willan dón. He hæfde eorlas on his bendum þe dydan ongean his willan. Biscopas he sætte of heora biscoprice, and abbodas of

heora abbodríce, and þegnas on cweartern, and æt nex-
tan he ne spárode his ágene broðor, Odo hét. He wæs
swíðe ríce biscop on Normandige; on Baius wæs his bis-
copstól, and wæs manna fyrmest to eácan þám cynge,
and he hæfde eorldóm on Engleland; and þonne se cyng
wæs on Normandige, þonne wæs he mægeste on þisum
lande; and hine he sætte on cweartern.

Betwyx oðrum þingum nis ná to forgytanne þæt góde
friðe þe he macode on þisum lande, swá þæt án man, þe
hir self aht wære, miht faran ofer his ríce mid his bó-
sum full goldes ungedered; and nán man ne dorste sleán
oðerne man, næfde he næfre swá mycel yfel gedón wið
þone oðerne. He rixode ofer Engleland, and hit mid his
geapscipe swá þurhsmeade, þæt næs án híd landes innan
Englelande þæt he nyste hwá heo hæfde, óðe hwæs heo
wurð wæs, and sýððan on his gewrit gesæt. Brytland
him wæs on gewealde, and he þærinne casteles ge-
wrohte, and þæt mancyn mid ealle gewealde. Swilce eác
Scotland he him underþéodde for his mycle strengþe.
Normandige þæt land wæs his gecynde, and ofer þone
eorldóm þe Mans is geháten, he rixode; and gif he móste
þa gýt twá gear libban, he hæfde Yrlande mid his wer-
scipe gewunnon, and wiðútan ælcum wæpnum.

Wítodlíce on his tíman hæfdon men mycel geswinc
and swíðe manige teónan. Castelas he lét wyrcean, and
earme men swíðe swencean. Se cyng wæs swá swíðe
stearc, and benam of his underþéoddum manig marc
goldes, and má hundred punda seolfres, þæt he nam be
wihte, and mid mycelan unrihte of his landleóde for lit-
telre neóde. He wæs on gitsunge befeallan, and græd-
inesse he lufode mid ealle. He sætte mycel deór frið,
and he lægde laga þærwið, þæt swá hwá swá slóge heort
óðe hinde, þæt hine man sceolde blendian. He forbeád
þa heortas, swylce eác þa báras; swá swíðe he lufode þa

headeór swilce he wære heora fæder. Eác he sætte be
þám haran þæt hi mosten freó faran. His ríce men hit
mǽndon, and þa earme men hit beceorodan. Ac he wæs
swá stið þæt he ne róhte heora ealra níð; ac hi móston
míd ealle þes cynges wille folgian gif hi woldon libban,
oððe land habban, oððe eahta, oððe wel his seht. Wálá,
wá þæt ǽnig man sceolde módigan swá, hine sylf up
ahebban, and ofer ealle men tellan! Se ælmihtiga God
cýðe his sáwle mildheortnesse, and dó him his synna for-
gifenesse. Ðás þing we habbað be him gewritene, æg-
ðer ge góde ge yfele, þæt þa gódan men niman æfter
heora gódnesse, and forfleon mid ealle yfelnesse, and
gán on þone weg þe us lǽdeð to heofonan rice.

Æfter his deáðe, his sunu, Willelm hét eallswá þe
fæder, feng to þám ríce, and wearð gebletsode to cynge
fram Landfrance, arcebiscop, on Westmynstre, þrim da-
gum ǽr Michæles Mæssedæg, and ealle þa men on En-
glelande him to abúgon, and him áðas swóron. Ðísum
þus gedóne, se cyng ferde to Winceastre and sceawode
þæt madmehús and þa gersuman þe his fæder ǽr gegade-
rode; Ða wǽron unasecgendlíce ǽnige men hú mycel
þær wæs gegaderod, on golde, and on seolfre, and on fa-
tum, and on pællum and on gimmum, and on manige
oðre deórwurðe þingum, þe earfoðe sindon to ateallanne.
Se cyng dyde þa swá his fæder him bebeád ǽr he deád
wǽre; dǽlde þa gersuman for his fæder sáwle to ælcum
mynstre þe wæs innan Englelande, — to sumum mynstre
ten marc goldes, tó sumum six, to ælcum cyrican uppe
land sixtig penegas, and into ælcere scíre man seonde
hundred punda feós to dǽlanne earme mannum, for his
sáwle; and ǽr he forðferde, he beád þæt man sceolde un-
lesan ealle þa men þe on hæftnunge wǽron under his
anwealde.

NARRATIVES OF OHTHERE AND WULFSTAN.

FROM KING ALFRED'S OROSIUS.

A.D. 887?]

OHTHERE sǽde his hláforde Ælfrede cyninge, þæt he
ealra Norðmanna norðmest búde. He cwǽð þæt he
búde on þam lande norðweardum wið þa West-sǽ; he
sǽde þeah þæt þæt land sý swýðe lang norð þanon, ac hit
is eall weste, búton on feawum stowum sticcemælum
wiciað Finnas, on huntaðe on wintra, and on sumera on
fiscoðe be þære sǽ. He sǽde þæt he æt sumum cyrre
wolde fandian, hú lange þæt land norð-rihte lǽge, oððe
hwæþer ǽnig man be norðan þam westene búde; þa fór
he norð-rihte be þam lande, let him ealne weg þæt weste
land on þæt steórbórd, and þa wíd-sǽ on bæcbórd, þrý
dagas: þa wæs he swá feor norð swá ða hwæl-huntan fyr-
rest faráð. Þa fór he þa-gyt norð-ryhte swá feor swá he
mihte on þám oðrum þrim dagum geseglian; þa beáh þæt
land þær easte-ryhte, oððe seó sǽ in on þæt land, he nyste
hwæþer, búton he wiste þæt he þær bád westan windes,
oððe hwón norðan, and seglede þanon east be lande, swá
swá he mihte on feower dagum geseglian; þa sceolde he
bídan ryhte norðan windes, forðan þæt land þær beáh
súð-rihte, oððe seó sǽ in on þæt land, he nyste hwæþer
þa seglede he þanon suð-rihte be lande, swá swá he
mihte on fíf dagum geseglian. Ða læg þær án mycel eá
up in þæt land; þa cyrdon hý up in on ða eá, forðam hý
ne dorston forð be þære eá seglian for unfriðe, forþam
þæt land wæs eall gebún on oðre healfe þære eá. Ne
mette he ǽr nán gebún land syððan he fram his ágnum
háme fór; ac him wæs ealne weg weste land on þæt

steórbórd, bútan fisceran and fugeleran and huntan; and þæt wæron ealle Finnas, and him wæs á wíd-sǽ on þæt bæcbórd.

Ða Beormas hæfdon swíðe well gebún hyra land, ac hi ne dorston þær-on cuman; ac ðára Terfinna land wæs eall weste, bútan þær huntan gewicodon, oððe fisceras, oððe fugeleras. Fela spella him sǽdon þa Beormas æg-ðer ge of hyra ágenum lande ge of þam landum þe ymb hy útan wǽron; ac he nyste hwæt þæs sóðes wæs, forþam he hit sylf ne geseáh. Þa Finnas, him þúhte, and þa Beormas sprǽcon neah án geðeóde.

Swíðost he fór ðyder, to-eácan þæs landes sceawunge, for þam hors-hwælum, forþam hi habbað swýðe æðele bán on hyra tóðum. Þa téð hy bróhton sume þam cyn-inge; and hyra hýd bið swiðe gód to scip-rápum. Se hwæl bið micle læssa þonne oðre hwalas, ne bið he lengra þonne syfan elna lang. Ac on his ágnum lande is se betsta hwæl-huntað; þa beóð eahta and feowertiges elna lange, and þa mǽstan fiftiges elna lange; þára he sǽde þæt he syxa sum ofslóge syxtig on twám dagum. He wæs swíðe spedig man on þám æhtum þe heora speda on beóð, þæt is, on wildeórum: he hæfde þa-gyt, þa he þone cyning sohte, tamra deóra unbebohtra syx hund. Ða deór hi hataðhránas, þára wǽron syx stæl-hránas; þa beóð swýðe dýre mid Finnum, forþam hy fóð þa wildan hránas mid. He wæs mid þám fyrstum mannum on þam lande, næfde he þeah má þonne twentig hryðera, and twentig sceápa, and twentig swýna; and þæt lytle þæt he erede he erede mid horsum; ac hyra ár is mǽst on þam gafole þe ða Finnas him gyldað, þæt gafol bið on deóra fellum, and on fugela feðerum, and hwæles báne, and on þám scip-rápum þe beóð of hwæles hýde geworht, and of seóles. Æghwilc gylt be his gebyrdum; se byrdesta sceal gildan fiftyne mearðes fell, and fíf hránes, and án beran fell, and tyn ambra feðra, and berenne kyrtel, oððe yterenne, and twégen scip-rápas, ægþer sý syxtig elna lang, oþer sý of hwæles hýde geworht, oðer of seoles.

He sæde þæt Norðmanna land wære swýðe lang and swíðe smæl. Eall þæt his man aþer oððe ettan oððe eriau mæg, þæt lið wið þa sæ, and þæt is þeah on sumum stow-um swýðe clúdig, and licgað wilde móras wið eastan, and wið uppon emnlange þam bynum lande. On þám mó-rum eardiað Finnas. And þæt byne land is easteweard brádost, and symle swá norðor swá smælre: easteweard hit mæg beón syxtig míla brád, oððe hwene brédre, and middeweard þritig oððe brádre; and norðeweard, he cwæð, þær hit smalost wære, þæt hit mihte beón þreóra míla brád to þam móre, and se mór syðþan on sumum stowum swá brád swá man mæg on twám wucum ofer-feran; and on sumum stowum swá brád swá man mæg on syx dagum oferferan.

Ðonne is to-emnes þam lande súðeweardum on oðre healfe þæs móres Sweoland, oþ þæt land norðweard, and to-emnes þam lande norðeweardum, Cwenaland. Ða Cwenas hergiað hwílum on þá Norðmen ofer þone mór, hwílum þá Norðmen on hy. And þær sind swíðe micle meras fersce geond þa móras; and berað þa Cwenas hyra scypu ofer land on þa meras, and þanon hergiað on þa Norðmen. Hy habbað swýðe lytle scipa, and swíðe leohte.

Ohthere sæde þæt seó scír hatte Halgoland, þe he on búde. He cwæð þæt nán man ne búde be norðan him. Ðonne is án port on súðeweardum þam lande, þone man hæt Sciringes-heal; þyder he cwæð þæt man ne mihte geseglian on ánum mónðe, gyf man on niht wicode, and ælce dæge hæfde ambyrne wind. And ealle þa hwíle he sceal seglian be lande; and on þæt steórbórd, him bið ærest Isaland, and þonne þa igland þe synd betwux Isa-

lande and þissum lande. Đonne is þis land oð he cymð
to Sciringes-heale, and ealne weg on þæt bæcbórd
Norðwege. Wið súðan þone Sciringes-heal fylð swýðe
mycel sǽ up in on þæt land, seó is brádre þonne ǽnig
man oferseon mǽge; and is Gotland on oðre healfe on-
gean, and siðða Sillende. Seó sǽ lið manig hund míla
up in on þæt land.

And of Sciringes-heale, he cwǽð þæt he seglode on
fíf dagum to þam porte þe man hæt æt Hæðum, se stent
betuh Winedum and Seaxum and Angle, and hyrð in on
Dene. Đa he þiderweard seglode fram Sciringes-heale,
pa wæs him on þæt bæcbórd Denamearc, and on þæt
steórbórd wíd sǽ þrý dagas; and þa twégen dagas ǽr he
to Hæþum come, him wæs on þæt steórbórd Gotland and
Sillende and iglanda fela. On þám landum eardodon
Engle, ǽr hi hider on land comon. And hym wæs ða
twégen dagas on þæt bæcbórd þa igland þe in Dene-
mearce hýrað.

Wulfstan sǽde þæt he gefóre of Hæðum, þæt he
wǽre on Trúso on sýfan dagum and nihtum, þæt þæt scyp
wæs ealne weg yrnende under segle. Weonodland him
wæs on steórbórd, and on bæcbórd him wæs Langaland,
and Lǽland, and Falster, and Scóneg, and þas land eall
hýrað to Denemearcan. And þonne Burgendaland wæs
ús on bæcbórd; and þá habbað him-sylf cyning. Đonne
æfter Burgendalande wǽron ús þas land þa synd hátene,
ǽrest Blecingég, and Meore, and Eowland, and Gotland
on bæcbórd, and þás land hýrað to Sweon. And Weon-
odland wæs ús ealne weg on steórbórd oð Wisle-múðan.
Seó Wisle is swýðe mycel eá, and heo tolið Witland and
Weonodland; and þæt Witland belimpeð to Estum, and
seó Wisle lið út of Weonodlande, and lið in Estmere;
and se Estmere is húru fiftene míla brád. Đonne cymeð
Ilfing eastan in Estmere, of þam mere þe Trúso standeð

in staðe, and cumað út samod in Estmere, Ilfing eastan
of Eastlande, and Wisle súðan of Winodlande; and
þonne benimð Wisle Ilfing hire naman, and ligeð of þam
mere west and norð on sǽ; forðy hit man hæt Wisle-
múðan.

Ðæt Eastland is swýðe mycel, and þær bið swýðe
manig burh, and on ælcere byrig bið cyning, and þær
bið swýðe mycel hunig and fiscað; and se cyning and þa
rícostan men drincað myran meolc, and þa unspédigan
and þa þeówan drincað médo. Ðær bið swýðe mycel
gewinn betweonan him, and ne bið ðær nænig ealo ge-
browen mid Estum, ac þær bið médo genoh. And þær
is mid Estum ðeáw, þonne þær bið man deád, þæt he lið
inne unforbærned, mid his magum and freóndum, mónáð,
gehwilum twégen: and þá cyningas and þá oðre heáh-
ðungene men swá micle lencg swá hi máran spéda hab-
bað, hwilum healf gear þæt hi beóð unforbærned, and
licgað bufan eorðan on hyra húsum. And ealle þa hwíle
þe þæt líc bið inne, þær sceal beón gedrync and plega, oð
ðone dæg þe hí hine forbærnað. Ðonne þy ylcan dæg hí
hine to þam áde béran wyllað, þonne todǽlað hí his feoh
þæt þær to láfe bið, æfter þam gedrynce and þám plegan,
on fíf oððe syx, hwílum on má, swá swá þæs feós andefn
bíð. Alecgað hit þonne forhwæga on ánre míle þone
mǽstan dǽl fram þam túne, þonne oðerne, þonne þæne
þriddan, oþþe hyt eall aled bið on þære ánre mile; and
sceal beón se læsta dǽl nyhst þam túne ðe se deáda man
on lið. Ðonne sceolon beón gesamnode ealle ða men ðe
swyftoste hors habbað on þam lande, forhwæga oń fít
mílum, oððe on syx mílum fram þam feó. Ðonne ærnað
hy ealle toweard þam feó; ðonne cymeð se man se þæt
swifte hors hafað to þam ǽrestan dǽle and to þam mæs-
tan, and swa ælc æfter oðrum, oð hit bið eall genumen;
and se nimð þone læstan dǽl se nyhst ðam tune ðæt feóh

geæorneð. And þonne rideð ælc hys weges mid ðan feôh, and hyt motan habban eall; and forðy þær beóð þa swyft-an hors ungefôhge dýre. And þonne his gestreón beóð þus eall aspended, þonne byrð man hine út, and forbær-neð mid his wæpnum and hrægle, and swíðost eallc his spéda hý forspendað mid þam langan legere þæs deádan mannes inne, and þæs þe hý be þám wegum alecgað, þe ða fremdan to ærnað and nimað. And þæt is mid Estum þeáw, þæt þær sceal ælces geðeódcs man beón forbærned; and gyf þær man án bán findeð unforbærned, hí hit sceolan miclum gebetan. And þær is mid Eastum án mægð þæt hí magon cýle gewyrcan, and þý þær licgað þa deadan men swá lange and ne fuliað, þæt hý wyrcað þone cýle hine ôn; and þeah man asette twégen fætels full calað oððe wæteres, hy gedóð þæt oþer bið ofer-fro-ren, sam hit sý sumor sam winter.

Môdor ne rǽdeð   ðonne heo magan cenneð,
Hú him weorþe geond woruld   wídsið sceapen.
Oft heo to bealwe   bearn afédeð,
Selfre to sorge,   siððan dreógeð
His earfoðu   orlegstunde;
Heo ðæs eaforan sceal   oft and gelome
Grimme greótan,   ðonne he geóng fareð,
Hafað wilde môd,   wérige heortan,
Sefan sorhfulne,   slídeð geneahhe
Wérig, wilna leás,   wuldres bedǽled;
Hwílum hygegeómor   healle weardað,
Lifað leódum feor; locað geneahhe
Fram ðám unlǽdan   ǽngan hláford.   [cenneð
Forðan náh seó môdor geweald   ðonne heo magan
Bearnes blǽdes;   ac sceal on gebyrd faran
A'n æfter ánum   ðæt is eald gesceaft.

CONVERSION OF THE SAXONS.

ÆLFRIC'S HOMILY, IV. ID. MART.

A D. 1000.]

GREGORIUS se hálga papa, Engliscre ðeode apostol, or ðisum andwerdan dæge, æfter menigfealdum gedeorfum, and halgum gecnyrdnyssum, Godes ríce gesæliglice astáh. He is rihtlice Engliscre ðeode apostol, forðan ðe he, þurh his ráed and sánde, ús fram deofles biggengum ætbráed, and to Godes geleafan gebigde. Manega hálige béc cyðað his drohtnunge and his halige líf, and eac "Historia Anglorum," ða ðe Ælfred cyning of Ledene on Englisc awende. Seo bóc sprecð genoh swutelice be ðisum halgan were. Nu wylle we sum ðing scortlice eow be him gereccan, forðan ðe seo foresæde bóc nis eow eallum cuð, þeah ðe heo on Englisc awend sy.

Ðes eadiga papa Gregorius wæs of æðelborenre mægðe and eawfæstre acenned; Romanisce witan wæron his magas; his fæder hatte Gordianus, and Felix, se eawfæsta papa, wæs his fifta fæder. He wæs, swa swa we cwædon, for worulde æðelboren, ac hé oferstáh his æðelborennysse mid halgum ðeawum, and mid gódum weorcum gɑglengde. Gregorius is Grecisc nama, se swéigð on Ledenum gereorde, "Uigilantius," þæt is on Englisc, "Wacolre." He wæs swiðe wacol on Godes bebodum, ðaða he sylf herigendlice leofode, and hé wacollice ymbe manegra ðeoda þearfe hógode, and him lífes weig geswutelode. He wæs fram cildháde on bóclicum lárum getyd, and hé on ðære láre swa gesæliglice ðeah, þæt on ealre Romana-byrig næs nán his gelica geðuht. He gecneordlæhte æfter wísra láreowa gebisnungum, and næs forgytol, ac gefæstnode his láre on fæstháfelum gemynde.

He hlód ða mid þurstigum breoste ða flowendan láre, ðe
hé eft æfter fyrste mid hunig-swettre þrotan þæslice bealc-
ette.   On geonglicum gearum, ðaða his geogoð æfter
gecynde woruld-ðing lufian sceolde, þa ongann hé hine
sylfne to Gode geðeodan, and to eðele þæs upplican lifes
mid eallum gewilnungum orðian.   Witodlice æfter his
fæder forðsiðe hé arærde six munuc-líf on Sicilia-lande,
and þæt seofoðe binnon Romana-burh getimbrode, on
ðam he sylf regollice, under abbodes hæsum drohtnode.
Ða seofon mynstru he gelende mid his ágenum, and
genihtsumlice to dæghwomlicum bigleofan gegódode.
Ðone ofer-eácan his æhta hé aspende on Godes þearfum,
and ealle his woruldlican aðelborennysse to heofonlicum
wuldre awende.   He eode ǽr his gecyrrednysse geond
Romanaburh mid pællenum gyrlum, and scinendum
gymmum, and readum golde gefrætewod; ac æfter his
gecyrrednysse he ðenode Godes ðearfum, he sylf ðearfa,
mid wácum wæfelse befangen.

    Swa fulfremedlice hé drohtnode on anginne his gecyr-
rednysse swa þæt hé mihte ða gyú beon geteald on ful-
fremedra halgena getele.   He lufode forhæfednysse on
mettum, and on drence, and wæccan on syndrigum gebed-
um: þær to-eacan hé ðrowade singallice untrumnyssa,
and swa hé stiðlicor mid andwerdum untrumnyssum of-
sett wæs, swa hé geornfullicor þæs ecan lifes gewilnode.

    Ða undergeat se papa, þe on þam timan þæt apostolice
setl gesæt, hú se eadiga Gregorius on halgum mæg-
num ðeonde wæs, and he ða hine of ðære munuclican
drohtnunge genám, and him to gefylstan gesette, on dia-
conháde geendebyrdne.   Ða gelámp hit, æt sumum sæle,
swa swa gýt for oft deð, þæt Englisce cýpmenn brohton
heora ware to Romana-byrig, and Gregorius eode be
ðære strǽt to ðam Engliscum mannum, heora ðing
sceawigende.   Ða geseah he betwux ðam warum cýpe-

cnihtas gesette, þa wæron hwites lichaman and fægeres
andwlitan menn, and æðellice gefexode. Gregorius ða
beheold þæra cnapena wlite, and befrán of hwilcere þeode
hí gebrohte wæron. Ða sæde him man þæt hí of Engla-
lande wæron, and þæt ðære ðeode mennisc swa wlitig
wære. Eft ða Gregorius befrán, hwæðer þæs landes folc
Cristen wære ðe hæðen? Him man sæde, þæt hí hæðene
wæron. Gregorius ða of inneweardre heortan langsume
siccetunge teah, and cwæð, Wálawá, þæt swa fægeres
híwes menn sindon ðam sweartan deofle underðeodde.
Eft hé axode, hú ðære ðeode nama wære, þe hí of-co-
mon? Him wæs geandwyrd, þæt hí Angle genemnode
wæron. Ða cwæð he, Rihtlice hí sind Angle geháteno,
forðan ðe hí engla wlite habbað, and swilcum gedafenað
þæt hí on heofonum engla geferan beon. Gýt ða Greg-
orius befrán, hú ðære scíre nama wære, þe ða cnapan of-
alædde wæron. Him man sæde, þæt ða scírmen wæron
Dere gehátene. Gregorius andwyrde,Wel hí sind Dere
gehátene, forðan ðe hí sind fram graman generode, and
to Cristes mildheortnysse gecygede. Gýt ða he befrán,
Hú is ðære leode cyning gehátén? Him wæs geand-
swarod, þæt se cyning Ælle geháten wære. Hwæt ða,
Gregorius gamenode mid his wordum to ðam naman,
and cwæð, Hit gedafenað þæt Alleluia sy gesungen on
ðam lande, to lofe þæs Ælmihtigan Scyppendes. Greg-
orius ða sona eode to ðam papan þæs apostolican setles,
and hine bæd, þæt he Angelcynne sume láreowas asende,
ðe hí to Criste gebigdon, and cwæð, þæt hé sylf gearo
wære þæt weorc to gefremmenne mid Godes fultume,
gif hit ðam papan swa gelicode. Ða ne mihte se papa
þæt geðafian, þeah ðe hé eall wolde; forðan ðe ða Ro-
maniscan ceaster-gewaran noldon geðafian þæt swa ge-
togen mann, and swa geðungen láreow þa burh eallunge
forlete, and swa fyrlen wræcsið genáme.

Æfter ðisum gelámp þæt micel mann-cwealm becom ofer ðære Romaniscan leode, and ǽrest ðone papan Pelagium gestód, and buton yldinge adydde. Witodlice æfter ðæs papan geendunge, swa micel cwealm wearð þæs folces, þæt gehwær stodon aweste hús geond þa burh, búton bugigendum. Ða ne mihte swa-ðeah seo Romanaburh buton papan wunian, ac eal folc ðone eadigan Gregorium to ðære geðincðe ánmodlice geceas, þeah ðe hé mid eallum mægne wiðerigende wære. Gregorius ða asende ænne pistol to ðam casere Mauricium, se wæs his gefædera, and hine halsode, and micclum bæd, þæt hé næfre ðam folce ne geðafode þæt he mid þæs wurðmyntes wuldre geuferód wære, forðan ðe hé ondred þæt he ðurh ðone micclan hád on woruldlicum wuldre, þe he ǽr awearp, æt sumum sæle bepæht wurde. Ac ðæs caseres heahgerefa, Germanus, gelæhte ðone pistol æt Gregories ærendracan, and hine totǽr; and siððan cydde þam casere, þæt þæt folc Gregorium to papan gecoren hæfde. Mauricius ða se casere þæs Gode ðancode, and hine ge hádian het. Hwæt ða, Gregorius fleames cepte, and on dym-hófon ætlutode; ac hine man gelæhte, and teah to Petres cyrcan, þæt he ðær to papan gehalgod wurde. Gregorius ða ǽr his hádunge þæt Romanisce folc, for ðam onsigendum cwealme, ðisum wordum to bereowsunge tihte: Mine gebroðra þa leofostan, ús gedafenað þæt we Godes swingle, þe we on ǽr towearde ondrædan sceoldon, þæt we huru nú andwerde and afándode ondrædan. Geopenige ure sárnys ús infǽr soðre gecyrrednysse, and þæt wite ðe we ðrowiað tobrece ure heortan heardnysse. Efne nu ðis folc is mid swurde þæs heofonlican graman ofslegen, and gehwilce ænlipige sind mid fǽrlicum slihte aweste. Ne seo ádl ðam deaðe ne forestæpð, ac ge geseoð þæt se sylfa deað þære ádle yldinge forhradað. Se geslagena bið mid deaðe gegripen, ǽrðan

6

ðe he to heofungum soðre behreowsunge gecyrran mæge.
Hógiað forði hwilc se becume ætforan gesihðe þæs strec-
an Déman, seðe ne mæg þæt yfel bewépan ðe hé ge-
fremode.   Gehwilce eorð-bugigende sind ætbrodene,
and heora hús standað aweste.   Fæderas and moddru
bestandað heora bearna líc, and heora yrfenuman him
sylfum to forwyrde forestæppað.   Uton eornostlice fleon
to heofunge soðre dǽdbote, þa hwile ðe we moton, ǽrðan
þe se færlica slege ús astrecce.   Uton gemunan swa
hwæt swa we dweligende agylton, and uton mid wópe
gewitnian þæt þæt we mánfullice adrugon.   Uton for-
hradian Godes ansyne on andetnysse, swa swa se witega
ús mánað: Uton ahebban ure heortan mid handum to
Gode; þæt is, þæt we sceolon ða gecnyrdnysse ure bene
mid geearnunge gódes weorces up-aræran.   He forgifð
truwan ure forhtunge, seðe þurh his witegan clypað,
Nylle ic þæs synfullan deað, ac ic wille þæt hé gecyrre
and lybbe.

Ne geortruwige nǎn man hine sylfne for his synna
micelnysse: witodlice ða ealdan gyltas Niniueiscre ðeode
ðreora daga bereowsung adilegode; and se gecyrreda
sceaða on his deaðes cwyde þæs ecan lifes mede geear-
node.   Uton awendan ure heortan; hrædlice bið se
Déma to urum benum gebíged, gif we fram urum
ðwyrnyssum beoð gerihtlæhte.   Uton standan mid ge-
maglicum wópum ongean ðam onsigendum swurde swa
miccles domes.   Soðlice gemágnys is þam soðan Déman
gecweme, þeah ðe heo mannum unðancwurðe sy, forðan
ðe se arfæsta and se mildheorta God wile þæt we mid
gemáglicum benum his mildheortnysse ofgán, and hé
nele swa micclum swa we geearniað ús geyrsian.   Be
ðisum hé cwæð ðurh his witegan, Clypa me on dæge
ðinre gedrefednysse, and ic ðe ahredde, and ðu mærsast
me.   God sylf is his gewita þæt he miltsian wile him to

clypigendum, seðe mánað þæt we him to clypian sceolon.
Forði, mine gebroðra þa leofostan, uton gecuman on ðam
feorðan dæge þysre wucan on ærne-merigen, and mid
estfullum mode and tearum singan seofonfealde lætanias,
þæt se streca Déma us geárige, þonne hé gesihð þæt we
sylfe ure gyltas wrecað.

Eornostlice ðaða micel menigu, ægðer ge preosthádes
ge munuchádes menn, and þæt læwede folc, æfter ðæs
eadigan Gregories hæse, on þone wodnes-dæg to ðam
seofonfealdum letanium gecomon, to ðam swiðc awedde
se foresæda cwealm, þæt hund-eahtatig manna, on ðære
ánre tide feallende, of life gewiton, ða hwíle þe þæt folc
ða letanias sungon. Ac se halga sacerd ne geswác þæt
folc to mánigenne þæt hí ðære bene ne geswicon, oðþæt
Godes miltsung þone reðan cwealm gestilde.

Hwæt ða Gregorius, siððan hé papanhád underfeng,
gemunde hwæt hé gefyrn Angel-cynne gemynte, and
ðærrihte ðæt luftyme weorc gefremode. He na to ðæs
hwón ne, mihte þone Romaniscan biscop-stól eallunge
forlætan, ac hé asende oðre bydelas, geðungene Godes
ðeowan, to ðysum íglande, and he sylf micclum mid his
benum and tihtingum fylste, þæt ðæra bydela bodung
forðgenge, and Gode wæstmbære wurde. Ðæra bydela
naman sind þus gecigede, Augustinus, Mellitus, Lauren-
tius, Petrus, Iohannes, Iustus. Ðas lareowas asende se
eadiga papa Gregorius, mid manegum oðrum munecum,
to Angelcynne, and hí ðisum wordum to ðære fare tihte:
Ne beo ge afyrhte ðurh geswince þæs langsuman fær-
eldes, oððe þurh yfelra manna ymbe-spræce; ac mid ealre
ánrædnysse and wylme þære soðan lufe þas ongunnenan
ðing þurh Godes fultum gefremmað. And wite ge þæt
eower méd on ðam ecan edleane swa miccle máre bið,
swa micclum swa ge máre for Godes willan swincað.
Gehyrsumiað eadmódlice on eallum ðingum Augustine,

þone ðe we eow to ealdre gesetton: hit fremað eowrum
sawlum swa hwæt swa ge be his mynegunge gefyllað.
Se Ælmihtga God, þurh his gife, eow gescylde, and ge-
.inne me þæt ic mote eoweres geswinces wæstm on ðam
ecan eðele geseon, swa þæt ic beo gemet samod on blisse
eoweres edleanes, ðeah ðe ic mid eow swincan ne mæge;
forðon ðe ic wille swincan. Augustinus ða mid his gefer-
um, þæt sind gerehte feowertig wera, ferde be Gregories
hǽse, oðþæt hí to ðisum íglande gesundfullice becomon.

On ðam dagum rixode Æþelbyrht cyning on Cant-
warebyrig ríclice, and his rice wæs astreht fram ðære
micclan eá Humbre oð suð sǽ. Augustinus hæfde ge-
numen wealhstodas of Francena rice, swa swa Grego-
rius him bebead; and hé ðurh ðæra wealhstoda muð þam
cyninge and his leode Godes word bodade: hu se mild-
heorta Hælend, mid his ágenre ðrowunge þysne scyldig-
an middaneard alysde, and geleaffullum mannum heofon-
an ríces infær geopenode. Ða andwyrde se cyning
Æðelbriht Augustine, and cwæð, þæt hé fægere word
and behát him cydde; and cwæð, þæt hé ne mihte swa
hrædlice þone ealdan gewunan ðe hé mid Angel-cynne
heold forlætan; cwæð þæt hé moste freolice ða heofonlic-
an láre his leode bodian, and þæt he him and his geferan
bigleofan ðenian wolde; and forgeaf him ða wununge on
Cantwarebyrig, seo wæs ealles his-ríces heafod-burh.

Ongann ða Augustinus mid his munecum to geefenlæc-
enne þæra apostola líf, mid singalum gebedum, and
wæccan, and fæstenum Gode ðeowigende, and lífes word
þam ðe hí mihton bodigende, ealle middaneardlice ðing,
swa swa ælfremede, forhógigende, ða þing ána þe hí to
bigleofan behófedon underfónde, be ðam ðe hí tæhton
sylfe lybbende, and for ðære soðfæstnysse ðe hí bodedon,
gearowe wæron ehtnysse to ðoligenne, and deaðe swelt·
an, gif hí ðorfton.

Hwæt ða gelyfdon forwel menige, and on Godes nam-
an gefullode wurdon, wundrigende þære bilewitnysse
heora unscæððigan lífes, and swetnysse heora heonfon-
lican láre. Ða æt nextan, gelustfullode ðam cyninge
Æðelbrihte heora clæne líf and heora wynsume behát,
þa soðlice wurdon mid manegum tácnum geseðde; and
he ða gelyfende wearð gefullod, and micclum ða cristen-
an gearwurðode, and swa swa heofonlice ceaster-gewar-
an lufode: nolde swa-ðeah nænne to cristendome ge-
neadian; forðan ðe hé ofaxode æt ðam lárcowum his
hæle þæt Cristes ðeowdom ne sceal beon geneadad, ac
sylfwilles. Ongunnon ða dæghwomlice forwel menige
efstan to gehyrenne ða halgan bodunge, and forleton
heora hæðenscipe, and hí sylfe geðeoddon Cristes gelað-
unge, on hine gelyfende.

Betwux ðisum gewende Augustinus ofer sǽ to ðam
ercebiscope Etherium, and þé hine gehádode Angel-
cynne to ercebiscope, swa swa him Gregorius ǽr gewis-
sode. Augustinus ða gehádod cyrde to his biscop-stole,
and asende ærendracan to Rome, and cydde ðam eadigan
Gregorie þæt Angel-cynn cristendom underfeng, and he
eac mid gewritum fela ðinga befrán, hu him to drohtni-
genne wære betwux ðam níg-hworfenum folce. Hwæt
ða Gregorius micclum Gode ðancode mid blissigendum
mode, þæt Angel-cynne swa gelumpen wæs, swa swa he
sylf geornlice gewilnode, and sende eft ongean ærend-
racan to ðam geleaffullan cyninge Æþelbrihte, mid ge-
writum and menigfealdum lácum, and oðre gewritu to
Augustine, mid andswarum ealra ðæra ðinga þe hé hine
befrán, and hine eac ðisum wordum mánode: Broðer min
se leofosta, ic wát þæt se Ælmihtiga God fela wundra
þurh ðe þære ðeode ðe hé geceas geswutelað, þæs ðu miht
blissigan, and eac ðe ondrædan. Ðu miht blissigan ge-
wisslice þæt ðære ðeode sawla þurh ða yttran wundra

beoð getogene to ðære incundan gife. Ondræd ðe swa-
ðeah þæt ðin mód ne beo aháfen mid dyrstignysse on
ðam tácnum þe God ðurh ðe gefremað, and þu ðonon on
ídelum wuldre befealle wiðinnan, þonon ðe ðu wiðutan
on wurðmynte aháfen bist.

Gregorius asende eac Augustine halige lác on mæsse-
reafum, and on bócum, and ðæra apostola and martyra
reliquias samod; and bebead, þæt his æftergengan symle
ðone pallium and þone ercehád æt ðam apostolican setle
Romaniscre gelaðunge feccan sceoldon. Augustinus ge-
sette æfter ðisum biscopas of his geferum gehwilcum
burgum on Engla ðeode, and hí on Godes geleafan
ðeonde ðurhwunodon oð ðisum dægðerlicum dæge.

Se eadiga Gregorius gedihte manega halige traht-béc,
and mid micelre gecnyrdnysse Godes folc to ðam ecan
life gewissode, and fela wundra on his life geworhte,
and wuldorfullice þæs papan setles geweold ðreottyne
gear, and six monðas, and tyn dagas, and siððan on ðisum
dæge gewát to ðam ecan setle heofenan rices, on ðam he
leofað mid Gode Ælmihtigum á on ecynsse. Amen.

Yldo beóð eorðan   æghwæs cræftig,
Mid hýðendre   hildewræsne,
Rúmre racenteage   ræceð wíde;
Langre linan   lisseð eal ðæt heo wile;
Beám heo abreóteð,   and bebriceð telgum;
Astyreð stándendne   stefn on siðe,
Afylleð hine on foldan; friteð æfter ðám
Wildne fugol; heo oferwígeð wulf
Heo oferbídeð stánas,   heo oferstígeð stýle
Heo abíteð íren mid óme,   déð úsic swá.

CONVERSION OF THE NORTH ANGLES.

FROM ALFRED'S TRANSL. OF BEDE'S ECCL. HIST.

[A.D. 887?]

II., 9. Þære tide eác swylce Norðanhymbra þeód mid heora cyninge Eádwine Cristes geleáfan onfeng, þe him Paulinus, se hálga biscop, bodade and lærde. Þam cyninge seó onfengnes Cristes geleáfan, and þæs heofonlican ríces eác swylce on hálsunge, geweox meaht eorðlíces ríces, swá þæt nænig Angelcyninga ær him eall Breotone gemæro on anweald onfenge, oððe heora mægðe on, Angelcynnes oððe Britta, eardodon; eall þæt he on anweald onfeng, ge eác swylce Monige, Britta eáland, Angelcynnes ríce underþeódde, swá we ær beforan sægdon.

Þisse þeóde, þæt is Norðanhymbrum, wæs se æresta intinga to onfónne Cristes geleáfan, þæt se foresprecena heora cýning Eádwine wæs mid mægsibbe geþeóded Cantwarena cyningum: onfeng he þanon to wife Æðelburge, Æðlbyrhtes dohtor þæs cyninges, seó oðre naman wæs Táte háten.

. Þá he ærest his ærendracan sende to Eádbalde hire bróðer, se wæs þá Cantwara cyning, and þisse fæmnan gemanan bæd and wilnade; and þá andswarode he, þæt þæt alyfed ne wære, þæt cristenu fæmne hæðenum men to wife seald wære, þý læs se geleáfa and þá gerýnu þæs heofonlican cyninges mid þæs cyninges gemanan aidlad wæren, se þe þæs sóðan cyninges bigang ne cúðe. Þá þá ærendracan þá eft þás word Eádwine sægdon, þá gehét he sóna, þæt he náht wið...wardes dón wolde þam cristenum geleáfan, þe seó fæmne beeode, ac þæt heo móste þone geleáfan and bigang hire æfæstnisse mid eallum hire geférum, þe hire mid comen, þý cristenan þeáwe lifigean and þone wel healdan; ne he nóne wiðsóc, þæt he·silfa eác swylce þá ylcan æfestnisse underfenge, gif wíse witan þæt funden, þæt heo háligre and gode leófre gemeted beón mihte.

Þá wæs seó fæmne geháten and æfter fæce Eádwine onsended, and æfter þon þe hi ær funden hæfdon wæs gehálgod to biscope gode se leófa wer sanctus Paulinus, se mid hi féran sceolde to þon þe he þá fæmnan and hire geféran æghwæðer ge mid þá mærsunge heofonlícra ge-rýna ge mid his dæghwamlícre láre trymede, þæt heo on þam gemanan þára hæðenra besmiten ne wære. Þá com he mid þá foresprecenan fæmnan to Eádwine þam cyninge swá swá he wære gesiðcundlícre gegaderunge; ac he máre mid ealle his móde beheóld, þæt he þá þeóde, þe he gesóhte, to ongitenisse þæs sóðan godes and to Cristes geleáfan þurh his láre gecégde.

Mid þý he þa se Biscop on þá mægðe com mid þa fæm-nan, þá wende he swíðe, þæt he æghwæðer ge his geféran þá þe mid hine comon þurh drihtnes gife geheólde, þæt hi ne asprungen fram heora geleáfan, and gif he hwylce mihte þæra hæðenra þæt he þurh his láre to Cristes ge-leáfan gecirde; ac swá se Apostolus cwiðeð: þeah þe he swá mycelre tide wunne on his láre, þæt god þá mód þára ungeleáfsumra ablende, þý læs him scine seó onlýhtnes Cristes godspelles and his wuldres.

Þá wæs þý æfteran geare, com man on Norðanhymbra mægðe, wæs his nama Eomær; wæs he sended fram Westseaxna cyninge se wæs háten Cwichelm, þæt he sceolde Eádwine þone cyning samod ge lífe ge ríce benim-an. Hæfde he and wæg mid hine twigecgde handseax geættred, þæt gif seó wund to lyt genihtsumode to þæs cyninges deáðe, þæt þæt áttor gefultumade. Com he to

þam cyninge þý ærestan Eásterdæge be Deorwentan
þære eá, þær wæs þá cyninges ealdorbotl. Þá eode he
in, swá swá he his hláfordes ærende secgan sceolde, and
mid þý he þá geswippre múðe licettende ærend wrehte
and leáse fleswede, þá astod he semninga and getogene
þý wæpne under his sceáte ræsde on þone cyning. Þá
þæt þá Lilla geseah, se cyninges þegn him se holdesta,
næfde he scild æt handa, þæt he þone cyning mid ge-
scildan mihte, sette þá his líchoman betwih, beforan þam
stinge, and he þurhstong þone cyninges þegn and þone
cyning gewundade. Þá wæs he sóna mid æghwanon
mid wæpnum ymbhýped; hwæt he þá eác on þam inge-
rece oðerne cyninges þegn, se wæs Forðhere háten, mid
þý mánfullan wæpne acwealde.

Þá wæs þære ylcan nihte þára hálgan Eástrena, þæt
seó cwén cende dohtor þam cyninge, þære nama wæs
Eánflæd. Mid þý he þá se ylca cyning on þæs biscopes
andweardnesse þancunge dide his godum for þære dehter
þe him acenned wæs, ongean þon ongan se biscop þan-
cunge dón drihtne Criste and þam cyninge cýðan, þæt
he þæt mid his bénum æt him onfenge, þæt heo, seó
cwén, gesund and bútan hefigum sáre þæt bearn cende.
Þá se cyning þis gehýrde, þá ongan he lustfullian þæs
biscopes wordum and gehét hine silfne deófulgildum
wiðsacan, and þæt he wolde Cristes þeówdóm geceósan,
gif he him líf and sige forgeáfe on þam gewinne, þe he
gehogod hæfde wið þam cyninge, þe se myrdra ær fram
sended wæs, se þe hine gewundade; and þa ylcan his
dohtor Criste to gehálgianne þam biscope to wedde ge-
sealde, þæt he þæt gehát gelæstan wolde. Seó wæs ge-
fullad þý hálgan dæge æt Pentecosten ærest manna of
Norðanhymbra þeóde mid endlifum fæmnum of þære
cwéne híredc, heo wæs twelfte. Þære tíde eác wæs se
cyning gehæled fram þære wunde, þe him ær gedón

wæs: þá gesomnade he his fyrd wið Westseaxum and
þider com, and sóna þæs þe he on hí feaht, wæron him
ealle his fýnd gecýðde, þa þe ær emb his feorh syredon,
and he þa sume ofsloh, sume on anweald onfeng.

And he sigefast swa eft hám ferde, na læs þæt he
sóna in stepe and ungeþeahtendlíce þam gerynum onfón
wolde þæs cristenan geleáfan, þeah þe þæt wære, þæt he
ofer þæt deófulgildum ne þeówde, siððan he hine to
Cristes þeówdóme gehátenne hæfde; ac he ærest georn-
lice á of tíde æghwæðer ge fram þam arwurþan were,
sancte Pauline, þæt riht leornade þæs hálgan geleáfan, ge
eác mid his ealdormannum, þa þe he wiseste and snoter-
este wiste, þæt he gelomlíce mid him þeahtade and
sohte, hwæt be þisum þingum to dónne wære; ge he eác
silfa, mid þy he wæs on gecynde se gleáweste man, oft
lange ána sæt swígende muðe ac midde inneweardre
heortan manige þing sprecende, smeáde hwæt him selest
to dónne wære, and hwylc æfestnes him to healdenne
wære.

12. Swylce eác wæs sum godspræce and heofonlíc on-
wrigenes, þe him iú seó godcunde arfæstnes onwreáh, þá
he wrecca wæs mid Redwalde, Eástengla cyninge; seó
swíðe gefultumade his andgit to onfónne and to ongi-
tanne þa monunge þære hálwendan láre. Mid þy he þá
se biscop Paulinus geseah, þæt he unyðelice mihte þa
heánesse þæs cynelícan módes to eádmodnesse gecirran,
þæt he onfón wolde his ecre hælo and þam gerýne þære
liffæstan róde Cristes, and he samod for his hælo, þæs
cyninges and þære þeóde, þe he fore wæs, ge mid worde
trymnesse mid mannum wan, ge eác mid þa godcundan
arfæstnisse mid worde his gebeda, þæt he for hí þingade:
þá æt nyhstan geleornade he on gáste and him onwrigen
wæs, hwylc onwrigenes giú heofonlíc ætywde þam
cyninge þá he wrecca wæs. Ne ylde he hit leng, ac

eode sóna to þam cyninge and hine manode, þæt he his
gehất gefylde, þe he on þære onwrigenesse gehet þe him
ætywed wæs, gif he þære tide yrmðo beswícode and to
heánesse cyneríces become.   Wæs þis godgespræce and
þeós onwrigenes þises gemetes:

Mid þy hine ehte Æðelfrið, se þe ær him cyning wæs,
and he þurh missenlíce stowe manigra geara tíde flyma
wæs; þá gesohte he æt nyhstan and com to Rædwolde,
Eástengla cyninge, and hine bæd, þæt he his lif gescilde
wið swa micles ehteres sætningum; and him gehét, þæt
he swa dón wolde, swa he hine bad.   Æfter þam þa
Æðelfrið se cyning hine þær geacsade, þæt he mid Ræd-
wolde þone cyning wæs, þá sende he sóna ærendracan to
him and mycel feoh wið þam þe he hine ofslogc, oððe
hine him to cwalc ageafe; ne he hwæðere awiht on þam
fremode.   Sende he eft æfterran síðe ærendracan, sende
þriddan síðe and máran gife mycle þonne he him ær
sende wið his cwale, and hét eác him onbeódan, þæt he
hine wolde mid fyrde to gefeohte gesecan, gif he his
word and his gife forhogode.   Þá wæs his mód æg-
hwæðer ge mid þam beótungum gebreged, ge mid þam
gifum gewemmed, þæt he geþafode þæs cyninges béne
and gehét, þæt he Eádwine ofsloge oððe his feóndum to
cwale ageafe.

Þá wæs sum cyninges þegn, his freónd se treówesta,
þe þas þing gehyrde and ongeat.   Þá eode he to his inne,
þær he hine restan wolde, and wæs foreweard niht, and
hine acigde ut, and him sæde and cyðde, hu hine man
ymbe gedón wolde; cwæð him þá to: " Gif þu wilt, on
þás seolfan tíd, ic þé alæde of þisse mægðe in þa stowe,
þær þé næfre ne Rædwold ne Æðelfrið gemetan magon."
Cwæð he to him: "On þance me sindon þíne word and
þín lufu; and hwæðere ne mæg ic þæt dón, þæt þú me
lærest, þæt ic ærest þa treówðe forlæte, þe ic to swa mi·

clum cyninge genam, mid þy he me nawiht yfeles dide
ne láðes ætywde; ac gif ic deáð þrowian sceal, leófre me
is, þæt he me to deáðe gesylle, þonne unæðelra man.
Oððe lá hwider mæg ic nu leng fleón? manigra geara
tída ofer ealle Breotone ic flyma wæs, þæt ic me his héte
bearh and wearnode!"

Þá eode se his freónd on weg fram him, and he Eád-
wine ána þær ute gewunode.   Sæt swíðe unrót on stáne
beforan þære healle dura, and ongan mid manegum
hætum his geþohta geswenced beón, and ne wiste,
hwider he eode oððe hwæt him selest to dónne wære.
Mid þy he þá lange swígendum nearonessum his módes
and mid þy blindan fýre soden wæs, þá geseah he sem-
ninga on middre nihte man wið his gangan uncuðes
hrægeles and andwlitan.   Þá he þá to him com, þá wæs
he forht geworden.   Þá eode he to him, grette hine and
frægn, for hwon he on þære tíde, þe oðre men slæpon, on
stáne waccende sæte?   Þá frægn he hine, hwæt þæs to
him belumpe, hwæðer he wacode þe slepte, and hwæðer
he þe ute þe inne sæte?   Þá andswarode he and cwæð
him to: "Ne tala þu me, þæt ic ne cunne þone intingan
þínre unrótnesse and þínre wacone and anlepnesse and
þínes utsetles; ac ic cuðlice wat, ge hwæt þu eart ge for
hwon þu gnornast, and hwylc toweard yfel þu þe on
neáhnisse forhtast.   Ac gesege me, hwylce mede þu
wille sillan þam men, gif hwylc sí, þe þé fram þisum
nearonessum alyse, and Rædwolde on mod beswape, þæt
he þé nán wiht láðes ne dó, ne þé þínum feóndum to
cwale ne agife?"   Þá andswarede he and cwæð, þæt he
eall gód, þe he mihte, for mede þyslícre fremsumnesse
sillan wolde.   Þá ætécte he þa git his gespræc and
cwæð: "And gif hë þé eác, adwæsctum þínum feónd-
um, on sóðe cyneríce gehated, swa þæt nales þæt on ealle
þíne yldran, ac ealle cyningas, þa þe on Breotone wæron

ær þé, in mihte and on ríce feor oferstígest?" Þá wæs he
Eádwine bealdra geworden on þære frignesse and sóna
gehét, se þe him swá micle fremsumnisse forgeáfe, þæt
he him þæs wolde wurðlíce þancunge dón. Cwæð he
þriddan síðe to him, se þe wið him spræc: "And nu,
gif se man, se þe þé þyslíce gife and swá micle sóðlíce þé
tówearde forecwið, eác swylce geþeahte þínre hælo and
beteran lífes and nyttran þé ætýwan mæg, þonne ænig
þínra maga oððe þínra yldrena æfre gehýrde, cwíst þu,
hwæðer þu his þá hálwendan monunge onfón wille and
him hýrsum beón?" Þá ne ylde he Eádwine nánuht, ac
sóna gehét, þæt he wolde on eallum þingum him ge-
hýrsum beón and his láre lustlíce onfón, se þe hine fram
swá monegum yrmðum and teónum generede and to
heánisse cyneríces forð gelædde.

Þá he þá þisse andsware onfeng se þe mid hine spræc,
þá in stæpe sette he mid þá swíðran hand him on þæt
heáfod and þus cwæð: "Þonne þis tácen þyslíc þé to-
cume, þonne gemune þu þisse tíde and uncres gespræces,
and ne ylde þu, þæt þu þá þing gefylle, þe þu me gehéte."
Þá he þás word gespræc, þá ne wiste he semninga hwar
he com, wolde þæt he on þam ongeáte þæt, þæt man ne
wæs se þe him ætýwde, ac þæt hit gást wæs. And mid
þý he þá se geónga æðeling ána þær þá gít sæt, and wæs
swíðe gefeónde be þære frofre, þe him geháten wæs, ac
hwæðere sorgiende móde geornlíce þohte hwæt se wære
oððe hwanon he cóme, se þe þas þing to him sprecende
wæs; þá com eft tó him se foresprecena his freónd, and
mid blíðe andwlitan hine hálette and grette, and þus
cwæð: "Arís and gang in, gerest þínne líchoman and
þín mód bútan sorgum, forþam þæs cyninges heorte is
oncirred, ne wille he þé nánuht láðes gedón; ac he má
wile his treówe and his gehát wið þé gehealdan, and þé
feorhlífirde beón." Sæde him þá æfter þam þæt: "Se

cyning his geþohte biġ þam, þe ic þe ær sǽde, þære
cwéne on dégolnisse onwreáh; þá onwende heó hine fram
þære yfelan ingehygde his módes, lǽrde hine and man-
ode, þæt þæt nænig þing ne gedafenade né geríse swá
æðelum cyninge and swá geþungenum, þæt he sceolde his
freónd þone betstan on nýde gesettan on gold bebycgean,
and his treówe for feogitsunge and lúfan forleósan, seó
þe dýrwurðre wǽre and máre eallum máðmum."

Hwæt sceolon we þæs máre secgean? dide se cyning
swá swá hit ǽr cweden wæs, ná læs þæt an þæt he
þone wreccan, þe hine gesóhte, to cwale ne gesealde;
ac eác swylce him gefultumade, þæt he to ríce be-
com. Forþam sóna siððan þá ǽrendracan hám cirdon,
þe his cwale ǽrendedon þá gebeón Rædwold his
fyrde and micel werod gesomnade to gewinnanne
wið Æðelfrið. Þá fór he him to geanes ungelíce
werode, forþam he ne wolde him first alýfan, þæt he
móste his werod eall gesomnian; þá gefóron hí tosomne
and gefuhton on gemære Myrcna þeóde æt eástdǽle
þǽre eá, þe is Idle nemned, and þǽr man Æðelfrið þone
cyning ofslóh. Swylce eác on þam ylcan gefeohte man
slóh Rædwoldes sunu, se wæs Rægnhere háten. And
swá he Eádwine æfter þam godgespræce, þe he ǽr on-
féng, na læs þæt án þæt he him þá sætnunge þá gewearn-
ode þæs unholdan cyninges; ac swylce eác æfter his
slæge him on þæs ríces wuldor æfter fyligde.

Mid þý he þá Paulínus se biscop godes word bodade
and lærde, and se cyning ylde þá git to gelýfanne and
þurh sume tíd, swá swá we ǽr cwædon, gelimplícum
ána sæt and geornlíce mid hine silfne smeáde and þohte,
hwæt him sélost to dónne wǽre, and hwylc æfæstnis him
to healdenne wǽre; þá wæs sume dæge se godes wer
ingangende to him, þær he ána sæt, and sette his þá
swíðran hand him on þæt heáfod, and hine acsode,

hwæðer he þæt tácen ongitan mihte? Þá oncneów he
hit sóna sweótole and wæs swíðe forht geworden, and
him to fótum feóll. And hine se godes man úp ahóf and
him cúðlíce to spræc and þus cwæð: "Hwæt þu nu
hafast þurh godes gife þínra feónda handa beswicene,
þe þu þé ondrede, and þu þurh his sylene and gife þam
ríce onfenge, þe þu wilnadest! ac gemune nu, þæt þu
þæt drihtne geláeste, þæt þu gehete, þæt þu onfó his ge-
leáfan and his bebodu healde, se þe þé fram hwílendlíc-
um earfóðum generede and eác on áre hwílendlíces ríces
ahóf; and gif þu forð his willan gehýrsum beón wilt,
þone he þurh me þé bodað and læreð, he þonne þé eác
fram tintregum genereð ælcera yfela and þé dælnimende
gedéð mid hine þæs écan ríces on heofonum."

13. Þá se cyning þás word gehýrde, þá andswarode he
him and cwæð, þæt he ægðer ge wolde ge scolde þam
geleáfan onfón þe he lærde; cwæð, þæt he wolde mid his
freóndum and mid his witum spræce and geþeaht habban,
and gif hí mid hine þæt geþáfian woldon, þæt hí ealle
ætsomne on lífes wyllan gehálgode wæron. Þá dide se
cyning swá swá he cwæð, and se biscop þæt geþáfode.
Þá hæfde he gespræce and geþeaht mid his witum, and
synderlíce wæs fram him eallum frignende, hwylc him
þuhte and gesewen wære þeós niwe lár and þære god-
cundnisse bigang, þe þær læred wæs? Him þá andswa-
rode his ealdorbiscop, Céfi wæs háten: "Geseoh þu,
cyning, hwylc þeós lár sí, þe ús nu bodad is. Ic þé sóðlíce
andette, þæt ic cúðlíce geleornad hæbbe, þæt eallinga
náwiht mægenes ne nytnesse hafað seó æfæstnis, þe we
óð þis hæfdon and beeodon, forþam nænig þínra þegna
neádlícor ne gelustfullode hine silfne to úra goda bi-
gange þonne ic; and naht þam læs manige sindon, þá þe
máran gife and fremsumnisse æt þé onfengon þonne ic,
and on eallum þingum máran gesynto hæfdon. Hwæt

ic wát, gif úre godas ǽnige mihte hæfdon, þonne woldon
hí me má fultumian, forþam ic him geornlícor þeódde
and hýrde. Forþam me þynceð wíslíc, gif þu geseo
þá þing beorhtran and strengran, þe ús niwan bodade
sindon, þæt we þám onfón."

Þisum wordum oðer þæs cyninges wita and ealdormann
geþáfunge sealde and to þǽre sprǽce feng and þus cwæð
" Þyslic me is gesewen, cyning leófosta, þis andwearde
líf manna on eorðan to wiðmetenisse þǽre tíde, þe ús
uncúð is, swá gelíc swá þu æt swǽsendum sitte mid þínum
ealdormannum and þegnum on wintertíde, and sí fýr
onæled, and þín heall gewyrmed, and hit ríne and sníwe
and styrme úte; cume þonne án spearwa and hræðlíce
þæt hús þurhfleó, þurh oðre duru in, þurh oðre út gewíte:
hwæt he on þá tíd, þá he inne býð, ne býð ríned mid þý.
storme þæs wintres! ac þæt býð án eágan bryhtm and
þæt læste fæc, and he sóna of wintra in winter eft cymeð.
Swá þonne þis manna lif to medmyclum fæce ætýweð;
hwæt þǽr foregénge, oððe hwæt þǽr æfterfylige, we ne
cunnon. Forþam gif þeós niwe láre áwiht cúðlícre and
gerisenlícre bringe, heo þæs wyrðe is, þæt we þǽre fyli-
gean."

Þisum wordum gelícum oðre ealdormen and þæs
cyninges þeahteras sprǽcon, þá get to geýhte Ceáfi and
cwæð, þæt he wolde Paulínus þone bisceop geornlícor
gehýran be þam gode sprecende, þe he bodade; þá hét se
cyning swá dón. Þá he þá his word gehýrde, þá clypode
he and þus cwæð: " Geare ic þæt ongeat, þæt þæt nawiht
wæs, þæt we beeodon, forþam swá micle swá ic georn-
lícor on þam bigange þæt silfe sóð sóhte, swá ic hit læs
metté. Nu þonne ic openlíce andette, þæt on þisse láre
þæt silfe sóð scineð, þæt ús mæg syllan þá gife ecre eádig-
nisse and éces lífes hǽlo. Forþam ic lǽre nu, cyning
leófesta, þæt þæt tempel and þá weofedu þá þe we bútan

wæstmum ǽnigre nytnisse hálgodon, þæt we þá hraðe forleósan and on fýre forbærnan."

Hwæt he þá se cyning openlíce andette þam biscope and him eallum, þæt he wolde fæstlíce þám deófolgildum wiðsacan and Cristes geleáfan onfón! Mid þý he þá se cyning fram þam foresprecenan biscope sóhte and acsode heora hálignesse, þe hí ǽr beeodon, hwá hit, þá wígbed and þá heargas þára deófolgilda mid heora hegum, þé hí ymbsette wǽron, aídlian sceolde and toweorpan; þá andswarode he se biscop: "Efne ic þá godas lange mid dysignisse beeode oð þis; hwá mæg hí geriscnlícor nu toweorpan to bysne oðra manna þonne ic silfa þurh þá snyttro þe ic fram þam sóðan gode onfeng? And he þá sóna fram him awearp þá ídlan dysignisse, þe he ǽr beeode, and þone cyning bæd, þæt he him wǽpen scalde and gestédhors, þæt he mihte on cuman and þæt deófolgild toweorpan, forþam þam bisceope ne wæs alýfed, þæt he móste wǽpen wegan, né ælcor bútan on myran rídan. Þá sealde se cyning him sweord, þæt he hine mid begyrde, and nam him spere on hand and hleóp on þæs cyninges stédan and to þám deófolgildum rád. Þá þæt folc hine þá geseah swá gescyrpedne, þá wendon hí, þæt he tela ne wiste, ac þæt he wedde. Sóna þæs þé he gelihte to þam hearge, þá sceát he mid his spere, þæt hit sticode fæste on þam hearge, and wæs swíðe gefcónde þǽre ongitenisse þæs sóðan godes biganges, and he þá hét his geféran toweorpan ealne hearh and þá getimbro, and forbærnan. Is seó stów git ætéowed giú þára deófolgilda náht-feor eást fram Eoforwicceastre begeondan þǽre eá, and git to dæg is nemned Godmundingahám, þǽr se bisceop þurh þæs sóðan godes onbryrdnisse towearp and fordide þá wígbed, þe he silf ǽr gehálgode.

Þá onfeng Eádwine cyning mid eallum þám æðelingum hís þeóde and mid micle folce Cristes geleáfan and ful-

7

luhtes bæðe. Þý endlyftan geáre his ríces he wæs ge-
fullod fram Pauline þam biscope, his láreówe, on Eofer-
wicceastre þý hálgestan eásterdæge on Sanct Pétres cyr-
icean þæs apostoles, þá he þær hræðe geweorce of treowe
cyricean getimbrode, síððan he gecristnad wæs.

Feower tída sýnd getealde on anum geare, þe synd
ver, æstas, autumnus, hiems. Ver is lencten-tíd, seó
hæfð emnihte; æstas is sumor, se hæfð sunn-stede; au-
tumnus is hærfest þe hæfð oðre emnihte; hiems is winter
se hæfð oþerne sunn-stede. On þysum feower tídum
yrnð seó sunne geond mistlíce dælas, bufon þisum ymb-
hwyrfte, and þæs eorðan getempraþ, sóðlíce þurh Godes
fore-sceawunge, þæt heo symle on nánre stowe ge-
wunige, and mid hyre hætan middan-eardes wæstmas
for-bærne. Ac heo gæð geond stowa, and tempraþ þa
eorðlícan wæstmas ægðer ge on wæstme ge on rípunge.
Þonne se dæg langaþ, þonne gæð seó sunne norð-weard,
oðþæt heo becymð to þam tácne þe is geháten cancer, þær
is se sumerlíca sunn-stede; for þam þe heo cymð þær on-
gean eft súðweard and se dæg þonne sceortað oðþæt seó
sunne cymð eft súð to þam winterlícum sunn-stede and
þær eft stent. Ðonne heo norð-weard byð, þonne macað
heo lenctenlíce emnihte on midde-weardum hyre ryne.
Eft þonne heo súð-weard byð, þonne macað heo hærfest-
líce emnihte. Swá heo súðor bið, swá hit swíðor win-
terlæcð, and gæð se winterlíca cyle æfter hyre; ac þonne
heo eft ge-went ongean, þonne todræfð heo þone winter-
lícan cyle mid hyre hátum leóman.

AN ACCOUNT OF THE POET CÆDMON.

FROM ALFRED'S TRANSL. OF BEDE'S ECCL. HIST.

[A.D. 887?]

IV, 23. Wæs ymb syx hund wintra and h..nd-eahtatig from þære Dryhtenlican menniscnesse, þætte seo ærfeste Cristes þeowe, Hild, Abbudisse þæs mynstres þe is cweden Streoneshalh, swa swa we beforan sædon, æfter monigum heofonlicum dædum ðe heo on eorþan dyde, to onfonne þæs heofonlican lifes mede, and heo of eorþan alædded, leorde, þy fifteoþan dæge kalendarum Decembrium, mid þy heo hæfde syx and syxtig wintra, þæm wintrum todældum efenlice dæle; þreo and þrittig þa ærestan heo æþellice gefylde in weoruldháde drohtiende, and efen feolo þa æfter-fylgendan heo æþelicor in munuclife Drihtne gehalgade. Wæs heo eac swylce æþele in weoruld-gebyrdum, þæt heo wæs Edwines þæs cyninges nefan dohtor, se wæs Hereric haten; mid þy cyninge he to bodunge, and to láre þære eadegan gemynde Paulinus, þæs ærestan biscopes Norþan-hymbra, Cristes geleafan and geryno onfeng, and þone unwemme geheold, oðþæt þe he geearnode þæt he to his gesihðe becom.

Ða heo þa Hild weoruldhád forleort, and Gode ánum geteohode þeowian, ða gewát heo in East-Engla mægþe, forþon heo wæs þæs cyninges mæge; wilnade þanon, gif heo meahte, þæt heo wolde hire eþel forlætan, and eal þæt heo for weorulde hæfde, and wolde cuman in Gallia ríce, and in Cale ðam mynstre in elþeodignesse for Dryhtne lifian, þæt heo þy eð meahte þæt ece eþel in heofonum geearnian; forþon þe in þæm ylcan mynstre hire sweoster Hereswyð, seo wæs Aldwulfes modor,

East-Engla cyninges, regollicum þeodscypum under-
þeoded, in þa tíd bád þone ecan sige, ðære bysene heo
wæs onhyrgende in foresetnesse elþeodunge, and eall
ger in þære foresprecenan mægþe East-Engla hæfd wæs,
oðþæt heo eft from Aidane þæm biscope wæs hám ge-
laþad and gesponnen.

Ða onfeng heo anes hiwscipes stowe to norðdæle
Wire þære ea, and þær efenlice án gear munuc-líf
dyde mid feawum hire geferum. Æfter þyssum heo
wæs geworden abbudisse in þæm mynstre þe is geciged
Heortea. Ðæt mynster wæs geworden and getimbred
noht micle ær fram Hegu þære ærestan Cristes þeowe,
seo ærest wífa is sægd in Norþan-hymbra mægþe þæt
heo munuc-háde and halig refte onfenge, þurh halgunge
Aidanes þæs biscopes. Ac heo nalæs æfter med-micelre
tíde þæs þe þæt mynster getimbred wæs, gewát to þære
ceastre þe in Englisc is haten Kalcacester and hire þær
wic ásette, þæt heo Gode inlifde. Ða feng to þæs myn-
stres gerece Hild, seo Cristes þeowe, and heo þæt sona
mid regollice life gesette and geendebyrdade, swa swa
heo æt gelæredum wæpned-monnum geleornian mihte;
forþon þe Aidan se biscop and monige oþre æfeste weras
and góde, þa þe hie cuþon, for hire snytro and wísdóme,
and fore lufan þæs godcundan þeowdomes, hi gelomlice
neosodan and sohton, and hie georne lufedon, and hie
geornlice tydon and lærdon.

IV, 24. On þisse abbudissan mynstre, wæs sum broðor
synderlice mid godcundre gyfe gemæred, and geweorþ-
ad; forþon he gewunade gerisenlice leoð wyrcean, þa þe
to æfæstnesse and to árfæstnesse belumpon; swa þætte
swa hwæt swa he of godcundum stafum þurh boceras
geleornade, þæt he æfter med-miclum fæce in scóp-ge-
reorde, mid þa mæstan swétnesse and inbryrdnesse ge
glengde, and in Englisc gereorde wel gehwær forð·

brohte; and for his leoð-songum, monigra monna mód
oft to worolde forhohnesse, and to geþeodnesse þæs heo-
fonlican lifes onbærnde wæron.   Ond eac swylce monige
oðre æfter him in Ongel-þeode ongunnon æfeste leoð
wyrcan, ac nænig hwæþere him þæt gelice dón meahte;
forþon he nalæs from monnum ne þurh mon gelæred
wæs, þæt he þone leoðcræft geleornade; ac he wæs god-
cundlice gefultumod, and þurh Godes gyfe þone song-
cræft onfeng; ond he forþon næfre noht leasunga, ne
ideles leoþes wyrcan meahte, ac efne þa án þa þe to æfest-
nesse belumpon, and his þa æfestan tungan gedafenode
singan.

  Wæs he se mon in weoruldháde geseted oð ða tíde þe
he wæs gelyfedre yldo, and he næfre ænig leoð geleorn-
ade; and he forþon oft in gebeorscipe, þonne þær wæs
blisse intingan gedemed, þæt hie ealle sceoldon þurh en-
debyrdnesse be hearpan singan, ðonne he geseah þa
hearpan him nealæcan, þonne arás he for scome from
þæm symble, and hám eode to his huse.   Ða he þæt þa
sumre tíde dyde, þæt he forlet þæt hús þæs gebeorscipes,
and út wæs gongende to neata scypene, þara heord him
wæs þære nihte beboden, ða he þa þær in gelimplicre
tíde his limu on reste gesette and onslæpte, þa stód him
sum mon æt, þurh swefn, and hine halette and grette,
and hine be his naman nemde, Cædmon, sing me æt-
hwegu.   Þa andswarode he, and cwæð.   Ne con ic noht
singan, and ic for þon of þyssum gebeorscipe út-eode,
and hider gewát, forþon ic noht cuðe.   Eft he cwæð,
seðe mid him sprecende wæs, Hwæðere þu meaht me
singan.   Cwæð he, Hwæt sceal ic singan.   Cwæð he,
Sing me Frumsceaft.   Ða he þa þas andsware onfeng,
ða ongan he sona singan, in herenesse Godes Scyppen-
des, þa fers and þa word þe he næfre ne gehyrde, þara
endebyrdnes þis is.

Nu we sceolan herian heofon-rices Weard,
Metodes mihte, and his mód-geþonc,
Wera Wuldor-Fæder; swa he wundra gehwæs,
Ece Dryhten, ord onstealde.
He ǽrest gesceop, eorðan bearnum,
Heofon to hrofe, halig Scyppend;
þa middangeard, moncynnes Weard,
Ece Dryhten, æfter teode
Firum foldan, Frea Ælmihtig.

Ða arás he from þæm slæpe, and eall þa þe he slæpende song fǽste in gemynde hæfde, and þæm wordum sona monig word in þæt ylce gemet, Gode wyrþes songes, to-geþeodde. Ða com he on marne to þam tún-gerefan, seþe his ealdormon wæs, him sæde, hwylce gyfe he on-feng, and he hine sona to þære abbudyssan gelædde, and hire þæt cyðde and sægde. þa het heo gesomnian ealle þa gelærdestan men and þa leorneras, and him and-weardum het secgan þæt swefn, and þæt leoð singan, þætte eallra heora dome gecoren wære, hwæt oððe hwon-on þæt cumen wære. Ða wæs him eallum gesegen, swa swa hit wæs, þæt him wære from Dryhtne sylfum heofonlic gifu forgifen. Ða rehton hie him and sǽgdon sum halig spell, and godcundre láre word: bebudon him þa, gif he mihte, þæt he him sum sunge, and in swin-sunge leoðsonges þæt gehwyrfde. Ðá he þa hæfde þa wísan onfangene, þa eode he hám to his huse, and com eft on morgen, and, þy betstan leoðe geglenged, him asong and ageaf þæt him beboden wæs.

Ða ongan seo abbudysse clyppan and lufian þa Godes gyfe in þæm men, and heo hine þa monode and lǽrde, þæt he weoroldhád forlete, and munuchád onfenge; ond he þæt wel þafode: and heo hine in þæt mynster on-feng mid his gódum, and hine geþeodde to gesomnunge þara Godes þeowa, and het hine lǽran þæt getæl þæs halgan stæres and spelles; ond he eall þæt he in gehernesse geleornian mihte, mid hine gemyngade, and, swa clæne nyten eodorcende, in þæt swéteste leoð gehwyrfde, and his song and his leoð wæron swa wynsum to gehyrenne, þæt þa sylfan his láreowas æt his muðe writon and leornodon. Song he ærest be middangeardes gesceape, and be fruman moncynnes, and eall þæt stær Genesis, þæt is seo æreste Moises bóc, and eft be útgonge Israela folces of Ægypta londe, and be ingonge þæs gehát-londes, and be oðrum monigum spellum þæs halgan gewrites canones bóca, and be Cristes menniscnesse, and be his þrowunge, and be his up-astignesse on heofonas, and big þæs Halgan Gastes cyme, and þara apostola láre; and eft bi þam ege þæs toweardan dómes, and be fyrhto þæs tintreglican wites, and be swótnesse þæs heofonlican ríces, he monig leoð geworhte; and swylce eac oþer monig be þam godcundum fremsumnessum and dómum he geworhte. On eallum þam he geornlice gymde þæt he men atuge fram synna lufan and mán-dæda, and to lufan and to geornfullnesse awehte gódra dæda; forþon he wæs se mon swiðe æfest, and reogollicum þeodscypum eaðmodlice underþeoded; and wið þam þa ðe on oþre wísan dón woldon, he wæs mid wylme micelre ellenwódnesse onbærned, and he forþon fægere ende his líf betynde and geendade.

Forþon þa ðære tide nealehte his gewitenesse and forðfore, ða wæs he feowertyne dagum ǽr, þæt he wæs licumlicre untrymnesse þrycced and hefigad, hwæþere to þon gemetlice, þæt he ealle þa tíd mihte ge sprecan ge gangan. Wæs þær on neaweste untrumra manna hús, on þam hyra þeaw wæs þæt hi þa untruman, and þa þe æt forðfore wæron, inlædan sceoldan, and him þær ætsomne þenian. Ða bæd he his þén, on æfenne þære nihte þe he of worulde gangende wæs, þæt he on þam húse

ɑim stowe gegearwade, þæt he restan mihte. Ða wund-
rade se þen for hwon he þæs bæde, forþon him þuhte
þæt his forðfore swa neh ne wære, dyde hwæþere swa
swa he cwæð and bebead : ond mid þy he þa þær on reste
eode, and he gefeonde mode sumu þing ætgædere mid
him sprecende and gleowiende wæs þe þær ær inne wæ-
ron, þa wæs ofer middeniht þæt he frægn, hwæþer hi
ænig husel þær-inne hæfdon? Ða andswarodon hie and
cwædon, Hwilc þearf is þe husles? Ne þinre forðfore
swa neh is, nu þu þus rotlice and þus glædlice to us sprec-
ende eart. Cwæð he eft, Berað me hwæþere husel to.
Ða he hit on handa hæfde, þa frægn he, hwæþer hi ealle
smylte mód, and butan eallum incan, bliðe to him hæf-
don? Ða andswarodon hi ealle, and cwædon, þæt hi
nænigne incan to him wistan, ac hi ealle him swíðe bliðe
móde wæron, and hi wrixendlice hine bædon þæt he
him eallum bliðe wære. Ða andswarode he, and cwæð,
Míne broþro þa leofan, ic eom swiðe bliþmód to eow and
to eallum Godes monnum. And he swa wæs hine ge-
trymmende mid þy heofonlican wegneste, and him oþres
lífes ingang gearwade. Ða gyt he frægn, hu neh þære
tíde wære, þætte þa broðor arísan sceoldon, and Godes
folc læran and heora uht-sang singan? Andswearodon
hí, Nis hit feor to þon. Cwæð he, Tela, utan we wel
þære tíde bidan; and þa him gebæd, and hine gesenade
mid Cristes róde-tácne, and his heafod onhylde to þam
bolstre, and med-mycel fæc onslæpte, and swa mid still-
nesse his líf geendade. Ond swa wæs geworden, þætte
swa swa he hluttre móde and bylewite and smyltre
willsumnesse Drihtne þeowde, þæt he eac swylce swa
smylte deaðe middangeard wæs forlætende, and to his
gesyhðe becom.

ON THE BEGINNING OF CREATION.

FROM ÆLFRIC'S HOMILIES.

[A.D 1000.]

An angin is ealra þinga, þæt is God Ælmihtig. **He** is ordfruma and ende; he is ordfruma, forði þe he wæs æfre; he is ende butan ælcere geendunge, forðan þe he bið æfre ungeendod. He is ealra cyninga Cyning, and ealra hlaforda Hlaford. He hylt mid his mihte heofenas and eorðan, and ealle gesceafta butan geswince, and he besceawað þa niwelnyssa þe under þyssere eorðan sind. He awecð ealle duna mid anre handa, and ne mæg nan þing his willan wiðstandan. Ne mæg nan gesceaft ful- fremedlice smeagan ne understandan ymbe God. Mar- an cyððe habbað englas to Gode þonne men, and þeah- hweðere hi ne magon fulfremedlice understandan ymbe God. He gesceop gesceafta þaða he wolde; þurh his wisdom hi geworhte ealle þing, and þurh his willan hé hí ealle geliffæste. Ðeos þrynnys is án God; þæt is se Fæder and his wisdom of him silfum æfre acenned; and heora begra willa, þæt is se Halga Gast; he nis na acenned, ac he gæð of þam Fæder and of þam Sunu ge- lice. Ðas þry hadas sindon án Ælmihtig God, se ge- worhte heofenas and eorðan, and ealle gesceafta. He gesceop tyn engla werod, þæt sind englas and heah- englas, throni, dominationes, principatus, potestates, vir- tutes, cherubim, seraphim. Her sindon nigon engla werod; hi nabbað nænne lichaman, ac hi sindon ealle gastas swiðe strange and mihtige and wlitige, on micelra fægernysse gesceapene, to lofe and to wurðmynte heora Scyppende. Ðæt teoðe werod abreað and awende on

yfel. God hí gesceop ealle góde, and let hí habban
agenne cyre, swa hí heora Scyppend lufedon and fil-
igdon, swa hí hine forleton. Ða wæs þæs teoðan wer-
odes ealdor swiðe fæger and wlitig gesceapen, swa þæt
hé wæs geháten Leohtberend. Þa began he to modi-
genne for þære fægernysse þe he hæfde, and cwæð on
his heortan þæt hé wolde and eaðe mihte beon his Scyp-
pende gelic, and sittan on þam norð-dæle heofenan rices,
and habban andweald and ríce ongean God Ælmihtigne.
Þa gefæstnode he þisne ræd wið þæt werod þe hé bewiste,
and hí ealle to þam ræde gebugon. Ðaða hí ealle hæf-
don þysne ræd betwux him gefæstnod, þa becom Godes
grama ofer hí ealle, and hí ealle wurdon awende of þam
fægeran híwe, þe hí on gesceapene wæron, to laðlicum
deoflum. And swiðe rihtlice him swa getimode, þaða
he wolde mid modignysse beon betera þonne he ge-
sceapen wæs, and cwæð, þæt he mihte beon þam Ælmih-
tigum Gode gelíc. Þa wearð he and ealle his geferan
forcuþran and wyrsan þonne ænig oðer gesceaft; and þa
hwile þe he smeade hu he mihte dælan ríce wíð God, þa
hwile gearcode se Ælmihtiga Scyppend him and his
geferum helle wíte, and hí ealle adræfde of heofenan
ríces myrhðe, and let befeallan on þæt ece fyr, þe him
gegearcod wæs for heora ofermettum. Þa sona þa nigon
werod, þe ðær to lafe wæron, bugon to heora Scyppende
mid ealre eaðmodnesse, and betæhton heora ræd to his
willan. Þa getrymde se Ælmihtiga God þa nigon engla
werod, and gestaþelfæste swa þæt hí næfre ne mihton ne
noldon syððan fram his willan gebugan; ne hí ne magon
nu, ne hí nellað nane synne gewyrcan, ac hí æfre beoð
ymbe þæt án, hu hi magon Gode gehyrsumian and him
gecweman. Swa mihton eac þa oðre, þe ðær feollon,
dón, gif hi woldon; forþi ðe God hí geworhte to wlite-
gum engla gecynde, and let hí habban agenne cyre, and

hí næfre ne gebigde, ne hí nydde mid nanum þingum to
þam yfelan ræde; ne næfre se yfela ræd ne com of Godes
geþance, ac com of þæs deofles, swa swa we ær cwædon.

Nu þencð manig man and smeað hwanon deofol come;
þonne wite he þæt God gesceop to mæran engle þone þe
nu is deofol; ac God ne gesceop hine na to deofle; ac
paða he wæs mid ealle fordón and forscyldgod þurh þa
miclan upahefednysse and wiðerweardnysse, þa wearð
he to deofle awend, seðe ær wæs mære engel geworht.
Ða wolde God gefyllan and geinnian þone lyre þe for-
loren wæs of þam heofenlicum werode, and cwæð þæt
hé wolde wyrcan mannan of eorðan, þæt se eorðlíca man
sceolde geþeon and geearnian mid eadmodnysse þa wun-
unga on heofenan ríce, þe se deofol forwyrhte mid mod-
dignysse.   And God þa geworhte ænne mannan of
láme, and him on ableow gast, and hine gelíffæste, and
he wearð þa man gesceapen on sawle and on lichaman;
and God him sette naman Adám, and he wæs þa sume
hwile ánstandende.   God þa hine gebrohte on neorxna-
wange, and hine þær gelogode, and him to cwæð:
"Ealra þæra þinga þe on neorxna-wange sindon þu most
brucan, and hí ealle beoð þe betæhte, butan ánum treowe
þe stent on middan neorxna-wange: ne hrepa þu þæs
treowes wæstm, forþan ðe þu bist deadlic, gif ðu þæs
treowes wæstm geetst." Hwí wolde God swa lytles
þinges him forwyrnan, þe him swa miccle oðre þing be-
tæhte?   Gyse hu mihte Adám to-cnawan hwæt he
wære, buton he wære gehyrsum on sumum þinge his
Hlaforde.   Swylce God cwæde to him, "Nast þu na
þæt ic eom þin Hlaford, and þæt þu eart min þeowa, buton
þu do þæt ic þe háte, and forgáng þæt ic þe forbeode.
Hwæt mæg hit þonne beon þæt þu forgán sceole: ic þe
secge; forgang þu anes treowes wæstm and mid þære
eaðelícan gehyrsumnysse þu geearnast heofenan ríces

myrhðu and þone stede þe se deofol of-afeoll þurh unge-
hyrsumnesse. Gif ðu þonne ðis lytle bebód tobrecst, þu
scealt deaðe sweltan." And þa wæs Adam swa wís þæt
God gelædde to him nytenu, and deorcynn, and fugel-
cynn, ðaða he hí gesceapene hæfde; and Adam him
eallum naman gesceop; and swa swa he hí þa genamode
swa hí sindon gyt gehátene. Þa cwæð God, "Nis na
gedafenlic þæt þes man ana beo, and næbbe nænne ful-
tum; ac uton gewyrcan him gemacan, him to fultume
and to frofre." And God þa geswefode þone Adam,
and þaþa he slep, þa genam he án rib of his sídan, and
geworhte of þam ribbe ænne wifman, and axode Adam
hu heo hátan sceolde. Þa cwæð Adam, "Heo is bán of
minum bánum, and flæsc of minum flæsce; beo hire
nama Virago, þæt is fæmne; forðan ðe heo is of hire
were genumen." Ða sette Adam eft hire oðerne naman,
Æva, þæt is líf: forðan ðe heo is ealra lybbendra modor.

Ealle gesceafta, heofonas and englas, sunnan and món-
an, steor..an and eorðan, ealle nytenu and fugelas, sǽ
and ealle fixas, and ealle gesceafta God gesceop and ge-
worhte on six dagum; and on þam seofoðan dæge he
geendode his weorc, and geswac ða and gehalgode þone
seofoðan dæg, forðan ðe he on ðam dæge his weorc ge-
endode. And he beheold þa ealle his weorc ðe he ge-
worhte, and hí wæron ealle swiðe góde. Ealle ðing he
geworhte buton ælcum antimbre. He cwæð, "Ge-
weorðe leoht" and ðærrihte wæs leoht geworden. He
cwæð eft "Geweorðe heofen" and þærrihte wæs heofen
geworht, swa swa he mid his wisdome and mid his wil-
lan hit gedihte. He cwæð eft, and het ða eorðan þæt
heo sceolde forðlædan cuce nytenu; and he ða gesceop
of þære eorðan eall nytencynn, and deorcynn, ealle ða ðe
on feower fótum gáð; ealswa eft of wætere he gesceop
fixas and fugelas, and sealde ðam fixum sund, and ðam

fugelum fliht; ac he ne sealde nanum nytene ne nanum
fisce nane sawle; ac heora blod is heora lif, and swa
hraðe swa hi beoð deade, swa beoð hí mid ealle geend-
ode.   Þaða he worhte ðone man Adám he ne cwæð ná
" Geweorðe man geworht " ac he cwæð, " Uton ge-
wyrcan mannan to ure anlicnysse " and he worhte ða
þone man mid his handum, and him on ableow sawle;
forði is se man betera, gif he góde geðihð, þonne ealle
ða nytenu sindon; forðan ðe hí ealle gewurðað to nahte,
and se man is ece on anum dæle, þæt is on ðære sawle;
heo ne geendað næfre.   Se lichama is deadlic þurh Ad-
ames gylt, ac ðeah-hwæðere God arærð eft ðone licha-
man to ecum ðingum on dómes dæg.   Nu cwædon ge-
dwolmen þæt deofol gesceope sume gesceafta, ac hí
leogað; ne mæg he náne gesceafta gescyppan, forðan ðe
he nis na Scyppend, ac is atelic sceocca, and mid leas-
unge he wile beswican and fordón þone unwaran; ac he
ne mæg nænne man to nanum leahtre geneadian, buton
se man his agenes willes to his láre gebuge.   Swa hwæt
swa is on gesceaftum wiðerweardlíc geþuht and mannum
derige, þæt is eall for urum synnum and yfelum geearn-
ungum.

Þa ongeat se deofol þæt Adam and Eva wæron to ðy
gesceapene þæt hi sceolon mid eadmodnysse and mid
gehyrsumnysse gearnian ða wununge on heofenan rice
ðe he of-afeoll for his up-ahefednysse, þa nam he micel-
ne graman and ándan to þam mannum, and smeade hú
he hí fordón mihte.   He com ða on næddran hiwe to
þam twam mannum, ærest to ðam wife, and hire to cwæð,
" Hwí forbead God eow þæs treowes wæstm, ðe stent
on middan neorxna-wange? "   Þa cwæð þæt wíf, " God
us forbead þæs treowes wæstm, and cwæð þæt we sceold-
on deaðe sweltan, gif we his on-byrigdon."   Ða cwæð
se deofol: " Nis hit na swa þu segst, ac God wát genoh

geare, gif ge of ðam treowe geetað, þonne beoð eowerc
eagan geopenode, and ge magon geseon and tocnáwan
ægðer ge gód ge yfel, and ge beoð englum gelice."
Næron hí blinde gesceapene, ac God hí gesceop swa
bilewite þæt hí ne cuðon nan ðing yfeles, naðor ne ɔn
gesihðe, ne on spræce, ne on weorce.   Wearð þeah þæt
wíf ða forspanen þurh ðæs deofles láre, and genam of
ðæs treowes wæstme and geæt, and sealde hire were,
and he geæt. Ða wæron hí butu deadlice, and cuðon
ægðer ge gód ge yfel; and hí wæron ða nacode, and
him ðæs sceamode. þa com God and axode hwi he his
bebod tobræce? and adræfde hí butu of neorxna-wange,
and cwæð, " Forðan ðe ðu wære gehyrsum ðines wifes
wordum, and min bebod forsawe, þu scealt mid earfoð-
nyssum þe metes tilian, and seo eorðe þe is awyriged
on þinum weorce, sylð þe ðornas and bremblas.   þu
eart of eorðan genumen, and þu awenst to eorðan. þu
eart dust, and ðu awentst to duste." God him worhte
þa reaf of fellum, and hí wæron mid þam fellum ge-
scrydde.

   Ða deadan fell getácnodon þæt hí wæron ða deadlice
þe mihton beon undeadlice, gif hi heoldon þæt eaðelice
Godes bebod.   Ne þorfte Adam ne eal mancynn þe him
siððan of-acom næfre deaðes onbyrian, gif þæt treow
moste standan ungehrepod, and his nán man ne onbyr-
igde; ac sceolde Adam and his ofspring tyman on aset-
tan tyman swa swa nu dóð clæne nytenu, and siððan
ealle buton deaðe faran to ðam ecan life. Næs him ge-
sceapen from Gode, ne he næs genedd þæt he sceolde
Godes bebod tobrecan; ac God hine lét frigne, and
sealde him agenne cyre, swa he wære gehyrsum, swa he
wære ungehyrsum. He wearð þa deofle gehyrsum, and
Gode ungehyrsum, and wearð betæht, he and eal man-
cynn, æfter ðisum lífe, into helle-wíte, mid þam deofle

ðe hine forlærde. Þa wiste God hwæðere þæt he wæs
forlæred, and smeade hu he mihte his and ealles man-
cynnes eft gemiltsian.

On twam þingum hæfde God þæs mannes sawle ge-
gódod; þæt is mid undeadlicnysse, and mid gesælðe. Þa
þurh deofles swicdom and Adames gylt we forluron þa
gesælðe ure sawle, ac we ne forluron ná þa undeadlic-
nysse; heo is éce, and næfre ne geendað, þeah se lichama
geendige, þe sceal eft þurh Godes mihte arisan to ecere
wununge. Adam þa wæs wunigende on þisum lífe mid
geswince, and he and his wíf ða bearn gestryndon ægð-
er ge suna ge dohtra; and he leofode nigon hund geara
and þrittig geara, and siððan swealt, swa swa him ær be-
háten wæs, for þam gylte; and his sawul gewende to
helle.

Weland him be wurman wræces cunnade
Anhydig eorl earfoþa dreag,
Hæfde him to gesiþþe sorge and longað,
Winter-cealde wræce, wean oft onfond,
Siððan hine Niðhad on nede legde,
Swoncre seono-bende, onsyllan mon.
Ðæs ofereode; þisses swa mæg.

We geascodan Eormanrices
Wylfenne geþoht; ahte wíde folc
Gotena ríces; þæt wæs grim cyning.
Sæt secg monig sorgum gebunden,
Wean on wenan wyscte geneahhe,
Þæt þæs cyne-ríces ofercumen wære.
Ðæs ofereode; þisses swa mæg.

ASSUMPTION OF ST. JOHN, THE APOSTLE.

FROM ÆLFRIC'S HOMILY VI. KAL. JAN.

[A.D. 1000.]

Iohannes se Godspellere, Cristes dyrling, wearð on
ðysum dæge tc heofenan rices myrhðe, þurh Godes neos-
unge, genumen.   He wæs Cristes moddrian sunu, and
he hine lufode synderlice.   Witodlice ðisum leofan leorn-
ing-cnihte befæste se Hælend his modor, þaþa he on rode
hengene mancynn alysde; þæt his clæne líf ðæs clænes
mædenes Marian gymde, and heo ða on hyre swyster
suna ðenungum wunode.

Eft on fyrste, æfter Cristes upstige to heofonum, rixode
sum wælhreow casere on Romana ríce, æfter Nerone, se
wæs Domicianus gehaten, cristenra manna ehtere: se
het afyllan ane cyfe mid weallendum ele, and þone mær-
an godspellere þæron het bescufan; ac he, ðurh Godes
gescyldnysse, ungewemmed of ðam hatum bæðe eode.
Eft ðaða se wælhreowa nc mihte ðæs eadigan apostoles
bodunge alecgan, þa asende he hine on wræcsið to anum
igoðe þe is Paðmas gecíged, þæt he ðær þurh hungres
scearpnysse acwæle.   Ac se Ælmihtiga Hælend ne for-
lét to gymeleaste his gelufedan apostol, ac geswutelode
him on ðam wræcsiðe þa toweardan onwrigenysse, be
ðære he awrat ða bóc ðe is gehaten Apocalipsis: and se
wælhreowa Domicianus on þam ylcan geare wearð
acwealð æt his witena handum; and hí ealle anmodlice
ræddon þæt ealle his gesetnyssa aydlode wæron.   Þa
wearð Nerva, swiðe arfæst man, to casere gecoren.   Be
his geðafunge gecyrde se apostol ongean mid micclum
wurðmynte, scðe mid hospe to wræcsiðe asend wæs,

Him urnon ongean weras and wif fægnigende and cweðende "Gebletsod is seðe com on Godes naman."

Mid þam ðe se apostol Iohannes stop into ðære byrig Ephesum, þær bær man him togeanes anre wydewan líc to byrigenne; hire nama wæs Drusiana. Heo wæs swiðe gelyfed and ælmesgeorn, and þa ðearfan, ðe heo mid cystigum mode eallunga afedde, dreorige mid wópe ðam líce folgodon. Ða het se apostol ða bære settan, and cwæð, "Min Drihten, Hælend Crist! Arære ðe, Drusiana; aris, and gecyrr ham, and gearca ús gereordunge on þinum huse." Drusiana þa arás swilce of slæpe awreht, and, carfull be ðæs apostoles hæse, ham gewende.

On ðam oðrum dæge eode se apostol be þære stræt, þa ofseah he hwær sum uðwita lædde twegen gebroðru, þe hæfdon behwyrfed eall heora yldrena gestreon on deorwurðum gymstanum, and woldon ða tocwysan on ealles þæs folces gesihðe, to wæfersyne, swylce to forsewennysse woruldlicra æhta. Hit wæs gewunelic on ðam timan þæt ða ðe woldon woruld-wisdom gecneordlice leornian, þæt hí behwyrfdon heora are on gymstanum, and ða tobræcon; oððe on sumum gyldenum wecge, and ðone on sæ awurpan; þe-læs ðe seo smeaung þæra æhta hí æt þære lare hremde. Þa clypode se apostol ðone uðwitan Graton him to, and cwæð, "Dyslic bið þæt hwa woruldlice speda forhogige for manna hérunge, and beo on Godes dome geniðerod. Ydel bið se læcedom þe ne mæg ðone untruman gehælan; swa bið eac ydel seo lár ðe ne gehælð ðære sawle leahtras and unðeawas. Soðlice min lareow, Crist, sumne cniht ðe gewilnode þæs ecan lifes þysum wordum lærde, þæt he sceolde ealle his welan beceapian, and þæt wurð ðearfum dælan, gif he wolde fulfremed beon, and he syððan hæfde his goldhord on heofenum, and ðær to-eacan þæt ece lif.'

8

Graton þa, se uðwita, him andwyrde, þas gymstanas synd
to-cwysede for ydelum gylpe, ac gif ðin láreow is soð
God, gefeg ðas bricas to ansundnysse, þæt heora wurð
mæge þearfum fremian." Iohannes þa gegaderode ðæra
gymstana bricas, and beseah to heofonum, þus cweðende,
"Drihten, Hælend, nis ðe nan ðing earfoðe; þu ge-ed-
staðelodest ðisne tobrocenan middangeard on þinum ge-
leaffullum, þurh tácen þære halgan rode; ge-edstaðela nu
þas deorwurðan gymstanas, ðurh ðinra engla handa, þæt
ðas nytenan menn þine mihta oncnáwon, and on þe ge-
lyfon." Hwæt, ða færlice wurdon ða gymstanas swa
ansunde, þæt furðon nan tácen þære ærran tocwysednysse
næs gesewen. Þa se uðwita Graton samod mid þam
cnihtum feoll to Iohannes fotum, gelyfende on God.
Se apostol hine fullode mid eallum his hirede, and he
ongann Godes geleafan openlice bodian. Þa twegen
gebroðra, Atticus and Eugenius, sealdon heora gym-
stanas, and ealle heora æhta dældon wædlum, and filig-
don þam apostole, and micel menigu geleaffulra him eac
to geðeodde.

Þa becom se apostol æt sumum sæle to þære byrig
Pergamum, þær ða foresædan cnihtas iú ær eardodon,
and gesawon heora ðeowan mid godewebbe gefreate-
wode, and on woruldlicum wuldre scinende. Ða wurd-
on hí mid deofles flan þurhscotene, and dreorige on
mode, þæt hi wædligende on ánum wáclicum wæfelse
ferdon, and heora ðeowan on woruldlicum wuldre scin-
ende wæron. Þa undergeat se apostol ðas deoflican facn,
and cwæð, "Ic geseo þæt eower mód is awend, and eower
andwlita, forðan ðe ge eowre speda þearfum dældon, and
mines Drihtnes lare fyligdon: gað nu forði to wuda, and
heawað incre byrðene gyrda, and gebringað to me."
Hí dydon be his hæse, and he on Godes naman ða gren-
an gyrda gebletsode, and hí wurdon to readum golde

awende. Eft cwæð se apostol Iohannes, "Gað to ðære sǽ-strande, and feccað me papolstanas." Hí dydon swa; and Iohannes þa on Godes mægenðrymme hí gebletsode, and hí wurdon gehwyrfede to deorwurðum gymmum. Þa cwæð se apostol, "Gað to smiððan, and fandiað þises goldes and ðissera gymstana." Hí ða eodon, and eft comon, þus cweðende, "Ealle ðas goldsmiðas secgað þæt hí næfre ær swa clæne gold, ne swa read, ne gesawon: eac ðas gym-wyrhtan secgað þæt hi næfre swa deorwurðe gymstanas ne gemetton." Þa cwæð se apostol him to, "Nimað þis gold, and ðas gymstanas, and farað, and bicgað eow land-áre; forðan þe ge forluron ða heofenlican speda. Bicgað eow pællene cyrtlas, þæt ge to lytelre hwile scinon swa swa róse, þæt ge hrædlice forweornion. Beoð blowende and welige hwilendlice, þæt ge ecelice wædlion. Hwæt la, ne mæg se Ælmihtiga Wealdend þurhteon þæt he do his ðeowan rice for worulde, genihtsume on welan, and unwiðmetenlice scinan? Ac he sette gecámp geleaffullum sawlum, þæt hi gelyfon to geagenne þa ecan welan, ða ðe for his naman þa hwilwendan speda forhógiað. Ge gehældon untruman on þæs Hælendes naman, ge afligdon deoflu, ge forgeafon blindum gesihðe, and gehwilce uncoðe gehældon; efne nu is ðeos gifu eow ætbroden, and ge sind earmingas gewordene, ge ðe wæron mære and strange. Swa micel ege stod deoflum fram eow, þæt hí be eowere hæse þa ofsettan deofolseocan forleton; nu ge ondrædað eow deoflu. Þa heofenlican æhta sind us eallum gemæne. Nacode we wæron acennede, and nacode we gewitað. Þære sunnan beorhtnys, and þæs monan leoht, and ealra tungla sind gemæne þam rican and ðam heanan. Rén-scuras, and cyrcan duru, fulluht, and synna forgyfenys, huselgang, and Godes neosung, sind eallum gemæne, earmum and eadigum: ac se ungesæliga gytsere wile mare habban þonne him genihtsumað, þonne he furðon orsorh ne bricð his genihtsumnysse. Se gytsere hæfð ænne lichaman, and menigfealde scrúd; he hæfð ane wambe, and þusend manna bigleofan: witodlice þæt he for gytsunge úncyste nanum oðrum syllan ne mæg, þæt he hordað, and nat hwam; swa swa se witega cwæð. 'On ídel bið ælc man gedrefed seðe hordað, and nat hwam he hit gegaderað.' Witodlice ne bið he þæra æhta hlaford, þonne he hi dælan ne mæg; ac he bið þæra æhta ðeowa, þonne he him eallunga þeowað: and þær to-eacan him weaxað untrumnyssa on his lichaman, þæt he ne mæg ætes oððe wætes brucan. He cara ð dæges and nihtes þæt his feoh gehealden sy; he gymð grædelic his teolunge, his gafoles, his gebytlu; he be-rypð þa wánnspedigan, he fulgæð his lustum and his plegan; þonne færlice gewitt he of ðissere worulde, na-cod and forscyldigod, synna ana mid him ferigende; forðan þe he sceal éce wíte ðrowian."

Efne ðaða se apostol þas lare sprecende wæs, ða bær sum wuduwe hire suna lic to bebyrgenne. Seo dreorige modor þa samod mid þam licmannum rarigende hí astrehte æt þæs halgan apostoles fotum, biddende þæt he hire sunu on Godes naman arærde, swa swa he dyde þa wydewan Drusianam. Iohannes þa of-hreow þære meder and ðæra licmanna dreorignysse, and astrehte his licha-man to eorðan on langsumum gebede, and ða æt nextan arás, and eft up-ahafenum handum langlice bæd. Þaða he ðus ðriwa gedón hæfde, ða het he unwindan þæs cnihtes líc, and cwæð: "Eala ðu cniht, þu ne cuðest ðinne Scyppend; þu ne cuðest manna Hælend; þu ne cuðest ðone soðan freond; and forði þu beurne on þone wyrstan feond. Nu ic ageat mine tearas, and for ðinre nytennysse geornlice bæd, þæt þu of deaðe arise, and þisum twam gebroðrum, Attico and Eugenio, cyðe hu

micel wuldor hí forluron, and hwilc wíte hí geearnodon."
Mid ðam þa arás se cniht Stacteus, and feoll to Iohannes
fotum, and begann to ðreagenne þa gebroðru þe mis-
wende wǽron, þus cweðende, "Ic geseah þa englas þe
eower gymdon, dreorige wepan and ða awyrigedan
sceoccan blissigende on eowerum forwyrde. Eow wæs
heofenan rice gearo, and scinende gebytlu mid wistum
afyllede, and mid ecum leohte: þa ge forluron þurh un-
wærscipe, and ge begeaton eow ðeosterfulle wununga
mid dracum afyllede, and mid brastligendum ligum, mid
unasecgendlicum wítum afyllede, and mid anðræcum
stencum; on ðam ne ablinð granung and þoterung dæges
oððe nihtes: biddað forði mid inweardre heortan ðysne
Godes apostol, eowerne lareow, þæt he eow fram ðam
ecum forwyrde arære, swa swa he me fram deaðe
arærde; and he eowre sawla, þe nu synd adylegode of
þære liflican béc, gelæde eft to Godes gife and miltsunge."

Se cniht þa Stacteus, ðe of deaðe arás, samod mid þam
gebroðrum, astrehte hine to Iohannes fót-swaðum, and
þæt folc forð mid ealle, anmodlice biddende þæt he him
to Gode geþingode. Se apostol þa bebead ðam twam
gebroðrum þæt hi ðritig daga be hreowsunge dædbet-
ende Gode geoffrodon, and on fæce geornlice bædon,
þæt ða gyldenan gyrda eft to þan ærran gecynde awend-
on, and þa gymstanas to heora wacnysse. Æfter ðritigra
daga fæce, þaþa hí ne mihton mid heora benum þæt gold
and þa gymstanas to heora gecynde awendan, ða comon
hi mid wope to þam apostole, þus cweðende, " Symle þu
tæhtest mildheortnysse, and þæt man oðrum miltsode; and
gif man oðrum miltsað, hu micele swiðer wile God milt-
sian and arian mannum his handgeweorce! Þæt þæt we
mid gitsigendum eagum agylton, þæt we nu mid wep-
endum eagum behreowsiað." Ða andwyrde se apostol,
" Berað ða gyrda to wuda, and þa stanas to sǽ-strande:

hi synd gecyrrede to heora gecynde." Þaþa hi þis gedon
hæfdon, ða underfengon hi eft Godes gife, swa þæt hi
adræfdon deoflu, and blinde and untrume gehældon, and
fela tacna on Drihtnes naman gefremedon, swa swa hi
ær dydon.

Þaþa se apostol wæs nigon and hund-nigontig geara,
þa æteowode him Drihten Crist mid þam oðrum apostol-
um, þe he of ðisum life genumen hæfde, and cwæð "Io-
hannes, cum to me; tima is þæt þu mid ðinum gebroðrum
wistfullige on minum gebeorscipe." Iohannes þa arás,
and eode wið þæs Hælendes; ac he him to cwæð. "Nu
on sunnan-dæg, mines æristes dæge, þu cymst to me;"
and æfter þam worde Drihten gewende to heofenum.
Se apostol micclum blissode on ðam beháte, and on þam
sunnan-uhtan ærwacol to ðære cyrcan com, and þam
folce, fram hancrede oð undern, Godes gerihta lærde,
and him mæssan gesang, and cwæð þæt se Hælend hine
on þam dæge to heofonum gelaðod hæfde. Het ða delfan
his byrgene wið þæt weofod, and þæt greot utawegan.
And he eode cucu and gesund into his byrgene, and
astrehtum handum to Gode clypode, "Drihten Crist, ic
þancige ðe þæt þu me gelaðodest to þinum wistum: þu
wást þæt ic mid ealre heortan þe gewilnode. Oft ic ðe
bæd þæt ic moste to ðe faran, ac ðu cwæde þæt ic anbid-
ode, þæt ic ðe mare folc gestrynde. Þu heolde minne
lichaman wið ælce besmittennysse, and þu simle mine
sawle onlihtest, and me nahwar ne forlete. Þu settest
on minum muðe ðinre soðfæstnysse word, and ic awrat
ða lare ðe ic of ðinum muðe gehyrde, and ða wundra ðe
ic ðe wyrcan geseah. Nu ic ðe betæce, Drihten! þine
bearn, ðaðe þin gelaðung, mæden and modor, þurh wæter
and þurh þone Halgan Gast, ðe gestrynde. Onfoh me
to minum gebroðrum mid ðam ðe ðu come, and me ge-
laðodest. Geopena ongean me lifes geat, þæt ðæra

ðeostra ealdras me ne gemeton. Þu eart Crist, ðæs lifigendan Godes Sunu, þu þe be ðines Fæder hæse middangeard gehældest, and us ðone Halgan Gast asendest. Þe we heriað, and panciað þinra menigfealdra góda geond ungeendode worulde. Amen."

Æfter dysum gebede æteowode heofenlic leoht bufon ðam apostole, binnon ðære byrgene, ane tid swa beorht scinende, þæt nanes mannes gesihð þæs leohtes leoman sceawian ne mihte; and he mid þam leohte his gast ageaf þam Drihtne þe hine to his rice gelaðode. He gewât swa freoh fram deaðes sarnysse of ðisum andweardan life, swa swa he wæs ælfremed fram lichamlicere gewemmednysse. Sóðlice syððan wæs his byrgen gemet mid mannan afylled. Manna wæs gehaten se heofenlica mete, þe feowertig geara afedde Israhela folc on westene. Nu wæs se bigleofa gemett on Iohannes byrgene and nan ðing elles; and se mete is weaxende on hire oð ðisne andweardan dæg. Þær beoð fela tacna æteowode and untrume gehælde, and fram eallum frecednyssum alysede, þurh ðæs apostoles ðingunge. Þæs him getiðað Drihten Crist, þam is wuldor and wurðmynt mid Fæder and Halgum Gaste á butan ende. Amen.

Is hwæðere æfter gecynde on gesceapennysse ælc lichamlice gesceaft ðe eorðe acenð fulre and mægenfæstre on fullum monan þonne on gewanedum. Swa eac treowa, gif hi beoð on fullum monan geheawene, hi beoð heardran and lang-færran to getimbrunge, and swiðost, gif hi beoð unsæpige geworhte. Nis ðis nan wíglung, ac is gecyndelic ðing þurh gesceapennysse.

FROM ALFRED'S METRES OF BOETHIUS.

[A.D. 887?]

PROŒMIUM.—Ælfred cyning wæs wealstod þisse ᴆᴇᴄ and hie of bóc-ledene on Englisce wende, swá hio nu is gedón. Hwilum he sette word be worde, hwilum andgit of andgite, swá swá he hit sweótolost, and and-gitfullícost gereccan mihte for þæm mistlícum and man-igfealdum weoruld-bisgum, þe hine oft ægðer ge on móde ge on líchoman bisgodon. Þa bisgu us sind swíðe ear-foð-rime þe on his dagum on þa rícu becómon þe he un-der-fangen hæfde; and þeah þá he þás bóc hæfde ge-leornode and of Lædene to Engliscum spelle gewende, þá geworhte he hí efter to leóðe, swa swá heo nu gedón is. And nu bit and for Godes naman halsað ælcne þara þe þás bóc rædan lyste, þæt he for hine gebidde, and him ne wíte gif he hit rihtlícor ongite þonne he mihte; for þam þe, ælc mon sceal be his andgites mæðe and be his æmettan sprecan þæt he sprecð, and dón þæt he déð.

I, 1. Ða lioð þe ic wrecca geo lustbærlíce song, ic sceal nu heofiende singan, and mid swíðe ungeradum wordum gesettan. Þeah ic geo hwílum gecoplíce funde, ac ic nu wepende and gisciende of geradra worda misfo. Me ablendan þas ungetreowan woruld-sælþa, and me þá for-letan swá blindne on þis dimme hol! Ðá bereafodon ælcere lustbærnesse þá ðá ic him æfre betst truwode; þá wendon hi me heora bæc to, and me mid ealle fromge-witan! To hwon sceoldan mine friend secgan þæt ic gesælig mon wære? Hu mæg se beón gesælig se ðe on þam gesælðum þurhwunian ne mot?

Hwæt ic lioða fela   lustlíce geo
Sang on sælum,   nu sceal siofigende,
Wópe gewæged,   wreccea giomor,
Singan sár-cwidas.   Me þios siccetung hafað,
5 Agæled þes geocsa,   þæt ic þa ged ne mæg
Gefegean swá fægre,   þeah ic fela gio þá
Sette sóð-cwida   þonne ic on sælum wæs.
Oft ic nu miscyrre   cuðe spræce,
And þeah uncuðre   ær hwilum fond;
10 Me þás woruld-sælþa   wel hwær blindne
On þis dimme hol   dysigne forlæddon,
And me þá berypton   rædes and frofre,
For heora untreowum   þe ic him æfre betst
Truwian sceolde;   hi me towendon
15 Heora bacu bitere   and heora blisse from.
Forhwam wolde ge,   woruld-frynd mine,
Secgan oððe singan   þæt ic gesælig mon
Wǽre on worulde?   ne synt þa word sóð
Nu þa gesælþa ne magon   simle gewunigan.

II, 3. Ða ongan se Wisdom singan and giddode þus:
Ðonne seó sunne on hádrum heofone beorhtost scíneð,
þonne aðeostriað ealle steorran, for þam þe heora beorht-
nes ne beóð nán beorhtnes for hire. Ðonne smylte
bláweð súðan-westan wind, þonne weaxað swíðe hraðe
feldes blosman; ac þonne se stearca wind cymð norðan-
eástan, þonne to-weorpð he swíðe hraðe þære rosan wlite.
Swá oft þone tó smylton sæ þæs norðan windes yst on-
styreð.   Eala þæt nán wuht nis fæste-standendes weorces
á wuniende on worulde!

Ða se Wisdom eft   word-hord onleac,
Sang soð-cwidas,   and þus selfa cwæð:
Ðonne seó sunne   sweotolost scíneð
Hádrost of heofone,   hraðe beóð aðistrod

5 Ealle ofer eorðan oðre steorran,
  Forþam heora birhtu ne bið auht birhtnesse
  To gesetanne wið þære sunnan leoht.
  Ðonne smolte blæwð súðan and westan
  Wind under wolcnum, þonne weaxað hraðe
10 Feldes blostman, fægen þæt hi móton.
  Ac se stearca storm, þonne he strong cymð
  Norðan and eástan, he genimeð hraðe
  Þære rosan wlite. And eac þa rúman sæ
  Norðerne yst, nede gebædeð
15 Þæt heo strange geond styreð, on staðu beateð.
  Eala þæt on eorðan auht fæstlíces
  Weorces on worulde ne wunað æfre!

II, 5. Ðá seó Gesceadwísnes ða þis spell asæd hæfde, þa ongan heo singan and þus cwæð: Eala hu gesælig seó forme eld was þises middangeardes, þa ælcum men þuhte genoh on þære eorðan wæstmun. Næron þa welige hámas, ne mistlíce swotmettas ne drincas; ne deorwyrða hrægla hi ne girndan, forþam hi þá git næron, ne hio nánwuht ne gesawon, ne ne geherdon. Ne gymdon hie nánes fyrenlustes, búton swíðe gemetlíce þa gecynd beeodon. Ealne weg hi æton æne on dæg, and þæt wæs to æfennes. Treówa wæstmas hi æton and wyrta; nalles scir wín hi ne druncon, ne nánne wætan hi ne cuðon wið hunige mengan, ne seolocenra hrægla mid mistlícum bleowum hi ne gymdon. Ealne weg hi slepon ute on treówa sceadum. Hlutérra wella wæter hi druncon. Ne geseah nán cepa ealand, ne weroð, ne geherde nán man þa get nánne sciphere, ne furðon ymbe nán gefeoht sprecan. Ne seó eorðe þa get besmiten mid ofslegenes mannes blode, ne man furðon gewundod; ne man ne geseah þa get yfel willende men; nænne weorðscipe næfdon, ne hi nán man ne lufode. Eala þæt ure tída nu

ne mihtan weorðan swilce! Ac nu manna gitsung is
swá byrnende swá þæt fýr on þære helle, seó is on þam
munte þe Ætna hatte, on þam igland þe Sicilia hatte.
Se munt bið simle swefle byrnende, and ealla þa neah
stowa þær ymbutan forbærnð.   Eala hwæt se forma git-
sere wǽre, þe ærest þa eorðan ongan delfan æfter golde
ard æfter gimmum, and þa frecnan deórwurðnessa funde
þe ær behyd wæs, and behelod mid þære eorðan!

    Sóna swá se Wísdom   þás word hæfde
    Swetole areahte   he þá siððan ongan
    Singan sóð-cwidas   and þus selfa cwæð:
    Hwæt seó forme eld   fold-buendum
5 Geond eorðan sceat   æghwam dohte
    Þá þá anra gehwæm   on eorð-wæstmum
    Genoh þuhte!   Nis hit nu þa swelc.
    Næron þa geond weorulde   welige hámas,
    Ne mislíce   mettas ne drincas,
10 Ne hi þara hrægla   huru ne gymdon,
    Þe nu driht-guman   deórost lætað;
    Forþam heora nænig   næs þa gieta,
    Ne hi ne gesawon   sund-buende,
    Ne ymbutan hi   awer ne herdon.
15 Hwæt hi firenlusta   frece ne wæron,
    Búton swá hi meahton   gemetlícost
    Þa gecynd began   þe him Crist gesceop,
    And hi æne on dæge   æton symle
    On æfen-tíd   eorðan-wæstmas,
20 Wudes and wýrta;   nalles wín druncon
    Scír of steape.   Næs þa scealca nán,
    Þe mete oððe drinc   mængan cuðe
    Wæter wið hunige;   ne heora wæda þon má
    Sioloce siowian,   ne hi siaro-cræftum
25 Godweb giredon;   ne hi gimreced
    Setton searolíce: ac hi simle him

Eallum tídum   ute slepon
Under beam-sceade,   druncon burnan wæter
Calde wellan.   Nænig cepa ne seah
30   Ofer ear-geblond   ellendne wearod;
Ne huru ymbe scip-hergas   sæ-tilcas ne herdon,
Ne furðum fira nán   ymbe gefeoht sprecan.
Næs þeós eorðe besmiten   awer þá geta
Beornes blode,   ne hi ne bil rude,
35   Ne furðum wundne wer   weoruld-buende
Gesawan under sunnan.   Nænig siððan wæs
Weorð on weorulde   gif man his willan begeat
Yfelne mid eldum,   he wæs æghwæm láð.
Eala þæt hit wurde,   oððe wolde God
40   Þæt on eorðan nu,   ussa tída,
Geond þas wídan weoruld   wæren æghwær
Swelce under sunnan!   Ac hit is sæmre nu,
Þæt þeos gitsung hafað   gumena gehwelces
Mód amerred,   þæt he máran ne recð,
45   Ac hit on witte   weallende byrnð;
Efne seó gitsung,   þe nænne grund hafað,
Swearte swæfeð   sumes onlíce
Efne þam munte   þe nu manna bearn
Etne hátað,   se on iglonde
50   Sicilia   swefle byrneð,
Þæt man helle fýr   háteð wide,
Forþæm hit simle bið   sin-byrnende;
And ymbutan hit   oðra stowa
Blate forbærnð,   biteran lege.
55   Eala, hwæt se forma   feoh-gitsere
Wære on worulde   se þás wong-stedas
Gróf æfter golde   and æfter gim-cynnum;
Hwæt he frecnu gestreon   funde mænegum
Bewrigen on weorulde,   wætere oððe eorðan.

II, 7. Swá hwá swá wilnige to habbenne þone idelan
nlisan and þone unnyttan gilp, behealde he on feower
healfe his hú wídgille þæs heofones hwealfa bið, and hú
nearwa þære eorðan stede is, þeah heo us rúm þince:
þonne mæg hine scamian þære brædinge his hlisan, for
þam he hine ne mæg furðum tobrædan ofer þa nearwan
eorðan áne. Eala, ofer-módan, hwi ge wilnigen þæt ge
underlutan mid eowrum swiran þæt deáðlícne geoc?
oððe hwi ge seón on swá idelan geswince, þæt ge wold-
on eowerne hlisan tobrædan ofer swá manega þeoda?
Þeah hit nu gebyrige þæt þa utemestan þeoda eowerne
naman upahebban, and on manig þeodisc eow herigen,
and þeah hwá wexe mid micelre æðelcundnesse his ge-
byrda, and þeo on eallum welum and on eallum wlenc-
um, ne se deáð þeah swelces ne recð. Ac he forsiehð þa
æðelo, and þone rícan gelíce and þone heanan ofswelgð,
and swá geemnet þa rícan and þa heanan. Hwæt sint
nu þæs foremæran and þæs wísan goldsmiðes bán We-
londes? For þy ic cwæð þæs wísan, for þy þam cræfteg-
an ne mæg næfre his cræft lósigan, ne hine man ne mæg
þonne eð on him geniman þe man mæg þa sunnan
awendan of hire stede. Hwær sint nu þæs Welondes
bán? oððe hwá wat nu hwær hi wæron? Oððe hwær is
nu se foremæra and se aræda Romewara heretoga, se
wæs hátan Brutus, oðre naman Cassius? oððe se wísa
and fæstræda Cato, se wæs eac Romana heretoga; se
wæs openlíce uðwita. Hu ne wæran þás gefyrn forðge-
witene, and nán man nat hwær hi nu sint! Hwæt is
heora nu to láfe, butan se lytla hlisa and se nama mid
feaum stafum awriten! And þæt git wyrse is þæt we
witon manige foremære and gemynd-wyrðe weras forð-
gewitene þe swiðe feawa manna á ongit. Ac manige
licgað deáde mid ealle forgitene, þæt se hlisa hie furðum
cuðe ne gedéð. Þeah ge nu wenen and wilnian þæt ge

lange libban scylan her on worulde, hwæt bið eow þonne
þy bet? Hu ne cymð se deáð, þeah þe he late cume, and
adéð eow of þisse worulde? And hwæt forstent eow
þonne se gilp? huru þam þe se æfterra deáð gegripð and
on ecnesse gehæft?

Gif nu hæleða hwone   hlisan lyste,
Unnytne gelp   ágan wille,
Þonne ic hine wolde   wordum biddan
Þæt he hine æghwonon   utan ymbe-þohte
5   Sweotole ymb-sawe   súð, eást and west,
Hú wídgil sind   wolcnum ymbutan
Heofones hwealfe.   Hige-snotrum
Mæg eaðe þincan   þæt þeós eorðe sie
Eall for þæt oðer   ungemet lytel,
10   Þeah heo unwisum   wídgel þince
On stede stronglíc   steorleasum men.
Þeah mæg þone wisan   on gewit-locan
Þære gitsunge   gelpes scamian
Þonne hine þæs hlisan   heardost lysteð;
15   And he þeah ne mæg   þone tobredan
Ofer þás nearowan   nænige þinga
Eorðan-sceatas;   is þæt unnet gelp.
Eala, ofermódan,   hwi eow á lyste
Mid eowrum swiran,   selfra willum,
20   Þæt swære geoc   symle underlutan?
Hwy ge ymb þæt unnet   ealnig swincen,
Þæt ge þone hlisan   habban tiliað,
Ofer þioda má   þonne eow þearf sie?
Þeah eow nu gesæle   þæt eow súð oððe norð
25   Þa ytmestan   eorð-buende
On manig þeodisc   miclum herien,
Ðeah hwá æðele sie   eorl-gebyrdum
Welum geweorðad   and on wlencum þeo
Duguðum deore,   deáð þæs ne scrifeð

30 Þonne him rúm forlæt   rodora waldend;
Ac he þone weligan   wædlum gelíce
Efn mærne gedéð   ælces þinges.
Hwær sind nu þæs wísan   Welandes bán,
Þæs gold-smiðes   þe wæs geo mærost?

35 Forþy ic cwæð þæs wísan   Welandes bán,
Forþy ængum ne mæg   eorð-buendra
Se cræft losian   þe him Crist onlænð.
Ne mæg man æfre þy eð   ænne wræccan
His cræftes beniman   þe man oncerran mæg

40 Sunnan on swifan,   and þisne swiftan rodor
Of his riht-ryne   rinca ænig.
Hwá wat nu þæs wísan   Welandes bán,
On hwelcum hi hlæwa   hrusan þeccen?
Hwær is nu se wísa   Romana wita

45 And se aroda   þe we ymb sprecað,
Heora heretoga   se geháten wæs
Mid þæm burhwarum   Brutus nemned?
Hwær is eac se wísa   and se weorð-georna
And se fæst-ræda   folces hyrde,

50 Se wæs uðwita   ælces þinges
Céne and cræftig,   þæm wæs Caton nama?
Hi wæron gefyrn   forð-gewitene;
Nat nænig man   hwær hi nu sindon.
Hwæt is heora here   buton se hlisa án,

55 Se is eac to lytel   swelcra láriowa,
Forþæm þá mago-rincas   máran wyrðe
Wæron on worulde.   Ac hit is wyrse nu
Þat geond þás eorðan   æghwær sindon
Heora gelícan   hwon ymb-spræce,

60 Sume openlíce   ealle forgitene
Þæt hi se hlisa   hiw-cuðe ne mæg
Fore-mære weras   forð gebrengan.
Ðeah ge nu wenen and wilnigen

þæt ge lange tíd libban moten,
65 Hwæt eow æfre þý bet beó oððe þince,
Forþæm þe náne forlet þeah hit lang þince
Deáð æfter dogor-rime, þonne he hæfð Drihtnes
Hwæt þonne hæbbe hæleða ænig   [leafe?
Guma æt þæm gilpe, gif hine gegripan mot
70 Se eca deáð, æfter þisum worulde?

III, 5. Ðe þe wille fullíce anweald ágan, he sceal tilian
ærest þæt he hæbbe anweald his ágenes módes, and ne
sie to ungerisenlíce underþeod his unðeawum, and ado
of his móde ungerisenlíce ymbhogan, forlæte þa seof-
unga his eormða. Ðeah he nu rícsige ofer ealne mid-
dangeard, from easteweardum oð westeweardne, from
Indeum, þæt is se súðeast ende þisses middaneardes,
oð þæt iland þe we hátað Thyle, þæt is on þam norðwest
ende þisses middaneardes, þær ne bið nawðer ne on sum-
era niht, ne on wintra dæg; þeah he nu þæs ealles
wealde, næfð he no þe máran anweald, gif he his inge-
ðances anweald næfð, and gif he hine ne warenað wið þa
unðeawas þe we ær ymbsprecon.

Se þe wille anwald ágan þonne sceal he ærest tilian
Þæt he his selfes on sefan áge—
Anwald innan, þy læs he æfre sie
His unðeawum eall underþyded;
5 Ado of his móde mislícra fela
Þara ymbhogona þe him unnet sie;
Læte sume hwile seofunga
And ermða þinra. Ðeah him eall sie
Þes middangeard swá swá mere-streamas
10 Utan belicgað on æht gifen,
Efne swá wíde swá swá westmest nu
An igland ligð, ut on garsecg
Þær nængu bið niht on sumera,

Ne wuhte þon má   on wintra dæg,
15 Toteled tídum,   þæt is Tíle háten;
   Þeah nu ánra hwa   ealles wealde
   Þæs iglandes   and eac þonan
   Oð Indeas   eastewearde,
   Þeah he nu þæt eall   ágan móte,
20 Hwy bið his anwald   auhte þý mára,
   Gif he siððan nah   his selfes geweald
   Ingeþances   and hine eorneste
   Wel ne bewarenað,   wordum and dædum,
   Wið þa unþeawas   þe we ymbsprecað?

IV, 1. Ic hæbbe swíðe swifte feðera, þæt ic mæg fleogan ofer þone hean hróf þæs heofones. Ac þær ic nu moste þín mód gefiðerigan mid þam fiðerum, þæt þu mihtest mid me fleogan; þonne miht þu oferseon ealle þás eorðlícan þing. Gif þu mihtest ðe fleon ofer þam rodore, þonne mihtest þu geseon þa wolcnu under þé, and mihtest þé fleogan ofer þam fýre þe is betwux þam rodore and þære lyfte; and mihtest þe feran mid þære sunnan betwyx þam tunglum, and þonne weorþan on þam rodore, and siððan to þam cealdan steorran þe we hatað Saturnes steorra; se is eall isig; se wandrað ofer oðrum steorrum ufor þonne ænig oðer tungol. Siððan þu þonne forð ofer þone bist ahefod, þonne bist þu bufan þam swiftan rodore, and lætst þonne behindan þe þone hehstan heofon. Siððan þu miht habban þine dæl þæs sóðan leohtes. Þær rícsað án cyning se hæfð anweald ealra oðra cyninga. Se gemetgað þone bridel, and þæt weald-leðer ealles ymbhweorftes heofenes and eorðan. Se án déma is gestæððig and beorht. Se steorð þam hræd-wæne eallra gesceafta. Ac gif þu æfre cymst on þone weg, and to þære stowe þe þu nu geot forgiten hafst, þonne wilt þu cweðan: Ðis is mín riht eðel; heonan ic

wæs ær cumen, and heonan ic was acenned; her ic wille
nu standan fæste; nelle ic nu næfre heonan. Ic wat þeah
gif þe æfre gewyrð þæt þu wilt oððe most eft fandian
þara þeostra þisse worulde, þonne gesihst þu nu þa unriht-
wisan cyninga and ealle þa ofermódan rícan beon swíðe
unmihtige and swíðe earme wreccan: þa ilcan þe þis
earme folc nu heardost ondræt.

    Ic hæbbe fiðru   fugle swiftran,
    Mid þam ic fleogan mæg   feor fram eorðan
    Ofer heane hróf   heofones þisses;
    Ac þær ic nu moste   mód gefeðran,
5   Þinne ferð-locan,   feðrum mínum,
    Oðþæt þu meahte   þisne middangeard,
    Ælc eorðlíc þing   eallunga forseon,
    Meahtest ofer rodorum   gereclíce
    Feðerum lácan,   feor up ofer
10 Wolcnu windan,   wlitan siððan.
    Ufan ofer ealle.   Meahtest eac faran
    Ofer þæm fýre   þe fela geara
    Fór lange betweox   lyfte and rodere,
    Swá him æt frymðe   fæder geteode.
15 Ðu meahtest þe siððan   mid þære sunnan
    Faran betweox   oðrum tunglum.
    Meahtest þe full recen   on þæm rodere ufan,
    Siððan weorðan,   and þonne samtenges,
    Æt þæm æl-cealdan   ánum steorran
20 Se yfemest is   eallra tungla,
    Þone Saturnus   sund-buende
    Hátað under heofonum; he is se cealda
    Eall isig tungol,   yfemest wandrað
    Ofer eallum ufan   oðrum steorrum.
25 Siððan þu þonne   þone upahafast,
    Forð ofer-farenne   þu meaht feorsian;
    Þonne bist þu siððan   sóna ofer uppan

Rodere ryne-swiftum; gif þu riht færest,
þu þone hehstan heofon   behindan lætst.
30 Ðonne meaht þu siððan   sóðes leohtes
Habban þinne dæl; þanon án cyning
Rúme rícsað   ofer roderum up,
And under swá same   eallra gesceafta
Weorulde waldeð.   Ðæt is wís cyning;
35 Þæt is se þe waldeð   geond wer-þeoda
Ealra oðra   eorðan cyninga;
Se mid his bridle   ymbebæted hæfð
Ymbhwyrft ealne   eorðan and heofones.
He his geweald-leðer   wel gemetgað;
40 Se steoreð á   þurh þa strongan meaht
Þæm hrædwǽne   heofones and eorðan;
Se án déma is   gestæððig
Unawendenlíc   wlítig and mære.
Gif þu wyrfst on   wege rihtum
45 Up to þæm earde —   þæt is æðele stow,
Þeah þu hi nu geta   forgiten hæbbe,—
Gif þu æfre eft   þær an cymest,
Þonne wilt þu secgan   and sóna cweðan:
Þis is eallunga   mín ágen cyð,
50 Eard and eðel: ic wæs ær heonan
Cumen and acenned; þurh þisses cræftgan meaht
Nylle ic æfre heonan   ut witan;
Ac ic symle her   softe wille
Mid fæder willan   fæste standan.
55 Gif þe þonne æfre   eft geweorðeð
þæt þu wilt oððe most   weorolde þeostro
Eft fandian, þu meaht eaðe geseon
Unrihtwíse   ̄eorðan cyningas
And þa ofermódan   oðre rícan
60 Þe þis werige folc   wyrst tuciað,
þæt hi symle beoð   swíðe earme,

Unmihtige   ælces þinges,
Emne þa ilcan   þe þis earme folc
Sume hwile nu   swíðost ondrædeð.

IV, 4. Forhwí drefe ge eowru mód mid unrihtre
fiounge swá swá yða for winde þa sæ hrerað? oððe for-
hwy ætwite ge eowerre wyrde þæt heo nán geweald náh?
oððe hwí ne magon ge gebidan gecyndelíces deaðes, nu
he eow ælce dæg toweardes onet? Hwí ne magon ge
geseon þæt he spýrað ælce dæg æfter fuglum and æfter
deorum and æfter mannum, and ne forlæt nán swæð ær
he gefehð þæt þæt he æfter spýreð? Wala wa þæt þa
ungesæligan men ne magon gebidon hwonne he him to
cume, ac foresceotað hine foran, swá swá wilde deor will-
nað oðer to acwellenne! Ac hit nære no manna riht
þæt heora ænig oðerne fiode. Ac þæt wære riht, þæt
heora ælc gulde oðrum edlean ælces weorces æfter his
gewyrhtum; þæt is þæt man lufode þone gódan, swá swá
riht is þæt man dó, and miltsige þam yfelum, swá we ær
cwædon; lufie þone man, and hatige his unþeawas;
ceorfe him of swá he swíðost mæg.

Hwy ge æfre scylen   unriht-fioungum
Eower mód drefan   swá swá mere-flódes
Yða hrerað   ís-calde sæ
Wecgað for winde? Hwy oðwite ge
5   Wyrde eowre,   þæt heo geweald nafað?
Hwy ge þæs deaðes,   þe eow Drihten gesceop,
Gebidan ne magon,   bitres gecyndes,
Nu he eow ælce dæg   onet toweard?
Ne magon ge geseon   þæt he symle spýreð
10   Æfter æghwelcum   eorðan tudre
Deorum and fuglum? Deáð eac swá same
Æfter man-cynne   geond þisne middangeard,
Egeslíc hunta,   á bið on waðe;

Nyle he ænig swæð æfre forlætan
15 Ær he gehende þæt he hwile ær
Æfter spyrede. Is þæt earmlic þing
Þæt his gebidan ne magon burg-sittende;
Ungesælige men hine ær willað
Foran tosceotan; swá swá fugla cyn
20 Oððe wildu deor þa winnað betwuh,
Æghwylc wolde oðer acwellan?
Ac þæt is unriht æghwelcum men
Þæt he oðerne inwit-þancum
Fioge on færðe, swá swá fugle oððe deor.
25 Ac þæt wǽre rihtost þætte rinca gehwylc
Oðrum gulde edlean on riht
Weorð be geweorhtum, weoruld-buendum
Þinga gehwylces; þæt is þæt he lufige
Gódra gehwilcne swá he geornost mǽge;
30 Miltsige yflum swá we ǽr sprǽcon.
He sceal þone mannan móde lufian,
And his unþeawas ealle hatian
And of-snfðan, swá he swfðost mæge.

Hwæt bið þæm welegan woruld-gitsere
On his móde þe bet þeah he micel áge
Goldes and gimma and góda gehwæs,
Æhta unrím and him mon erigan scyle
5 Æghwylc dæg æcera þusend,
Þeah þes middangeard and þis manna cyn
Sý under sunnan súð, west, and east,
His anwealde eall underþieded?
Ne mot he þara hyrsta hionane lædan
10 Of þisse worulde wuhte þon máre
Hord-gestreóna þonne he hider brohte !

A DESCRIPTION OF PARADISE.

FROM A POEM ENTITLED THE PHŒNIX.

Hæbbe ic gefrugnen   þætte is feor heonan,
East-dælum on,   æðelast londa,
Firum gefræge.   Nis se foldan sceát,
Ofer middan-geard,   mongum gefére
5 Folc-agendra,   ac he afyrred is
Þurh Meotudes meaht   mán-fremmendum.
Wlitig is se wong eall,   wynnum geblissad
Mid þam fægrestum   foldan stencum;
Ænlic is þæt iglond,   æðele se wyrhta,
10 Módig, meahtum spedig,   se þa moldan gesette.
Ðær bið oft open   eadgum togeanes
Onhliden hleóþra wyn —   heofon-ríces duru.
Þæt is wynsum wong,   wealdas grene
Rúme under roderum;   ne mæg þær ren ne snaw
15 Ne forstes fnæst,   ne fyres blæst,
Ne hægles hryre,   ne hrímes dryre,
Ne sunnan hætu,   ne sin-caldu,
Ne wearm weder   ne winter-scúr,
Wihte gewyrdan; ac se wong seomað
20 Eádig and onsund.   Is þæt æðele lond
Blostmum geblowen;   beorgas þær ne muntas
Steápe ne stondað,   ne stán-clifu
Heáh hlifiað,   swa her mid us;
Ne dene ne dalu,   ne dún-scrafu,
25 Hlæwas ne hlincas;   ne þær hleonað ó
Unsmeðes wiht,   ac se æðela feld
Wridað under wolcnum   wynnum geblowen.

Is þæt torhte lond   twelfum herra
Folde fæðm-rímes,   swa us gefreogum gleawe
30   Wítgan þurh wísdóm   on gewritum cýðað,
Þonne ænig þara beorga   þe her beorhte mid us
Heá hlifiað,   under heofon-tunglum.
Smylte is se sige-wong,   sun-bearo lixeð,
Wudu-holt wynlíc;   wæstmas ne dreósað,
35   Beorhte blede;   ac þa beamas á
Grene stondað,   swa him God bebeád:
Wintres and sumeres   wudu bið gelíce
Bledum gehongen;   næfre brosniað
Leáf under lyfte,   ne him líg sceðeð,
40   Æfre to ealdre,   ær þon edwenden
Worulde geweorðe.   Swa iu wætres þrym
Ealne middan-geard   mere-flod þeahte
Eorþan ymb-hwyrft,   þa se æðela wong,
Æghwæs onsund   wið yð-fare
45   Gehealden stod,   hreóra wǽga
Eadig unwemme   þurh est Godes;
Bídeð swa geblowen   oð bæles cyme,
Dryhtnes dómes;   þonne deáð-ræced,
Hæleþa heolstor-cofan,   onhliden weorþað.
50   Nis þær on þam londe   láð-geniðla,
Ne wóp, ne wracu,   weá-tácen nán,
Yldu ne yrmðu,   ne se enga deáð,
Ne lífes lyre,   ne láþes cyme,
Ne synn, ne sacu,   ne sár wracu,
55   Ne wædle gewinn,   ne welan onsyn,
Ne sorg, ne slæp,   ne swár leger,
Ne winter-geweorp,   ne wedra gebregd
Hreoh under heofonum,   ne hearda forst
Caldum cýle-gicelum   cnyseð ænigne.
60   Þær ne hægl ne hrím   hreósað to foldan,
Ne windig wolcen,   ne þær wæter fealleð

Lyfte gebysgad; ac þær lagu-streámas
Wundrum wrætlíce, wyllan onspringað,
Fægrum flód-wylmum; foldan leccað
65 Wæter wynsumu, of þæs wuda midle;
Þa monþa gehwam of þære moldan tyrf,
Brim-cald brecað, bearo ealne geond-farað
Þragum þrymlíce. Is þæt þeódnes gebod
Þætte twelf síþum þæt tírfæste
70 Lond geond-láce lagu-flóda wynn.
Sindon þa bearwas bledum gehongene,
Wlitigum wæstmum; þær no waniað ó,
Hálge under heofonum, holtes frætwe,
Ne feallað þær on foldan fealwe blostman,
75 Wudu-beáma wlite; ac þær [beóð] wrætlíce
On þam treowum symle telgan gehladene,
Ofett edniwe, in ealle tíd.
On þam græs-wonge, grene stondað,
Gehroden hyhtlíce, háliges meahtum
80 Beorhtast bearwa. No gebrocen weorþeð
Holt on hiwe; þær se hálga stenc
Wunað geond wyn-lond; þæt onwended ne bið,
Æfre to ealdre, ær þon endige
Fród fyrn-geweorc se hit on frymþe gescop.

Bletsa, míne sáwle, blíðe Drihten
And eall mín innéran his þæne ócean naman!
Bletsige, míne sáwle, bealde Drihten!
Ne wylt þu ofer-geottul æfre weorðan
Ealra góda þe he ær dyde.
He þínum mándædum miltsade eallum
And þíne ádle ealle gehælde.
He alysede þín líf leóf of forwyrde,
Fylde þínne willan fægere mid góde.

THE CREATION.

FROM CÆDMON'S GENESIS.

[A.D. 680.]

Ne wæs hér þa giet, nymþe heolster-sceado,
Wiht geworden; ac þes wída grund
Stód deóp and dim, drihtne fremde,
Idel and únnyt; on þone eagum wlát
5 Stið-frihð cyning, and þa stowe beheold
Dreáma lease; geseah deorc gesweorc
Semian sinnihte, sweart under roderum,
Wonn and wéste, oðþæt þeos woruld-gesceaft
Þurh word gewearð wuldor-cyninges.
10 Her árest gesceóp ece drihten,
Helm eall-wihta, heofon and eorðan,
Rodor arærde, and þis rúme land
Gestaþelode strangum mihtum,
Frea ælmihtig. Folde wæs þa gyt
15 Græs ungróne; gársecg þeahte
Sweart sinnihte, síde and wíde,
Wonne wegas. Þa wæs wuldor-torht
Heofon-weardes gást ofer holm boren
Micclum spédum: Metod engla heht,
20 Lífes brytta, leoht forð-cuman
Ofer rúmne grund. Raðe wæs gefylled
Heah cyninges hæs, him wæs halig leoht
Ofer wéstenne, swa se wyrhta bebeád.
Þa gesúndrode sigora waldend
25 Ofer lago-flóde leoht wið þeostrum,
Sceáde wið scíman; sceóp þa bám naman,
Lífes brytta. Leoht wæs árest

Þurh Drihtnes word   dæg genemned:
Wlíte-beorhte gesceaft.   Wel lícode
30 Freán æt frymðe   forð-bæro tíd.
  ·Dæg æresta geseah   deorc sceado
  Sweart swiðrian   geond sídne grund.
                    Ða com oðer dæg,
  Leoht æfter þeóstrum: heht þa lífes weard,
35 On mere-flóde,   middum weorðan
  Hytlic heofon-timber;   holmas dælde ·
  Waldend ure,   and geworhte þa
  Roderas fæsten;   þæt se ríca ahóf
  Up from eorðan,   þurh his ágen word,
40 Freá ælmihtig.   Flód wæs adæled
  Under heah-rodore   halgum mihtum,
  Wæter of wætrum,   þam þe wuniað gyt
  Under fæstenne   folca hrófes.
  Þá com ofer foldan   fús síðian
45 Mære mergen þridda.   Næron metode þa gyt
  Wíd lond ne wegas nytte,   ac stód bewrigen fæste
  Folde mid flóde.   Freá engla heht
  Þurh his word wesan   wæter gemæne,
  Þa nu under roderum   heora rýne healdað
50 Stówe gestefnde.   Þa stód hraðe
  Holm under heofonum,   swá se Halga bebeád,
  Síd ætsomne,   þa gesúndrod wæs
  Lago wið lande.   .   .   .   .
  Ne þuhte þa gerysne   rodora wearde
55 Þæt Adam leng   ána wære .   .   .
  Neorxna-wonges   niwre gesceafte,
  Hyrde and haldend;   forþon him heáh-cyning,
  Freá ælmihtig,   fultum tióde,
  Wíf aweahte,   and þa wraðe sealde,
60 Lífes leoht-fruma,   leofum rince.
  He þæt andweorc   of Adames

Líce aleoðode,   and him listum ateah
Rib of sídan.   He wæs reste fæst,
And softe swæf,   sár ne wiste,
65 Earfoða dæl;   ne þær ænig com
Blód of benne;   ac him brego engla
Of líce ateah   liódende bán —
Wér unwundod —   of þam worhte God
Freolicu fæmnan,   feorh in-gedyde,
70 Ece sawle.   .   .   .   .   .
Heo wæron englum gelíce.   Þa wæs Adames brýd
Gáste gegearwod.   Hie on geógoðe bú
Wlite-beorht wæron   on woruld cenned
Metodes mihtum.   Mán ne cuðon
75 Dón ne dreógan;   ac him Drihtnes wæs
Bám on breostum . byrnende lufu.   .
Ða sceawode   Scyppend ure
His weorca wlíte   and his wæstma blæd
Niwra gesceafta.   Neorxna-wang stód   .
80 Gód and gástlic,   gifena gefylled,
Fremum forðweardum.   Fægere leohte
þæt líðe land   lago yrnende,
Wylle-burne: nalles wolcnu ða giet
Ofer rúmne grund   regnas bæron
85 Wann mid winde: hwæðre wæstmum stód
Folde gefrætwod.   .   .   .   .   .
.   .   .   .   Hé let heo þæt land búan:
Hwærf him þa to heofenum   hálig Drihten
Stíð-ferhð cyning.   Stód his hand-geweorc
90 Samod on sande;   nyston sorga wiht
To begrornianne,   butan heo Godes willan
Lengest læsten;   heo wæron leóf Gode
Þenden heo his hálige word   healdan woldon.

SATAN'S REBELLION AND PUNISHMENT.

FROM CÆDMON'S GENESIS.

[A.D. 680]

Deóre wæs he Drihtne urum;
ne mihte him bedyrned wyrðan
Þæt his engyl ongan   ofermód wesan,
Ahóf hine wið his hearran,   sohte hete-spræce,
Gylp-word ongean,   nolde Gode þeowian,
5   Cwæð þæt his líc wære   leóht and scéne,
Hwít and hiow-beorht;   ne meahte he æt his hyge
Þæt he Gode wolde   geóngerdóme   [findan
Þeódne þeowian;   þuhte him sylfum
Þæt he mægin and cræft   máran hæfde,
10   Þonne se hálga God   habban mihte
Folc-gestealna.   Fela worda gespræc
Se engel ofermódes;   þohte þurh his ánes cræft,
Hú he him strenglicran   stól geworhte   [speone,
Heáhran on heofonum;   cwæð þæt hine his hyge
15   Þæt he west and norð   wyrcean ongunne,
Trymede getimbro;   cwæð him tweó þuhte
Þæt he Gode wolde   geongra weorðan.   [þearf,
"Hwæt sceal ic winnan?"   cwæð he .   "nis me wihte
Hearran to habbanne;   ic mæg mid handum swa fela
20   Wundra gewyrcean;   ic hæbbe geweald micel
Geara to gyrwanne   godlicran stól   ·   [þeowian
Heárran on heofne.   Hwý sceal ic æfter his hyldo
Bugan him swylces geongordómes?
ic mæg wesan god swa he!
Bigstandað me strange geneátas
þa ne willað me æt þam stríðe geswícan,

25 Hælepas heardmóde;
            hie habbað me to hearran gecorene
Rófe rincas! mid swylcum mæg man ræd gepencean,
Fón mid swylcum folc-gesteallan;
            frynd sind hie mine georne,
Holde on hyra hyge-sceaftum;
            ic mæg hyra hearra wesan,
Rædan on pys ríce.   Swá me pæt riht ne pinceð
30 Pæt ic oleccan áwiht purfe   [geongra wurðan."
Gode æfter góde ænigum; ne wille ic leng his
Pa hit se Allwalda eall gehyrde,
Pæt his engyl ongan oferméde micel
Ahebban wið his hearran and spræc heálíc ·· ·rd
35 Dollíce wið Drihten sínne,
            sceolde he pa dæd ongildan,
Worc pæs gewinnes gedælan
            and sceolde his wíte habban
Ealra morðra mæst.   Swá déð monna gehwylc
Pe wið his Waldend   winnan onginneð,
Mid máne wið pone mæran Drihten.
            Pa wearð se mihtiga gebolgen,
40 Hehsta heofones Waldend
            wearp hine of pam heán stóle:
Hete hæfde he æt his hearran gewunnen
            hyld hæfde his forlorene;
Gram wearð him se Góda on his móde;
            forpon he sceolde grund gesécan
Heardes helle-wítes
            pæs pe he wann wíð heofnes Waldend.
Acwæð hine pá fram his hyldo ·
            and hine on helle wearp,
45 On pa deópan dalo pær he to deofle wearð.
Se feónd mid his geferum eallum feollon pa of
Purh-longe swá preó niht and dagas·   [heofnum

Þa englas ufon on helle, and heo ealle forsceóp
Drihten to deoflum; forþon þe heo his dǽd
50 And word noldon weorðian forþon heo on wyrse
Under eorðan neoðan ælmihtig God [leoht
Sette sigelease on þa sweartan helle.
Þær habbað heo on ǽfyn ungemet lange
Ealra feónda gehwylc fýr edneowe;
55 Þonne cymð on uhtan easterne wind
Forst fyrnum cald, symble fýr oððe gár;
Sum heard geswinc habban sceoldon.
Worhte man hit him to wíte; hyra woruld wæs
Forman síðe fylde helle [gehwyrfed,
60 Mid þam andsacum. Heóldon englas forð
Heofon-ríces hehðe þe ǽr Godes hyldo gelǽston.
Lagon þa oðre fynd on þam fyre,
                                    þe ær swa feala hæfdon
Gewinnes wið heora Waldend; wíte þoliað,
Hátne heaðo-welm helle to middes,
65 Brand and bráde lígas swilce eác þa biteran récas
Þrosm and þystro, forþon hie þegnscipe
Godes forgýmdon; hie hyra gál beswác
Engles oferhygd; noldon Alwealdan
Word weorðian. Hæfdon wíte micel,
70 Wæron þa befeallene fýre to botme,
On þa hátan helle þurh hygeleaste
And þurh ofermetto; sohton oðer land,
þæt wæs leohtes leás and wæs líges full,
Fýres fǽr micel; fynd ongeáton
75 þæt hie hæfdon gewrixled wíta unrím
þurh heora miclan mód and þurh miht Godes,
And þurh ofermetto ealra swíðost. [scýnost,
Þa spræc se ofermóda cyning þe ǽr wæs engla
Hwítost on heofne and his hearran leóf,
80 Drihtne dýre, oð hie to dole wurdon,

Þæt him for gálscipe   God sylfa wearð,   [innan
Mihtig on móde yrre,   wearp hine on þæt morðer
Niðer on þæt nió-bed   and sceóp him naman siððan
Cwæð þæt se hehsta   hátan sceolde   ⸱
85 Satan siððan;   hét hine þære sweartan helle
Grundes gýman   nales wið God winnan.
Satan maðelode —   sorgiende spræc
Seðe helle forð   healdan sceolde,
Gýman þæs grundes.   Wæs ær Godes engel,
90 Hwít on heofne,   oð hine his hyge forspeón,
And his ofermetto   ealra swíðost,
Þæt he ne wolde   wereda Drihtnes
Word wurðian.   Weóll him on innan
Hyge ymb his heortan;   hát was him útan
95 Wráðlíc wíte;   he þa worde cwæð: [ær cuðon,
" Is þes enga stede ungelíc swíðe   þam oðrum þe we
Heán on heofon-ríce,   þe me mín hearra onlag,
Þeah we hine for þam Alwealdan   ágan ne moston,
Rómigan úres ríces;   næfð he þeah riht gedón,
100 þæt he us hæfð befylled   fýre to botme
Helle þære hátan,   heofon-ríce benumen, —
Hafað hit gemearcod   mid mon-cynne
To gesettanne.   Þæt me is sorga mæst,
Þæt Adam sceal,   þe wæs of eorðan geworht,
105 Mínne stronglícan   stól behealdan,
Wesan him on wynne,   and we þis wíte þolien,
Hearm on þisse helle.   Wá lá! ahte ic mínra handa
And moste áne tíd   úte weorðan,   .[geweald,
Wesan áne winter-stunde,   þonne ic mid þys we-
110 Ac licgað me ymbe   íren-bendas,   [rode —
Rídeð racentan sál;   ic eom ríces leas!
Habbað me swá hearde   helle clommas
Fæste befangen!   hér is fýr micel
Ufan and neoðone,   ic á ne geseah

115 Láðran landscipe; líg ne aswamað
   Hát ofer helle. Me habbað hringa gespong,
   Slíð-hearda sál síðes amyrred,
   Afyrred me mín feðe; fét sind gebundene,
   Handa gehæfte; synt þissa hel-dora
120 Wegas forworhte, swa ic mid wihte ne mæg
   Of þissum lioðo-bendum; licgað me ymbutan
   Heardes írenes háte geslægene
   Grindlas greate, mid þy me God hafað
   Gehæfted be þam healse. Swa ic wát he mínne
125 And þæt wiste eac weroda Drihten, [hyge cuðe
   Þæt sceolde unc Adame yfele gewurðan [weald.
   Ymb þæt heofon-ríce þær ic ahte mínra handa ge-
   Ac þoliað we nu þreá on helle; þæt sindon þystro and
   Grimme, grundlease; hafað us God sylfa [hæto,
130 Forswapen on þás sweartan mistas.
        Swa he us ne mæg ænige synne gestælan,
   Þæt we him on þam lande láð gefremedon,
      he hæfð us þeah þæs leóhtes bescyrede,
   Beworpen on ealra wíta mæste.
       Nu magon we þæs wrace gefremman,
   Geleanian mid láðes wihte
      þæt he us hafað þæs leohtes bescyrede.
   He hæfð nu gemearcod ánne middangeard
        þær he hæfð mon geworhtne
135 Æfter his onlícnesse mid þam he wile eft gesettan
   Heofona ríce mid hluttrum sawlum. . . .
   . . . . Hycgað his ealle,
   Hu ge hi beswícen! siððan ic me softe mæg
   Restan on þyssum racentum gif him þæt ríce losað.
140 Se þe þæt gelæsteð him bið leán gearo
   Æfter to aldre þæs we her inne magon
   On þyssum fýre forð fremena gewinnan.

THE FLOOD.

FROM CÆDMON'S GENESIS.

[A.D. 680.]

  Noe wæs gód, Nergende leof,
  Swíðe gesælig sunu Lameches
  Dómfæst and gedéfe. Drihten wiste
  Þæt þæs æðelinges ellen dohte
5 Breost-gehygdum; forðon him Bregu sægde
  Halig æt hleoðre, helm allwihta,
  Hwæt he fáh werum fremman wolde.
  Geseah unrihte eorðan fulle;
  Síde sæl-wongas synnum gehladene,
10 Widlum gewemde. Þa Waldend spræc,
  Nergend usser, and to Noe cwæð:
  " Ic wille mid flóde folce acwellan,
  And cynna gehwilc cucra wuhta,
  Þara þe lyft and flód lædað and fédað,
15 Feoh and fuglas:' þu scealt frið habban
  Mid sunum þínum, þonne sweart wæter
  Wonne wæl-streamas werodum swelgað,
  Sceaðum scyldfullum. Ongyn þe scip wyrcan,
  Mere-hús micel, on þam þu monegum scealt
20 Reste geryman, and rihte setl
  Ælcum æfter ágenum, eorðan tudre.
  Gescype scylfan on scipes bósme;
  Þu þæt fær gewyrc fiftiges wíd,
  Þrittiges heáh, þreó hund lang,
25 Eln-gemeta; and, wið yða, gewyrc
  Gefeg fæste. Þær sceal fæsl wesan
  Cwic-lifigendra cynna gehwilces
  On þæt wudu-fæsten wocor gelæded

Eorðan tudres;   earc sceal þy máre.

30 Noe fremede,   swa hine Nergend héht,
    Hyrde þam hálgan   Heofon-cyninge,
    Ongan ofostlice   yð-hof wyrcan,
    Micle mere-cieste;   magum sægde
    Þæt wæs preálic þing   þeodum toweard,

35 Reðe wíte: hie ne rohton þæs.
    Geseah þa ymb wintra worn   wærfæst metod
    Geofon-húsa mæst   gearo hlifigean;
    Innan and utan,   eorðan líme,
    Gefæstnod wið flóde   fǽr Noes

40 Þy selestan;   þæt is syndrig cynn,—
    Symle bið þy heardra   þe hit hreoh wæter
    Swearte sǽ-streamas   swíðor beatað.
    Ða to Noe cwæð   Nergend usser:—
    "Ic þe þæs míne,   monna leofost,

45 Wǽre gesylle   þæt þu weg nimest,
    And feora fæsl,   þe þu ferian scealt
    Geond deop wæter,   dæg-rímes worn,
    On lides bósme: lǽd swa ic þe háte,
    Under earce-bord   eaforan þíne,

50 Frum-gáran þry,   and eower feower wíf;
    And þu seofone genim   on þæt sund-reced
    Tudra gehwilces,   geteled rímes,
    Þara þe to mete   mannum lifige,
    And þara oðera   ælces twá;

55 Swilce þu of eallum   eorðan wæstmum
    Wiste under wǽg-bórd   werodum gelǽde
    Þam þe mid sceolon   mere-flód neosan.
    Féd freólice   feora wócre,
    Oð ic þære láfe   lago-síða eft

60 Reorde under roderum   rýman wille.
    Gewít þu nu mid híwum   on þæt hof gangan
    Gasta werode;   ic þe gódne wát,

Fæst-hydigne — þu eart freoðo wyrðe,
Ara, mid eaforum. Ic on andwlitan
65 Nu ofer seofon niht sígan læte
Wæl-regn ufan wídre eorðan;
Feowertig daga fæhðe ic wille
On weras stælan, and mid wæg-þreate
Æhta and ágend eall acwellan
70 Þa be-utan beoð earce bordum,
Þonne stream-racu stígan onginneð.
Him þa Noe gewát, swa hine Nergend hét,
Under earce-bord, eaforan lædan,
Weras on wæg-þel and heora wíf samod,
75 And eall þæt to fæsle Frea ælmihtig
Habban wolde, under hróf gefór
To heora æt-gifan; swa him ælmihtig
Weroda Drihten þurh his word abeád.
Him on hóh beleac heofon-ríces Weard
80 Mere-húses múð mundum sínum,
Sigora Waldend, and segnade
Earce innan ágenum spedum,
Nergend usser. Noe hæfde,
Sunu Lameches, six hund wintra
85 Þa he mid bearnum under bord gestáh,
Gleáw mid geógoðe, be Godes hæse
Duguðum dýrum. Drihten sende
Regn from roderum, and eac rúme lét
Wille-burnan on woruld þringan
90 Of ædra gehwære. Egor-streamas
Swearte swógan; sæs up stigon
Ofer stæð-weallas; strang wæs and reðe
Seðe wætrum weóld, wreah and þeahte
Mán-fæhðu bearn middan-geardes
95 Wonnan wæge; wera éðel-land,
Hof hergode; hyge-teonan wræc

Metod on monnum: mere swíðe gráp
On fǽge folc   feowertig daga
Nihta oðer swilc;   nið wæs réðe,
100 Wæll-grim werum: Wuldor-cyninges
Yða wrǽcon   árleasra feorh
Of flæsc-homan.   Flód ealle wreah—
Hreoh under heofonum—   heá beorgas
Geond sídne grund,   and on sund ahóf
105 Earce from eorðan,   and þa æðelo mid,
Þa segnáde   selfa Drihten,
Scyppend usser,   þa he þæt scip beleác.
Siððan wíde rád   wolcnum under
Ofer holmes hrincg,   hof seleste
110 Fór mid fearme;   fǽre ne moston
Wǽg-liðendum,   wætres brogan,
Hǽste hrínan;   ac hie hálig God
Ferede and nerede.   Fiftena stód
Deop ofer dúnum   se drence-flód
115 Monnes elna.   Þæt is mǽro wyrd;
Þam at nehstan wæs   nán to gedále,
Nymþe heá wæs ahafen   on þa heán lyft,
Þa se egor-here   eorðan-tuddor
Eall acwealde;   buton þæt earce-bórd
120 Heóld heofona Freá,   þa hine hálig God
Ece up forlet,   edniowne
Streámum stígan,   stið-ferhð cyning.
Ða gemunde God   mere-liðende,
Sigora Waldend,   sunu Lameches,
125 And ealle þa wócre   þe he wið wætre beleác,
Lífes leoht-fruma,   on lides bósme.
Gelǽdde þa wigend   weroda Drihten
Worde ofer wíd land;   will-flód ongan
Lytligan eft,   lago ebbade
130 Sweart under swegle;   hæfde sóð Metod

Eaforum ég-stream   eft gecyrred,
[Rodor]-torht ryne   regn gestilled.
Fór fámig scip   fiftig and hund
Nihta under roderum,   siððan nægled bórd,
.35 Fær seleste,   flód up-ahóf,
Oðþæt rím-getæl   reðre þrage
Daga forð gewát.   Þa on dúnum gesæt,—
Heáh mid hlæste,   holm-ærna mæst,
Earc Noes—   þe Armenia
140 Hátene sindon;   þær se hálga bád
Sunu Lameches   sóðra geháta,
Lange þrage,   hwonne him lífes weard,
Freá ælmihtig,   frecenra síða
Reste ageafe,   þære he rúme dreah,
145 Þa hine on sunde   geond sídne grund
Wonne yða   wíde bæron.
Holm wæs heonon-weard;   hæleð langode
Wæg-líðende   swilce wíf heora,
Hwonne hie of nearwe,   ofer nægled bord,
150 Ofer stream-staðe   stæppan mosten,
And of enge út   æhta lædan.
Þa fandode   forðweard scipes
Hwæðer sincende   sæ-flód þa gyt
Wære under wolcnum: lét þa ymb worn daga
55 Þæs þe heáh hlioðo   horde onfengon
And æðelum eac   eorðan tudres,
Sunu Lameches   sweartne-fleógan
Hrefn ofer heah-flód   of húse út.
Noe tealde   þæt he on neod hine—
16c Gif he on þære láde   land ne funde
Ofer síd wæter—   secan wolde
On wæg-þele eft.   Him seo wén geleah;
Ac se feónd gespearn   fleótende hreáw—
Salwig feðera   secan nolde.

165 He þa ymb seofon niht   sweartum hrefne
    Of earce forlét æfter fleogan
    Ofer heah wæter, haswe culfran
    On fandunga hwæðer fámig sǽ,
    Deop þa gyta, dæl ænigne
170 Grénre eorðan ofgifen hæfde.
    Heo wíde hire willan sohte,
    And rúme fleah; no hweðere reste fand,
    Þæt heo for flóde fótum ne meahte
    Land gespornan, ne on leaf treowes
175 Steppan for streamum, ac wæron steap hleoðo
    Bewrigen mid wætrum. Gewát se wilda fugel
    On æfenne earce sécan
    Ofer wonne wǽg, werig sígan
    Hungri to handa hálgum rince.
180 Ða wæs culfre eft of cofan sended
    Ymb wucan wilde; seo wíde fleah,
    Oðþæt heo rúm-gál reste stowe
    Fægere funde and þa fótum stóp
    On beam hyre; gefeah bliðe-mód
185 Þæs þe heo gesette, swiðe werig,
    On treowes telgum, torhtum moste;
    Heo feðera onsceoc; gewát fleogan eft
    Mid lácum hire; liðend brohte
    Ele-beames twig án to handa,
190 Gréne blæde. Þa ongeat hraðe
    Flót-monna freá, þæt wæs frofor cumen,
    Earfoð-síða bót. Þa gyt se eádiga wer,
    Ymb wucan þriddan, wilde culfran
    Ane sende, seó eft ne com
195 To lide fleógan, ac heo land begeat,
    Grene bearwas; nolde gladu æfre
    Under salwed bord siððan ætywan,
    On þell-fæstene, þa hire þearf ne wæs.

THE ESCAPE OF THE ISRAELITES.

FROM CÆDMON'S EXODUS.

[A.D. 680.]

Fyrd wæs gefysed,   from seðe lædde —
Módig mago-ræswa —   mæg-burh heora.
Oferfór he mid þý folce   fæstena worn,
Land and leod-weard,   láðra manna —
5 Enge anpaðas,   uncúð gelád,
Oðþæt hie on guð-myrce   gearwe bæron.
Wæron land heora   lyft-helme beþeaht,
Mearc-hofu mór-heald.   Moyses ofer þa
Fela meoringa   fyrde gelædde.   .
10 Nearwe genyddon   on norð-wegas;
Wiston him be suðan   sigel-wara land,
Forbærned beorh-hleoðu —   brune leode
Hátum heofon-colum;   þær hálig God
Wið fær-bryne   folc gescylde,
15 . Bælce ofer-brædde   byrnendne heofon,
Hálgan nette   hátwendne lyft.
Hæfde weder-wolcen,   wídum fæðmum,
Eorðan and up-rodor   efne gedæled;
Lædde leod-werod;   líg-fýr adránc
20 Hát heofon-torht.   Hæleð wafedon,
Drihta gedrymost;   dæg-scealdes hleo
Wand ofer wolcnum.   Hæfde witig God
'Sunnan sið-fæt.   segle ofer-tolden;
Swa þa mæst-rápas   men ne cuðon,
25 Ne ða segl-róde   geseón meahton,
_   Eorð-buende   ealle cræfte,

Hu afæstnod wæs   feld-husa mæst.

          Þa wæs þridda wíc,

Folce to frofre.   Fyrd eall geseah

30 Hu þær hlifedon   hálige seglas,

Lyft-wundor leoht.   Leode ongéton,

Dugoð Israhela,   þæt þær Drihten cwom,

Weroda Drihten,   wíc-steal metan:

Him beforan fóran   fýr and wolcen

35 In beorht-rodor,   beamas twegen,

Þara æghwæðer   efn-gedælde

Heah-þenunga   háliges Gástes,

Deor-módra síð   dagum and nihtum.

. . . .   Heofon-beacen astáh

40 Æfena gehwam.   Oðer wundor

Syllic æfter sunnan   setl-ráde, beheóld

Ofer leód-werum   líge scínan,

Byrnende beám;   bláce stódon

Ofer sceótendum   scíre leóman,

45 Scinon scyld-hreoðan;   sceado swiðredon;

Neowle niht-scuwan   neah ne mihton

Heolstor ahýdan;   heofon-candel barn;

Niwe niht-weard   nyde sceolde

Wícian ofer weredum,   þy læs him wésten-gryre,

50 Hár hǽð   holmegum wederum

O férclamme,—   ferhð getwǽfde.

Hæfde foregenga   fyrene loccas

Bláce beámas;   bǽl-egsan hweóp

In þam here-þreate   hátan líge,

55 Þæt he on wéstenne   werod forbærnde,

Nymðe hie mód-hwate   Moyses hýrde.

Sceán scir werod,   scyldas lixton;

Gesawon rand-wigan   rihtre strǽte

Segn ofer sweótum,   oðþæt sǽ-fæsten

60 Landes æt ende   leod-mægne forstód

Fús on forð-weg. Fyrd-wíc arás;
Wyrpton hie werige; wiste genægdon
Módige mete-þegnas hyra mægen bétan: —
Bræddon æfter beorgum, siððan býme sang,
65 Flotan feld-húsum. Þa wæs feorðe wíc,
Rand-wigena ræst, be þam Readan Sæ.
Ðær on fyrd hyra fǽr-spell becwom,
Oht inlende; egsan stódan,
Wæl-gryre weroda; wræc-mon gebád
70 Láðne lást-weard, seðe him lange ǽr
Eðel-leasum oht-nied gescraf
Wean witum fæst. . . .
Þa him eorla mód ortrywe wearð,
Siððan hie gesawon of suð-wegum
75 Fýrd Faraonis forð ongangan,
Ofer-holt wegan — eored lixan,
Þufas þunian, þeod mearc tredan,
Gáras trymedon, gúð hwearfode,
Blicon bord-hreoðan, býman sungon.
80 On hwæl hreópon here-fugolas,
Hilde grǽdige, [hræfen gól]
Deawig-feðere ofer driht-neum,
Wonn wæl-ceásiga. Wulfas sungon
Atol æfen-leoð ætes on wénan,
85 Carleásan deór, cwyld-róf beodan
On láðra lást leod-mægnes fyll,
Hreópon mearc-weardas middum nihtum:
Fleah fǽge gást, folc was genæged.
Hwílum of þam werode wlance þegnas
90 Mæton mil-paðas meara bogum.
Him þær segn-cyning wið þone segn foran
Manna þengel mearc-þreate rád;
Guð-weard gumena grim-helm gespeon,
Cining cin-berge — cumbol lixton —

95 Wiges on wenum,   wæl-hlencan sceóc,
Héht his here-ciste   healdan georne
Fæst fyrd-getrum.   Feond onsegon
Láðum eagum   land-manna cyme.
Ymb hine wægon   ʼwígend unforhte;
100 Háre heoro-wulfas   hilde gretton
Þurstige þræc-wiges   þeoden holde.
Hæfde him alesen   leoda dugeðe
Tír-eadigra   twá þusendo,
Þæt wæron cyningas   and cneow-magas
105 On þæt eáde riht   æðelum deore;
Forþon ánra gehwilc   út alædde
Wæpned-cynnes   wígan æghwilcne
Þara þe he on ðam fyrste   findan mihte. —
Wæron inge men   ealle ætgædere
110 Cyningas on corðre: cúðost gebeád
Horn on heape,   to hwæs hægsteald-men
Guð-þreat gumena   gearwe bæron.
Swa þær eorp werod   ecan læddon
Láð æfter láðum   leod-mægnes worn
115 Þusend-mælum,   þider wæron fúse:
Hæfdon hie gemynted to þam   mægen-heapum
To þam ær-dæge   Israhela cynn
Billum abreotan   on hyra broðor-gyld.
Forþon wæs in wícum   wóp up-ahafen,
120 Atol æfen-leoð.   Egesan stódon,
Weredon wæl-net;   þa se woma cwóm,
Flugon frecne spel.   Feond wæs anmód,
ʼWeorod wæs wíg-blác,   oðþæt wlance forsceáf
Mihtig engel,   se þa menigeo beheóld,
125 Þæt þær gelaðe mid him   leng ne mihton
Geseón tosomne: sið wæs gedæled.
Hæfde nyd-fara   niht-langne fyrst,
Þeah þe him on healfa gehwam   hettend seomedon

Mægen oððe mere-stream. Nahton máran hwyrft,
130 Wæron orwenan   eðel-rihtes,—
Sæton æfter beorgum   in blacum reafum
Wean on wenum.   Wæccende bád
Eall seó sib-gedriht   samod ætgædere
Máran mægenes,   oð Moyses bebeád
135 Eorlas on úht-tíd   ærnum bémum
Folc somnigean,   frecan arísan,
Habban heora hlencan,   hycgan on ellen,
Beran beorht searo,   beacnum cígean
Sweot sande near.   Snelle gemúndon
140 Weardas wíg-leoð;   werod wæs gefysed;
Brudon ofer beorgum — byman gehýrdon —
Flotan feld-husum.   Fyrd wæs on ofste,
Siððan hie getealdon   wið þam teón-hete
On þam forð-herge   feðan twelfe
45 Móde rófa: mægen was onhréred.
Wæs on ánra gehwam   æðelan cynnes
Alesen under lindum   leoda duguðe
On folc-getæl   fiftig cista;
Hæfde cista gehwilc   cúðes werodes
150 Gár-berendra   guð-fremmendra
Tyn-hund geteled   tír-eadigra.
Þæt wæs wíglíc werod;   wáce ne gretton
In þæt rinc-getæl   ræswan herges,
Þa þe for geoguðe   gyt ne mihton
155 Under bord-hreoðan,   breost-net wera,
Wið fláne feond   folmum werigean,
Ne him bealu benne   gebiden hæfdon,
Ofer linde lærig,   líc-wunde swor,
Gylp-plegan gáres.   Gamele ne moston
160 Háre heaðo-rincas   hilde onþeon,
Gif him mód-heapum   mægen swiðrade:
Ac hie be wæstmum   wíg curon,

Hú in leodscipe læstan wolde
Mód mid áran, eac þan mægnes cræft
165 [Gegán mihte] gár-beames feng.
Þa wæs hand-rofra here ætgædere
Fús forð-wegas. Fana up-rád
Beama beorhtest; bidon ealle þa gen,
Hwonne síð-boda sǽ-streamum neah
170 Leoht ofer lindum lyft-edoras bræc.
Ahleóp þa for hæleðum hilde-calla,
Beald beot-hata, bord up-ahof,
Héht þa folc-togan fyrde gestillan,
Þenden módiges meðel monige gehyrdon.
175 Wolde reordigean ríces hyrde
Ofer here-ciste hálgan stefne;
Werodes wísa wurðmyndum spræc:
" Ne beoð ge þy forhtan, þeah þe Faraon brohte
Sweord-wígendra síde hergas,
180 Eorla unrím: him eallum wile
Mihtig Drihten þurh míne hand
To dæge þissum dǽd-leán gifan,
Þæt hie lifigende leng ne moton
Ægnian mid yrmðum Israhela cyn.
185 Ne willað eow ondrǽdan deade feðan —
Fǽge ferhð-locan! fyrst is at ende
Lǽnes lífes. Eow is lár Godes
Abroden of breostum; ic on beteran rǽd,
Þæt ge gewurðien Wuldres aldor
190 And eow líf-frean lissa bidde,
Sigora gesynto þær ge síðien.
Þis is se écea Abrahames God,
Frumsceafta Freá, se ðas fyrd wereð
Módig and mægen-róf mid þære miclan hand."
195 Hóf þa for hergum hlude stefne
Lifigendra leód, þa he to leódum spræc:

"Hwæt ge nú eagum   to onlociað,
Folca leofost,   fǽr-wundra sum,
Hu ic sylfa slóh   and þeos swíðre hand
200 Grene táne   gár-secges deóp:
Yð up færeð,   ofstum wyrceð
Wæter weal-fæsten.   Wegas syndon drýge,
Haswe here-strǽta,   holm gerymed,
Ealde staðolas,   þa ic ǽr ne gefrægn
205 Ofer middangeard   men geferan
    Fámge feldas,   þa forð heonon
In éce   yðe þeahton,
Sǽlde sǽ-grundas: suð-wind fornam
Bæð-weges blæst,   brim is areafod,
210 Sand sǽ-cir spáw.   Ic wat sóð gere,
Þæt eow mihtig God   miltse gecyðde,
Eorlas, ǽr glade!   ofest is selost,
Þæt ge of feonda   fæðme weorðen,
Nu se Agend   up arǽrde
215 Reade streamas   in rand-gebeorh:
Syndon þa foreweallas   fægre gestepte
Wrætlicu wǽg-faru   oð wolcna hróf."
Æfter þam wordum   werod eall arás,
Módigra mægen: mere stille bád.
220 Hófon here-cyste   hwíte linde,
Segnas on sande.   Sæ-weall astáh,
Uplang gestód   wið Israhelum
Andægne fyrst;   wæs seó eorla gedriht
Anes módes: [yða weall]
225 Fæstum fæðmum   freoðo-wære heóld.

  .   .   .   .

Folc wæs afǽred   flod-egsa becwom
Gástas geomre,   geofon deaðe hweóp.
Wæron beorh-hliðu   blóde bestémed,
Holm heolfre spáw,   hream wæs on yðum,

230 Wæter wæpna ful,   wæl-mist astáh
    Wæron Egypte   eft oncyrde,
    Flugon forhtigende,   fær ongéton,
    Woldon here-bleaðe   hámas findan:
    Gylp wearð gnornra!   Him ongen gehnáp
235 Atol ýða gewealc;   ne þær ænig becwom
    Herges to háme,   ac hie hindan beleac
    Wyrd mid wæge.   þær ær wegas lagon,
    Mere módgode,   mægen wæs adrenced.
    Streamas stódon;   storm up gewát
240 Heah to heofonum,   here-wópa mæst;
    Láðe cyrmdon;   lyft up geswearc:
    Fægum stæfnum   flód blód gewód.
    Rand-byrig wæron rofene,   rodor swipode
    Mere-deaða mæst: módige swulton
245 Cyningas on corðre,   cyrr swiðrode
    Wæges æt ende.   Wígbord scinon.
    Heah ofer hæleðum   holm-weall astáh,
    Mere-stream módig: mægen wæs on cwealme
    Fæste gefeterod,   forðganges nép
 50 Searwum asæled.   Sand basnode
    On witodre fyrde   hwonne waðema stream
    Sincalda sæ   sealtum ýðum
    Æflastum gewuna   éce staðulas
    Nacud nýd-boda   neosan come,
155 Fáh feðe-gast,   se þe feondum geneóp.
    Wæs seó hæwene lyft   heolfre geblanden;
    Brim berstende   blód-egsan hweóp,
    Sæ-manna síð,   oðþæt sóð Metod
    þurh Moyses hand   módge rymde:
160 Wíde wæðde   wæl-fæðmum sweóp,
    Flód fámgode,   fæge crungon,
    Lagu land gefeól,   lyft wæs onhrered,
    Wicon weall-fæsten,   wægas burston,

Multon mere-torras,   þa se Mihtiga slóh
265 Mid hálige hand   heofon-ríces weard
Wer-beamas,   wlance þeode.
Ne mihton forhabban   helpendra pað
Mere-streames mód,   ac he manegum gesceod
Gyllende gryre: gársecg wedde,
270 Up ateah, on sleap: egesan stódon,
Weóllon wǽl-benna.   Witrod gefeól
Heah of heofonum,   handweorc Godes.
Fámig-bosma   flód-wearde slóh
Unhleowan wæg   alde mece,
275 Þæt þy deað-drepe   drihte swǽfon,
Synfullra sweót,   sáwlum lunnon
Fæste befarene,   flód-blác here,
Siððan hie onbugon   brun yppinge,
Mód-wæga mǽst.   Mægen eall gedreás,
280 Þa he gedrencte   dugoð Egypta,
Faraon mid his folcum: he onfond hraðe,
Siððan [grund] gestáh,   Godes andsaca,
Þæt þær mihtigra   mere-flódes weard
Wolde heoru-fæðmum   hilde gesceadan
285 Yrre and egesfull.   Egyptum wearð
Þæs dæg-weorces   deop leán gesceod;
Forþam þæs heriges   hám eft ne com
Ealles ungrundes   ænig to láfe,
Þætte síð heora   secgan moste,
290 Bodigean æfter burgum   bealo-spella mǽst,
Hord-wearda hryre   haleða cwenum,
Ac þa mægen-þreatas   mere-deað geswealh,
Spilde spel-bodan,   se þe spéd áhte,
Ageát gylp wera: hie wið God wunnon!

EXPLANATORY NOTES.

EXPLANATORY NOTES.

THE Reading Selections have been taken from the following editions : The Sermon on the Mount, from Bosworth's edition of the Gospels; the Selections from the Chronicle, from the edition edited by Thorpe for the Rolls series; the Narrative of Ohthere, from Thorpe's Orosius; the selections from Ælfric's Homilies, from the edition published by the Ælfric Society; the selections from Bede, from Ettmueller's Scópas and Bóceras, and Thorpe's Analecta; the prose of Alfred's Metres, from Fox's edition; the poetic extracts are from Grein's A.-S. Bibl. The orthography and accentuation in Anglo-Saxon are extremely irregular; in the earlier extracts I have attempted to present somewhat of a uniformity; the later ones stand as in the editions mentioned above.

P. 49, l. 13. hyra is, *of them (theirs) is.* 20. mæg, *is of value.*
    50, l. 10. wrítera, supply rihtwísnys. dóme, dat. after scyl·
        dig. 13. bréðer, dat. after yrsað. 16. fyres, gen. after
        scyldig. 21. wiðerwinnan, dat. after onbúgende. 30. ðé,
        dat. after betere.
    52, l. 8. eow gebiddon; this verb is used reflexively. 13. ðinre
        dura belocenre, dat. absolute. 19. ców, dat. after þearf.
    54, l. 25. hyne bit hlafes, verbs of asking take acc and gen.
    55, l. 3. gelædt, for gelædet, usually contracted to gelæt   7.
        cwyst ðú—a sign of interrogation.
    56, Ælfred, Alfred, the Great: reigned from 871 to 901. Aeð-
        elwulfing, son of Aeðelwulf: ing is the A.-S patronymic.
        West Seaxna, gen. pl. longe on dæg, *a good part of the
        day.*
    57. mid sumum þam here, *with part of the army.* hine bestǽl
        se here, *the army stole away.* Here denotes the invading
        host: fyrd, the militia. So gehorsade here must be con-
        strued as in apposition with hi. *they then, notwithstanding
        this* (under þam) — *the mounted army — stole away by night
        from the militia* (of K. Alfred). to ne meahte, with *to*
        supply a verb of motion.

P. 58. þe hire bcheonan sæ wæs. See l. 31, p. 57. þrittiga sum, þára manna. § 27. N. l. 23. And his se cyning, *and the king received him.*

60. se oðer here æt Apuldre, i. e. *built a fort* at A. Swá hwæð- ere efese, *on whatever part.* mæstra daga ælce, *nearly every day* — literally, on each of most days. oðre siðe — oðre siðe *once* — *a second time.* genotudne *for* genotodne.

61. hiora wæs oðer. *One of them was his godson, and the other Ethelred, the alderman's. They had received them, i. e.* at the font.

65. Ða het se cyning faran, etc. *Then the king commanded nine of the new ships to go and blockade the port to them without on the sea.* on drygenum, *on dry land.* on þa healfe þæs deopes, *on that side of the deep.* Ða com þam Deniscum, etc. *Then came the flood-tide to the Danish ships.*

66. Ealra háligra mæssan, *all-hallow mass.* to willan, *at pleas- ure.* And wénað. *And foolish ween that the Glory-king, Almighty God will ever hear them.*

68. Tíd wæs þæs geares, (83, n.) Ðissum þus gedóne, § 90, n, ærer he hit aræde, etc., *he had selected it before, and had afterwards richly endowed it.*

69. Ælc man hwæt his háde, etc., *that each man that would fol- lowed what belonged to his condition.*

70. To eácan þam cynge, *next to the king.* þe himself aht wǽre, *who was anybody.* his gewrit, the Domesday-book. deor frið, *a deer-park.*

72. Oht-here sailed along the west coast of Norway, while Wulf- stan sailed eastward from Denmark along the south coast of the Baltic sea. Their course can be traced on the map. West-sæ, the German Ocean.

74, l. 5. Eall þæt his man, etc., *all of it that one either*, etc. 8. wið uppon emnlange, *parallel to.* 11. míla. Alfred here uses the Norse measure, one mile of which = five Eng- lish miles. 27. Here begins O.'s account of his voyage south. 29. þam lande, i. e. Norway. Sciringesheal, the port of Skene, on the Skager Rack.

75. þissum lande, England.

76. þonne benimð Wisle, etc., *then the Vistula deprives the Ilfing of its name.*

77. Mid þam langan legere, *by the dead man's lying so long*

within, and because they place along the way that which strangers run to and take. Módor ne rǽdeð. *A mother cannot tell.*

P. 78. Historia Anglórum. Bede's Ecclesiastical History of England.

79. And hine to gefylstan gesette. The object of gesette is hine in the line above, with which also geendebyrdne, *ordained,* agrees.

80. Dere, as though the Latin de irâ.

81. þe we on ǽr towearde, *that we before ought to have dreaded as coming.*

83. To þam swíðe, *so exceedingly;* na to þæs hwón, *by no means.*

84. þæt he him and his geferan bigleofan þenian wolde: *him* and *geferan* are datives after þenian, and *bigleofan* instrumental. Be þam þe hi tǽhton sylfe lybbende, *themselves living in accordance with what they taught.*

87. In this extract and the next the spelling varies somewhat from the regular orthography. We frequently have on, om, for an, am; o for u in terminations; a for ó, as a connecting vowel in verbs, and e for i, as cadegan for eadigan. Eac swylce on hálsunge, *as though by divination.* The following is the Latin of Bede: Cui videlicet regi, in auspicium suscipiendæ fidei et regni coelestis, potestatis et terreni creverat imperii, ita ut, quod nemo Anglorum ante eum fecit, omnes Brittaniæ fines, qua vel ipsorum vel Britonum provinciæ habitabantur, sub ditionem accepit. Swá þæt nænig, etc. *So that what no one of the English kings ere him, took under their sway — all the British boundaries — on which either their tribes (English) or the Britons dwell; all this he received under his sway.*

88. Æfter þon þe, *in accordance with what they had before agreed upon.* To þon þe, *for this purpose.* Swá swá he wære, supply cumen. Mid þy he þa se Biscop. *When he then — the Bishop — he* being used as a demonstrative. æghwæðer ge, the correlative is and.

89. And þa ylcan his dohtor, *and this same daughter,* [and that same his daughter.]

90. In stepe, *in haste.* á of tíde, *forthwith.* and he samod for his hǽlo, etc, *he not only for the salvation of the king but also of the people.*

P. 91. And wæs foreweard niht, *and it was well on into the night.*
On þance me, etc., *I am thankful for.*

  92. Mid manegum hǽtum, *with many anxieties* — geþohta, gen.
pl. Mid þý blindan fýre soden wæs, *and was agitated by
the hidden fire.* See preceding note. Soden is from seoðan.
Ne tala þu me, *do not imagine me.* Gif hwylc sý, *if any
one there may be.* Ætécte, from ætýcan. Nales þæt on,
not only.

  93. his-seþe, *of him who.* Wolde þæt he on þam ongeáte þæt,
he wished that he should understand by this.

  97. Mid þý he þá se cyning fram þam foresprecenan, etc.,
*when then the king sought and asked from the aforesaid
Bishop of the [their] religion which they before practised.*

  99. l. 14. Mid þy cyninge he, *He* (Hereric), *together with the
king, at the preaching and the lore of Paulinus, of blessed
memory,* etc.

  100. þære bysene, etc., *whose example she was imitating in the
design of living abroad.* Hæfd wæs, *was detained.*

  101. Ac nænig hwæðere, etc., *but yet no one could do this like him.*
þara heord him, etc , *the care of which was that night en-
trusted to him.* Hwæðere þu meaht me singan, *yet thou
must sing to me.*

  102. Swá he wundra gehwæs, *as he of every wonder, everlasting
Lord, established the beginning.* Monig word, *many words
of song worthy of God in the same measure.* þæt he him
sum sunge, *that he should sing some to them and turn it
into the melody of song.*

  103. Canones, *of the canon.* Nealecte, for nealæhte.

  105. Throni, etc., *thrones, dominions, principalities, powers, vir-
tues, cherubim, seraphim* — a sort of classification of the
angels.

  106. And let befeallan, supply *hi.* Ne hi ne magon nu, *nor can
they now, nor do they wish.*

  107. 1 25. lytles þinges him forwyrnan (101).

  111. Weland him be wurman, etc. *Weland by himself* [his
own experience] *knew concerning the pain of exile.* Dæs
ofereode, etc., *that he overcame; so may I this.*

The following extracts are from King Alfred's translation of
The Consolation of Philosophy, by Boethius, a Roman

finally executed in 524. While in prison he wrote this
book, which King Alfred translated in a free paraphrase.

P. 121. Ær hwílum fond, *for* fand; and heora blisse from, supply
wende with *from;* for hire, *in comparison with her;* smyl-
ton, *for* smyltan.

122. Fægen þæt hi móton, supply weaxan.

124. Sǽ-tileas, some read scealcas, *sailors,* but sæ-tileas may be
used figuratively in the same sense Ne hí ne bil rude.
Grein reads þe hine bil rude. Fox reads þe hi ne Ili
refers to weoruld-buende: gesawan *for* gesawon, past tense
of geseón. Sumes onlíce efne, *somewhat like even that
mount.* Ussa tída (83, n).

125. Weland — the Vulcan of the Northern Mythology. for þy
þam cræftegan ne mæg næfre his cræft lósigan, *for never
may his craft depart from the skilful.* On him geniman:
construe *on* with *geniman — nor may any one deprive him
of it any easier than.*

126. Gif nu hæleða, etc., *if fame now pleases any one of men.*
Lyste is used impersonally, governing hwone directly in
the acc., and hlisan in the gen.; the subject of wille must
be understood from hæleða. See l. 14, for the same con-
struction with lysteð. l. 16. nænige þinga, *by no means.*

•127, l. 32. Ælces þinges, *by all means.* 36. Ængum contracted,
for ænigum. 43. "In which one of sepulchres does the
earth cover them?" 50. Ælces þinges, *assuredly.* See
l. 32. 61. "That fame cannot keep illustrious men well-
known."

128. Thyle, probably Iceland.

129, l. 15. Toteled tídum, *reckoned by hours.* ðé fleón — (89)
is here used reflexively. Siððan þu þonne forð, *after thou
art then elevated above it:* forð implies motion.

130. Ic wat þeah gif, etc. *Yet, I know, if it ever happen to thee.*
þe, acc. after gewyrð impersonal. See l. 55.

132. Ætwite, modern *twit.*

135, l. 28. "That bright land is higher by twelve fold of fathom
measure, as wise sages, by investigation through wisdom,
make known to us in writings, than any of the moun-
tains," etc. 40. Æfre to ealdre, *forever.* ær þon edwen-
den, *before the renewal of the world happens.* See l. 47.
oð bæles cyme. 45. hreóra, gen. pl. of hreóh.

P 137, l. 15. Græs, definitive acc. þeahte, from þeccan.

138, l. 38. Roderas, for rodores, genitive. 45. Metode, *for the Lord.* 59. And þa wraðe sealde, *and gave her for an aid.*

139, l. 68. Wer unwundod, nom. independent.

140, l. 11. Folc-gestealna, gen. pl. 18. Wihte, inst., used adverbially.

141, l. 33. Ofermede, acc. after ahebban.

142, l. 54. Fyr edneowe, *fire renewed,* acc. 59. "For the first time he filled hell."

143, l. 97. "Which my Lord granted to me, though we could not hold it because of the Almighty, could not wield our realm.

144, l. 126 Unc Adame, *to me and Adam.* A noun so connected with a dual is used partitively. 130. "So he may not charge any sin upon us."

146, l. 38. Eorðan lime, *bitumen.* 40. þy selestan, supply lime. 44. "I thee, for this, dearest of men, my covenant will give." 60. Reorde, *by my word.*

147, l. 64. Andwlitan is limited by wídre eorðan. 79. Him on hóh, *behind him;* literally, *to him at the heel* (hough). 86. "The wise with the young."

148, l. 110. "The terrors of the water might not with violence touch the wave-traversing ship." 120. Hine refers to egor-here, above.

149. "The sky-bright course stopped the rain." 136. Rím-getæl, limited by daga. 140. Se halga sunu Lameches, i. e., Noah. 141. Sóðra geháta, gen. pl. after bád. 155. "After that the high hills had received with the treasure and the nobles also the offspring of the earth." 163. "But he rejoicing lighted on the floating corpses — the swarthy (bird) would not seek his feathers (wings)."

150, l. 180. culfre modified by *wilde* in next line. 184. "Blithe-hearted that she, seated, very weary, might rest on the bright (sunny) branches of a tree." With *moste* supply *sittan.* This extract illustrates the A.-S. tendency to the use of appositives — there being no less than thirteen different words used to denote the ark, viz: scip, fær, earc, hof, mere-hus, mere-cieste, geofon-hus, yð-hof, earce-bord, wæg-bord, nægled-bord, wæg-þel, þel-fæsten.

151, l. 6 Guð-myrce, Grein considers as an epithet referring to *the Ethiopians.* Thorpe translates *hostile frontier.* 7 "Their land was covered by an air-covering, a moor-holding boundary-castle"—that is: their camp was concealed by a fog, rising from the moor. 23. Segle. The pillar of cloud in the distance is likened to a sail, or a ship under sail.

P. 152, 1. 48. "bright stood the bright lights over the warriors; shields shone, the shadows fled, the deep night-shades might not wholly hide the caverns." 49. "lest them the desert-horror, the hoar heath with its raging storms ever with sudden onset should deprive of life."

153, 1. 64. "Behind the ramparts, after the trumpet sounded, the sailors spread the tents." Called sailors, because the pillar of cloud was likened to a ship under sail: feld-húsum is instr. 68. oht inlende, *fear occasioned by the inhabitants of the land.* 90. "measured mile-paths with the legs of horses."

154, 1. 105. on þæt eáde riht, *to that important duty.* 113. eorp werod, the Egyptians. 125. gelaðe, *hostile hosts.*

155, 1. 134. Máran mægenes, gen. after bád. 142. "The sailors struck their tents." 154. "who on account of youth might not yet under the shield, the breast-net of men, against the weapon, ward off the enemy with their hands." For feónd, Thorpe would read feónda. 162. "But they chose the battle according to their strength, how in the host courage might endure with honor, also how great strength [might exercise itself], might seize the war-beam " [i. e. the spear-shaft].

156, 1. 167. Fús forð-wegas, *ready to go forward.* 169. siðboda, i. e. the pillar of fire. 174. módiges, supply *chief.*

157, 1. 216. þa foreweallas, *the walls on each side.* At line 226 the account of the destruction of Pharaoh's host begins.

158, 1. 242. flód blód gewód, *blood stained the sea.* 243. Randbyrig, *the protecting walls of water.* 250. "The sea-bottom waited for the (coming of the) destined host, when the stream of waves, the cold sea, with salt waves used to wandering, a naked messenger of death, should come to visit its everlasting foundations, a hostile comer who should fall upon the enemy."

159, 1. 272. handweorc Godes, i. e. the walls of water. 274. alde mece, referring to the Flood.

VOCABULARY

VOCABULARY.

The figures after Nouns indicate the Declension, and the letters, m., f., n., the Gender. The figures after Verbs indicate the Case under the Second Conjugation. The Past Tense of the First Conjugation is given after the Verb. The figures in parentheses refer to sections of the Grammar.

A.

Á, *ever, always.*
Abbod, 1 m., *an abbot.*
Abbodríce, 1 n., *an abbey.*
Abbudisse, 4 f., *an abbess.*
Abeódan, 6, *to command.*
Abítan, 4, *to bite, eat.*
Abláwan, 1, *to blow, breathe.*
Ablendian, de, *to blind.*
Ablinnan, 5, *to cease.*
Abrecan, 3, *to storm, break down.*
Abredan, *p.* bræd, *pp.* broden, *to take away.*
Abreótan, abreóðan, 6, *to break, destroy, revolt.*
Abúgan, 6, *to bow, submit.*
Abysgan, ode, *to be busy, to occupy.*
Ac, *but.*
Acennan, de, *to bring forth.*
Aceorfan. *See* ceorfan, *to cut off.*
Acigan, de, *to call out.*
Acsian, ode, *to ask.*
Acwellan, 3, *to kill.*
Acweðan, *to prohibit, to sentence to be deprived of.*
Ád, 1m, *a funeral pile.*
Adælan, de, *to divide.*
Ádl, 2 f., *disease.*
Adilegian, ode, *to blot out, destroy.*
Adón, *to take out, destroy, kill.*
Adréfan, de, *to expel.*
Adrencan, te, *to drown.*
Adreógan, 6, *to tolerate.*
Adrífan, 4, *to drive away, expel.*

Adrincan, 5, *to quench.*
Æ, f. (ind.), *law.*
Æbbian, ode, *to ebb.*
Æcer, 1 m., *a field, acre.*
Ǽdre, 4 f., *g. pl.* ǽdra, *a vein.*
Ǽfæst, *pious.*
Ǽfæstnys, ǽfestnes, 2 f., *religion.*
Ǽfen, æfyn, 1 m., *the evening.*
Ǽfen-leoð, 1 n., *an evening song.*
Ǽfentíd, 2 f., *evening.*
Ǽfer, æfre, *ever.*
Ǽflast, 1 m., *wandering.*
Ǽfter (adj.), *after, last* (prep., d.,ac) *after, behind, to, through,* (adv.) *after.*
Ǽfter-fylígan, de, *to follow.*
Ǽfter-genga, 4 m., *a successor.*
Ǽghwá, *every one.*
Ǽghwæs, *everything.*
Ǽghwæðer, *both;* ge . . ge *both . . and.*
Ǽghwanon, *on all sides.*
Ǽghwylc, *each one, every one.*
Ǽgnian, *to vex.*
Ǽgðer, *either* — ge . . ge. *either . . or; both . . and.*
Ǽht, 2 f., *property, riches, possessions.*
Ǽlan, de, *to set on fire.*
Ǽlc, *each, every, any, one.*
Ǽl-ceald, *all-cold.*
Ǽlcor, *otherwise.*
Ǽlfremed, *foreign, strange.*
Ǽlmes-georn, *benevolent.*
Ǽlmesse, 4 f., *alms.*
Ǽlmihtig, *almighty.*

Æmetta, 4 m., *leisure.*
Æn. *See* án, *one.*
Æne, *once.*
Ænga, *own* (?)
Ænig *any.*
Ænlíc, *singular, incomparable.*
Ænlipíg, *individual.*
Ænlipige, *individually.*
Ær, *before, exceedingly;* ǽrer, *formerly;* ǽrest, *first;* ǽrþam, (þan), *sooner than.*
Ær-dæg, 1 m., *morning.*
Æren, *brazen.*
Ærend, 2 f., *an errand.*
Ærendian, de, (od), *to go on an errand.*
Ærendraca, 4 m., *a messenger.*
Ærfæst, *pious.*
Ærist, 1 m., *resurrection.*
Ærnan. *See* yrnan, *to run.*
Ærnemerigen, 1 m., *early morning.*
Ærwacol, *early awake.*
Ær-þam, *before, sooner than.*
Ærþam þe (þæt), *before that.*
Æsc, 1 m., *a boat, spear* (things made of ash).
Æt, 1 m., *food.*
Æt (dat.), *at, by, near.*
Æt-bredan, 3, *to rescue, take away, set free.*
Ætécan, te, *to add to.*
Æteówian, de, *to show, appear.*
Ætforan, (dat.), *before.*
Ætgadere, ætgædere, *together.*
Ætgifa, 4 m., *a provider.*
Æthwega, *something.*
Ætlútian, ode, *to lie hid.*
Ætsomne, *together.*
Ættrian, ode, *to poison.*
Ætwítan, ode, *to blame.*
Ætýwian, ode, *to show, appear.*
Æðandún, 2 f., *Heddington.*
Æðel, 1 m., *a country.*
Æðel(e), *noble.*
Æðel-boren, *nobly-born.*
Æðel-borennys, 2 f., *noble birth.*
Æðeling, 1 m., *a prince, noble.*
Æðelcundnes, 2 f., *nobility.*
Æðelinga ig, 2 f., *the Island of Athelney.*
Æðellíc, *noble.*

Æðellíce, *nobly.*
Æðelo, *nobility.*
Afæran, de, *to affright.*
Afæstnian, ode, *to fasten.*
Afandian, ode, *to try, experience.*
Afaran, 2, *to depart.*
Afédan, de, *to feed.*
Affyrran, ede, *to remove, deprive.*
Aflígan, de, *to put to flight.*
Afyllan, de, *to fill; to fell, destroy.*
Afyrht, *affrighted.*
Agǽlan, de, *to hinder.*
Ágan, *p.* áht, *pp.* agen (53), *to own, to keep possession of.*
Agán. *See* gán, *to go away.*
Agen, (acc.), *against.*
Ágen, *own.*
Ágend, 1 m., *an owner, Lord.*
Ageótan, 6, *to pour out.*
Agifan. *See* gifan, *to restore, give up.*
Agitan. *See* gitan, 3, *to know.*
Agitan, *p.,* geát, *to destroy.*
Agyldan. *See* gyldan, *to pay.*
Agyltan, te, *to become guilty.*
Ahebban, *p.* hefde (hóf, *pp.* hafen), *to elevate, lift up, exalt.*
Ahleápan, 1, *to leap.*
Aholian, ode, *to pluck out.*
Ahón. *See* hón, *to hang.*
Ahreddan, de, *to rescue, retake, deliver.*
Aht, awiht, *aught, anything.*
Ahýdan, de, *to hide.*
Aídlian, ode, *to make void, profane.*
Alǽdan, de, *to lead out, carry away.*
Ald. *See* cald, *old.*
Aldor, 1 m., *a prince, lord.*
Aldre, to—*forever.*
Alecgan, de, *pp.* aled, *to lay down, pervert.*
Aleóðian, ode, *to take out, dismember.*
Alesan, 3, *to choose.*
All-walda, 4 m., *the All-powerful.*
Alre, *Aller.*
Altar, 1 m., *an altar.*
Alýfan, de, *to allow.*
Alýsan, ede, *to free, redeem, deliver.*

Amber, 1 m. (a measure), *four bushels.*

Ambryne wind, *a favorable wind.*

Amyrran, amerran, de, *to debase, impede.*

Án (28), *one, an.*

Ána, *alone.*

Anbídan, 4, *to await.*

Ancer-setl, 1 n., *a hermitage.*

Anda, 4 m., *malice.*

Andæge, *one day's.*

Andefn, *worth, an equality.*

Andetnys, 2 f., *confession.*

Andettan, te, *to confess.*

Andgit, 1 n., *the understanding.*

Andgitfullíce, *intelligibly.*

Andlang (gen.), *along, during.*

Andsaca, 4 m., *an apostate, denier.*

Andswarian, ode, *to answer.*

Andswaru, 2 f., *an answer.*

Andweald, 1 m., *power.*

Andweard, andwerd, *present.*

Andweardnes, 2 f., *presence.*

Andweorc, 1 n., *material.*

Andwlíta, 4 m., *the face, countenance.*

Andwyrdan, de, *to answer.*

Ánfeald, *single.*

Angin, 1 n., *a beginning.*

Angle-cyn, 1 n., *the English.*

Angsum, *narrow, difficult.*

Ánhýdig, *stout-minded.*

Ánlepnes, 2 f., *solitude.*

Ánlicnes, 2 f., *likeness, stature.*

Ánlipig, *single, solitary.*

Anmód, *unanimous.*

Ánmódlíce, *unanimously.*

Anpað, 1 m., *a pass, narrow path.*

Ánrǽdnys, 2 f., *constancy.*

Ánstandan, 2, *to be alone.*

Anstreces, *continually.*

Ansund, *whole.*

Ansundnys, 2 f., *soundness.*

Ansýn, 2 f., *the countenance, face.*

Antimber, 1 n., *substance, matter.*

Anweald, anwald, 1 m., *power, dominion.*

Anþræc, *horrible.*

Apostol, 1 m., *an apostle.*

Apostolíc, *apostolic.*

Ápuldre, *Appledore.*

Ár, g., d., a., áre, pl., n., a., ára, g., árna, ára, d., arum, 2 f., *glory, mercy, use, wealth.*

Ár, 2 f., *an oar.*

Arǽda, 4 m., *a patriot.*

Arǽdan, de, *to choose, select.*

Arǽran, aréran, de, *to raise, exact.*

Arce-biscop, 1 m., *an archbishop.*

Are, 4 f., *honor.*

Areafian, ode, *to drive away.*

Arecan. *See* recan, hte, *to reckon, tell.*

Árfæst, *merciful pious.*

Árfæstnes, 2 f., *piety.*

Árian, ede (ode), *to honor, spare, forgive.*

Arísan, 4, *to arise, rouse.*

Árleás, *impious.*

Árwurðe, *venerable.*

Árwurðian, ode, *to reverence.*

Asǽlan, de, *to impede.*

Ascian, ode, *to ask, learn.*

Ascúfan, 6, *to shove off.*

Asecgan, sǽde, *to say.*

Asendan, de, *to send.*

Asettan, te, *to place, set.*

Asingan, 5, *to sing.*

Asittan, 3, *to be fixed, aground.*

Aspendan, de, *to spend.*

Aspringan, 5, *to spring up, rise.*

Astandan, 2, *to start up.*

Astígan, 4, *to ascend.*

Astreccan, hte, *to prostrate, stretch.*

Astyrian, de, *to stir.*

Aswamian, ode, *to go out.*

Aswícan. *See* swícan.

Ateallan, de, *to reckon, tell.*

Átelíc, *foul, hateful.*

Ateón, 6, *to draw out, rise.*

Atol, *dire.*

Áttor, 1 n., *poison.*

Auht, aht, *anything.*

Aweccan, hte, *to awake, create.*

Awédan, de, *to rage.*

Aweg, *away.*

Awegan, de, *to weigh.*

Awendan, de *to turn, translate.*

Aweorpan, 6, *to cast away.*
Aweorðan (59, n. 2), *to spoil, vanish.*
Awer, *anywhere.*
Awérian. *See* werian, *to defend.*
Awéstan, te, *to destroy.*
Awéste, *deserted, waste.*
Áwiht, *anything, at all.*
Aworden, *cursed.*
Awreccan, hte, *to awake.*
Awrítan, 4, *to write.*
Awyrigan, de, *to curse.*
Axian, ode, *to ask, learn.*
Áð, 1 m., *an oath.*
Aðelborennys, 2 f., *noble birth.*
Aþeostrian, aþystrian, ode, *to darken.*
Aþistrod, *obscured.*
Aþor, aþor, oððe, *either.*

B.

Bæc, 1 n., *a back.*
Bæc-bord, 1 n., *larboard.*
Bǽl, 1 n., *a burning fire.*
Bælc, 1 m., *a covering* (cloud).
Bǽl-egesa, 4 m., *fire-terror.*
Bǽr, 2 f., *a bier.*
Bærnan, de, *to burn.*
Bæð, 1 n., *a bath.*
Bæð-weg, 1 m., *the sea.*
Baius, *Bayeaux.*
Bám, dat. of begen.
Bán, 1 n., *a bone.*
Bár, 1 m., *a boar.*
Basnian, ode, *to await.*
Be, bi, big (dat.), *by, near to, at, in, concerning.*
Beacen, 1 n., *a beacon.*
Beáh (12, 6), *a ring, bracelet.*
Bealcian, te, *to emit, utter.*
Beald, *bold, mighty.*
Bealdlíce, *boldly.*
Bealo, *g.,* bealwes, 1 m. (n.), *bale, mischief.*
Bealo-spell, 1 n., *a deadly tale.*
Bealu, *dire.*
Beám, 1 m., *a beam, tree.*
Beám-fleót, 1 m., *Bamfleet.*
Beám-sceado, 2 f., *tree-shade.*
Bearn, 1 n., *a child.*

Bearo(u), 1 m., *a grove.*
Beátan, 1 *to beat.*
Bebeódan, 6, *to command, entrust.*
Bebod, 1 n., *a command.*
Bebrecan, 3, *to break.*
Bebycgan (ean) bohte, *to sell.*
Beceápian, ode, *to sell.*
Beceorian, ode, *to murmur.*
Becuman. *See* cuman, *to become, come, seize, arrive.*
Becweðan (48), *to bequeath.*
Bedǽlan, de, *to deprive of.*
Bed-clyfa, 4 m., *a bed-room.*
Bedrífan, 4, *to drive.*
Bedyrnan, de, *to conceal.*
Be-ebbian, ode, *to strand.*
Befæstan, te, *to commit, entrust, betroth.*
Befangan. *See* befón.
Befaran, *to surround.*
Befeallan, 1, *to fall, befal.*
Befón, *p.,* beféng, 1, *to seize, clothe.*
Beforan (dat. acc.), *before.*
Befrinan, 5, *to ask.*
Befyllan, de, *to hurl.*
Begán, eode, *to practise.*
Begen (28, n., 2), *both.*
Begeondan (acc.), *beyond.*
Begitan, 3 (65, n.), *to get, obtain.*
Begrornian, ode, *to bewail.*
Begýman, de, *to keep, observe, attend to.*
Begyrdan, de, *to begird.*
Begytan. *See* begitan.
Behát, 1 n., *a promise.*
Beháwian, ode, *to see.*
Behealdan, 1, *to behold, hold.*
Behélan, 3, *to hide.*
Beheonan (dat.), *on this side.*
Behindan (acc.), *behind.*
Behófian, ede (ode), *to need.*
Behorsian, ode. *See* gehorsian
Behreówsian, ode, *to repent.*
Behreówsung, 2 f., *repentance*
Behwyrfan, de, *to turn.*
Behýdan, de, *to hide.*
Belicgan, 3, *to encompass.*
Belimpan, 5, *to belong, happen*
Belocan, 6, *to lock.*
Béme, 4 f., *a trumpet.*

Ben, 2 f., *a wound.*
Bén, 2 f., *a prayer.*
Bend, 1 m. (2 f.), *a bond, prison.*
Beniman. *See* niman, *to deprive of.*
Beódan, 6, *to bid, offer; to command, announce, await.*
Beón (59), *to be.*
Beorgan, 6, *to protect.*
Beorh, 1 m, *a hill, rampart.*
Beorh-hleoð, 1 n, *a mountaintop.*
Beorht, *bright, excellent.*
Beorhtnys, 2 f., *brightness.*
Beót, 1 n., *a threat, promise.*
Beót-háta, 4 m., *a commander.*
Bepæcan, hte, *to entice, seduce.*
Bera, 4 m., *a bear.*
Beran, 3, *pp.,* boren, *to bear, lead, carry, come upon.*
Bereáfian, ode, *to rob.*
Beren, *belonging to a bear.*
Bereówsung, 2 f., *repentance.*
Bern, 1 n., *a barn.*
Berówan, 1, *to row.*
Berstan, 6, *to burst.*
Berypan, te, *to spoil, rob.*
Besceáwian, ode, *to consider, observe.*
Bescúfan, 6, *to thrust.*
Bescýrian, ede, *to deprive.*
Beseón, *to look.*
Besittan, 3, *to beset.*
Besmítan, 4, *to defile.*
Besmittennys, 2 f., *defilement.*
Bestandan, 2, *to surround, stand by.*
Bestélan, 3, *to steal away.*
Bestéman, de, *to besteam, dew.*
Beswápen, 1, *to persuade, cleanse.*
Beswícan, 4 (beswícan, ode), *to deceive, escape.*
Betæcan, hte, *to give up, betake.*
Bet, betera, *better,* betst, *best.*
Bétan, te, *to restore.*
Betwih, betwyx, betuh (dat. acc.), *between, among.*
Betýnan, de, *to close, end.*
Bewarenian, ode, *to beware.*
Beweorpan, 6, *to throw.*
Bewépan, 1, *to bewail.*
Bewícian, ode, *to encamp.*

Bewissian, te, *to govern.*
Bewríhan, 3 (ea, æ) *pp.* wrigen, *to cover.*
Beyrnan. *See* yrnan, *to go to meet.*
Beþearf (54, 2), *to need.*
Beþeccan. *See* þeccan, *to cover.*
Bídan, 4, *to bide, await.*
Biddan, 3 (*pp.* beden), *to ask, pray* (refl.)
Bígan, beógan, 6 (de), *to bow, submit.*
Bigang, bigeng, biggeng, 1 m., *practise, worship.*
Bigleófa, 4 m., *provision.*
Bigstandan, 2, *to stand by, support.*
Bil, bill, 1 n., *a weapon, sword.*
Bilewit, *innocent.*
Bilewitnys, 2 f., *innocence.*
Bindan, 5, *to bind.*
Binnan (dat.), *within.*
Birhtnes, beorhtnes, 2 f., *brightness.*
Birhtu, beorhtu, 2 f., *brightness.*
Biscop, 1 m., *a bishop.*
Biscopríce, *a bishoprick.*
Biscop-stól, 1 m., *cathedral.*
Bisegu, bisgu, 2 f., *business.*
Bisgian, ode, *to occupy.*
Biter, bitter, *bitter.*
Bitere, *bitterly.*
Blac, *black.*
Blác, *pale, bright.*
Blæd, 1 m., *happiness, success.*
Blæd, 2 f., *a branch.*
Blæst, 1 m., *a blast.*
Blát, *livid;* bláte, *lividly.*
Bláwan, 1, *to blow.*
Bléd, 2 f., *blossom, fruit.*
Blendian, ode, *to blind.*
Bleó, *g.* bleowes, 1 n., *a color.*
Bletsian, ode, *to consecrate, bless.*
Blind, *blind, hidden.*
Blis, blys, 2 f., *bliss, pleasure.*
Blissian, ode, *to rejoice, bless.*
Blíðe, *cheerful, kind, gentle.*
Blíðe-mód, *well-disposed.*
Blód, 1 n., *blood.*
Blód-egesa, 4 m., *bloody-terror.*
Blosma, blostma, 4 m., *a blossom*
Blówian, ode, *to bloom.*

12

Bóc (15), 2 f., *a book, writing.*
Bócere, 1 m., *a writer.*
Bóc-leden, 1 n., *Latin,* (book-speech).
Bóc-líc, *literary.*
Bodian, ede (ode), *to preach, tell.*
Bodung, 2 f., *preaching.*
Bóg, 1 m., *a limb, leg.*
Bolster, 1 n., *a bolster.*
Bord, 1 n., *a board, shield.*
Bord-hreoða, 4 m., *a shield.*
Borgian, ode, *to borrow, pledge.*
Bósm, bósum, 1 m., *bosom.*
Botm, 1 m., *a bottom.*
Brád, *broad.*
Brǽdan, *p.* brǽde, brudon, *to spread.*
Brǽding, 2 f., *spreading.*
Brand, 1 m., *heat.*
Brastlian, ode, *to crackle.*
Brecan, 3, *to break.*
Brego, m., *lord.*
Bremel (bel), 1 m., *a briar.*
Breóst, 2 f., *the breast.*
Breóst-gehygd, 1 m.. *breast-thought.*
Breóst-net, 1 n., *a coat of mail, armor.*
Breówan, 6, *to brew.*
Brice, 1 m., *a fragment.*
Brídel, 1 m., *a bridle.*
Brim, 1 n., *the sea.*
Brim-cald, *sea-cold.*
Bringan (5), brengan, brohte, *to bring.*
Bróga, 4 m., *terror, fear.*
Brosnian, ode, *to decay.*
Bróðor (19), *a brother.*
Bróðor-gyld, 1 n., *revenge for a brother.*
Brúcan, 6, *to enjoy.*
Brún, *brown, dark.*
Brýd, 2 f., *a bride.*
Bryhtm, breahtm, 1 m., *a twinkling.*
Brytta, 4 m., *a dispenser, author.*
Búan, búgian, de (51), *to dwell, cultivate.*
Bufan (dat.), *above, from above,* (adv.), *above, beyond.*
Búgan, beógan, 6, *to bow, bend, recede.*

Búgigend, 1 m., *an inhabitant*
Bunne, 4 f., *Boulogne.*
Burgendaland, *Bornholm.*
Burg-sittend, 1 m., *a citizen.*
Burh, 2 f., *a town, city, castle.*
Burhware, 1 m., *citizens.*
Burne, 4 f., *a brook.*
Bútan, búton (dat.), *except, without.*
Buttingtún, *Buttington.*
Bútu, *both.*
Bycgan, *p.* bohte, *to buy.*
Bydel, 1 m., *a preacher.*
Byme, 4 f., *a trumpet.*
Býn, bún, gebun. *See* búan, *cultivated.*
Byrdest, *highest-born, noblest, richest.*
Byrgan (ian), ede, *to bury.*
Byrgen, 2 f., *a sepulchre.*
Byrig, dative of burh.
Byrigean, de, *to bury.*
Byrnan, 5, *to burn.*
Byrðen, 2 f., *a burden, load.*
Bysen, 2 f., *an example.*

C.

Cald, ceald, *cold.*
Candel-stæf, 1 m., *a candlestick.*
Carfull, *mindful.*
Carian, cearian, ode, *to care.*
Carleás, *careless.*
Casere, 1 m., *emperor* (Cæsar).
Castel, 1 n. (acc. pl., castcles), *a castle.*
Ceald, *cold.*
Ceáp, 1 m., *a bargain, chattel, cattle.*
Ceaster, cester, 2 f., *city, fort,* (castra).
Ceaster-gewaran, *citizens.*
Céne, *keen, bold.*
Cennan, de, *to bring forth.*
Cent, *Kent.*
Ceorfan, 6, *to cut, carve.*
Ceorl, 1 m., *a churl, husband-man.*
Ceorlisc, *churlish.*
Ceósan, 6, *pp.* córen, *to choose.*
Cépa, 4 m., *a merchant.*

Cépan, te, *to attempt.*

Cerran, cirran, ede, *to turn, sub-due.*

Cígan (ean), cýgan, de, *to call, summon.*

Cíld, 1 n., *a child* (13, n. 4).

Cíld-hád, 1 m., *childhood.*

Cin-berg, 1 m., *a visor* (chin-defence).

Cine-helm, 1 m., *crown.*

Cirlisc, *churlish.*

Cisseceaster, *Chichester.*

Cist, cyst, 2 f., *a cohort, band.*

Ciŏ, 1 m., *a shoot, blade.*

Clǽn, *clean, pure.*

Clǽn-heorta, *clean-hearted.*

Clingan, 5, *to wither.*

Clom, 1 m., *a clasp, chain.*

Clúdig, *stony, rocky.*

Clyppan, te, *to embrace, make much of.*

Cnápa, 4 m., *a boy.*

Cnáwan, 1, *to know.*

Cneów-mæg, 1 m., *a relative.*

Cniht, 1 m., *a youth, a knight.*

Cnucian, ode, *to knock.*

Cnysian, ede, *to strike.*

Cofa, 4 m., *a cave, chamber, hold of a ship.*

Cól, 1 n., *a coal.*

Colne, *Colne.*

Corn, 1 n., *corn, a grain.*

Corŏor, 1 n., *a host.*

Costnung, 2 f., *temptation.*

Coŏ (u), 2 f., *disease, plague.*

Cræft, 1 m. (2 f.), *craft, strength.*

Cræftig, *strong, crafty.*

Cræftega, 4 m., *a workman.*

Cringan, 5, *to cringe, die.*

Crism-lýsing, 2 f., *laying aside the baptismal fillet.*

Crist, 1 m., *Christ.*

Cristen, 1 m., *a christian.*

Cristendóm, 1 m., *christian-ity.*

Cuc, cucu, *alive, living.*

Culfre, 4 f., *a dove.*

Cuman (58, n. 4), *to come, go.*

Cumbol, 1 n., *a standard.*

Cum-pæder, 1 m., *god-father.*

Cunnan (50), *to know.*

Cunnian, ode, *to prove, try.*

Cúŏ. See cunnan, *known, familiar.*

Cúŏlíc, *certain;* cúŏlíce, *certainly.*

Cwal (u), 2 f., *death.*

Cwat-brycg, 2 f., *Bridgenorth.*

Cwealm, 1 m., *destruction*

Cwéman, de, *to please.*

Cwén, 2 f., *a wife, queen.*

Cwéna land, *Cwenland.*

Cwertern, 1 n., *a prison.*

Cwic, *living.*

Cwic-lifigend, *living.*

Cwyde, cwiŏe, 1 m., *a speech, saying.*

Cwyld, 2 f., *destruction, slaughter.*

Cwyld-róf, *famed for slaughter.*

Cwyst, — used as a sign of interrogation.

Cyf, 2 f., *a vessel, hogshead.*

Cýle, *cold.*

Cýle, 1 m., *coldness, chill.*

Cyme, 1 m., *a coming.*

Cyn, 1 n., *kin.*

Cynelíc, *royal;* cynelíce, *royally.*

Cyneríce, 1 n., *a kingdom.*

Cyning, cyng, 1 m., *a king.*

Cýpe-cniht, 1 m., *a youth for sale.*

Cýpman, 1 m., *a merchant.*

Cýppanhám, 1 m., *Chippenham.*

Cýr, 1 m., *a time.*

Cýre, 1 m., *a choice.*

Cyrice, circe, 4 f., *a church.*

Cyrman, de, *to clamor, cry.*

Cýrr, 1 m., *a return.*

Cýrran, de, *to turn.*

Cyrtel, 1 m., *a garment, kirtle.*

Cýstig, *liberal.*

Cýŏ, 2 f., *knowledge, acquaintance.*

Cýŏ, cýŏŏu, 2 f., cýŏŏe, 4 f., *a home.*

Cýŏan, de, *to show, tell, make known.*

D.

Dǽd, 2 f., *a deed.*

Dǽd-bétan, te, *to repent.*

Dǽd-bot, 2 f., *repentance.*

Dǽd-leán, 1 n., *a requital.*

Dæg, 1 m., *a day.*
Dæghwamlíc, *daily.*
Dæg-rím, 1 m., *a course of days.*
Dægðerlíc, *present.*
Dæl, 1 m., *a part, portion.*
Dælan, de, *to divide, allot.*
Dælniman, 3, *to share.*
Dalu, 2 f., *a dale, dell.*
Deád, *dead.*
Deádlíc, *mortal.*
Dear (54), *to dare.*
Deawig-feðere, *dewy - feathered,* (with glistening feathers).
Deáð, 1 m., *death.*
Deáð-drepe, 1 m., *a fatal blow.*
Deáð-ræced, 1 n., *a death house.*
Defenascýre, 2 f., *Devonshire.*
Defene (pl.), 1 m., *Devon.*
Dégolnys, 2 f., *secresy.*
Delfan, 6, *to dig, delve.*
Déma, 4 m., *a judge.*
Déman, de, *to judge, deem, determine.*
Denamearc, *Denmark.*
Denisca, 4 m., *a Dane.*
Denu, 2 f., *a vale.*
Deófol, deófl, 1 m., *the devil.*
Deófolgild, 1 n., *idolatry.*
Deófollíc, deoflíc, *devilish.*
Deóp, *deep.*
Deór, 1 n., *a wild animal, deer.*
Deorc, *dark.*
Deór cyn, 1 n., *wild animals.*
Deóre, *dear, high in price.*
Deór-frið, 1 n., *a deer-park.*
Deór-mód, *brave.*
Deórwurð, *precious.*
Deórwurðnes, 2 f., *preciousness.*
Derian (igan), ede, *to injure.*
Diaconhád, 1 m., *diaconate.*
Dígel, 2 f., *a secret.*
Dígle, *secret,* on díglum, *secretly.*
Dim, *dark.*
Dogor-rím, 1 m., *a number of days.*
Dóhte. *See* dugan.
Dóhtor (19), *a daughter.*
Dol, 1 n., *folly.*

Dol, *foolish.*
Dollíc, *foolish;* dollíce, *foolishly*
Dóm, 1 m., *doom, judgment.*
Dómfæst, *just.*
Dón (51), *to do, cause.*
Dór. *See* duru, *a door.*
Dorceceaster, *Dorchester.*
Draca, 4 m., *a dragon.*
Dreám, 1 m., *joy.*
Dreámleás, *joyless.*
Drécan, hte, *to vex, oppress.*
Dréfan, de, *to disturb.*
Drenc, 1 m., *a drink.*
Drence-flód, *a drowning flood.*
Dreógan, 6, *to suffer.*
Dreóran, dreósan, 6, *to perish.*
Dreórig, *sad;* dreórige, *sadly.*
Dreórignys, 2 f., *sadness.*
Drif, 1 m., *a fever.*
Drífan, 4, *to drive.*
Dríg, drýg, drí, *dry.*
Driht, dryht, 2 f., *a people, an army.*
Drihten, 1 m., *the Lord.*
Drihtenlíc, *divine.*
Drihtguma, 4 m., *a noble.*
Driht-neas (pl.), 1 m., *the slain in battle.*
Drinc, 1 m., *a drink.*
Drincan, 5, *to drink.*
Drohtnian, ode, *to live.*
Drohtnung, 2 f., *conduct, life*
Dugan, *p.* dohte (54), *to avail, be good for.*
Duguð, 2 f., *prosperity, the nobility, people.*
Dún, 2 f., *a mountain.*
Dún-scræf, 1 n., *a mountain cave.*
Duru, 2 f., *a door, gate.*
Dust, 1 m., *dust.*
Dym-hóf, 1 n., *a hiding place.*
Dýre. *See* deór, *dear.*
Dýrling, deórling, 1 m., *a darling.*
Dyrstig, *bold.*
Dyrstignys, 2 f., *presumption.*
Dýrwurð, *precious.*
Dýsig, *foolish.*
Dýsignys, 2 f., *folly.*
Dýslíc, *foolish;* dýslice, *foolishly.*

E.

Eá (sing. indecl.), f., *a river.*

Eác, *also;* eác swá, swilce, *so also;* eác þan, *moreover.*

Eáca, 4 m., *an addition.*

Eád, 1 n., *a possession, good.*

Eád, Eádig, *blessed, important, happy, rich.*

Eádignys, *blessedness.*

Eádmód, *humble.*

Eádmódlíc, *humble,* -líce, *humbly.*

Eádmódnes, 2 f., *humility.*

Eafora, 4 m., *offspring.*

Eáge, 4 n., *the eye.*

Eaht. *See* æht.

Eahta, *eight;* eahtatig, *eighty;* eahtatyne, *eighteen.*

Eal, *all.*

Ealá, *lo!*

Ealað (oð), 2 f., *ale.*

Eald, *old;* to, on, caldre, *ever.*

Ealdor, 1 m., *an elder, ruler, prince.*

Ealdor-biscop, 1 m., *chief bishop.*

Ealdor-botl, 1 n., *a royal village.*

Ealdorman, 1 m., *an alderman.*

Eallnig, *always.*

Eallunga (e), *altogether, wholly.*

Ealo (u), *g.* ealewes, 1 n, *ale, beer.*

Ealswá, *so, also, even as.*

Earc, 2 f., earc-bord, 1 n., *an ark.*

Eard, 1 m., *a country, land.*

Eardian, ode, *to dwell.*

Earfoð, 2 f., *difficulty, grief, suffering.*

Earfoð, *difficult.*

Earfoðnys, 2 f., *trouble.*

Earfoð-rime, *difficult to number.*

Earfoð-sið, 1 m., *a difficult journey.*

Eargeblond, 1 n., *the sea* (water-blending).

Earm, *miserable.*

Earming, 1 m., *a wretch.*

Earmlíc, *miserable,* -líce, *miserably.*

Earnian, ode, *to earn, receive.*

East, *east;* castan, *easterly;* be-eastan, *to the east of.*

East-dǽl, 1 m., *the east part.*

East-ende, 1 m., *the east end.*

East-engle (pl.), 1 m., *the East Angles.*

Easter, 2 f., Eastre, 4 f., *Easter*

Easter-dæg, 1 m., *Easter-day.*

East-healf, 2 f., *the east side.*

East-lang, *towards the east.*

East ríce, 1 n., *the east kingdom.*

East-rihte, *towards the east.*

Eastweard, *eastward.*

Eáwfæst, *pious, orthodox.*

Eáðe, *cp.* éð, *easily.*

Eáðelíc, *easy.*

Eáðmódnes, 2 f., *humility.*

Ebbian, ode, *to ebb.*

Éce, *eternal, everlasting,* (adv.) *always.*

Écelíc, *eternal;* líce, *eternally.*

Écnys, 2 f., *eternity.*

Edlean, 1 n., *a reward.*

Edniwe (neowe), *renewed.*

Edniwian, ode, *to renew.*

Edwenden, 2 f., *an end, renewal.*

Efen-lǽcan, hte, *to imitate.*

Efenlíc, *even;* -líce, *evenly.*

Efennehð, 2 f., *neighborhood, vicinity.*

Efes, 2 f., *a border.*

Efne, *lo! behold! even.*

Efn-gedǽlan, de, *to divide evenly.*

Efstan, te, *to hasten.*

Eft, *again, back, after.*

Ége, 1 m., *terror, awe.*

Egesa, egsa, 4 m., *horror, alarm.*

Egesfull, *terrible.*

Egeslíc, *terrible;* -líce, *terribly.*

Eglan (ian) ode, *to ail, suffer,* (impers.) *to inflict pain.*

Égor, 1 m., *the sea.*

Égor-here, 1 m., *the sea host.*

Ég-streám, 1 m., *the sea.*

Ehtere, 1 m., *a persecutor.*

Ehtian, te, *to persecute.*

Ehtnys, 2 f., *persecution.*

Eld, yldo, 2 f., *age, an elder, a man.*

Ele, 1 m., *oil.*

Ele-beám, 1 m., *the olive tree.*

Ellen, 1 n., *courage.*
Ellend, *foreign.*
Ellenwódnes, 2 f., *zeal.*
Elles, *else.*
Eln, 2 f., *an ell.*
Eln-gemet, 1 m., *a cubit,* (ell-measure).
Elþeódignes, 2 f., *residence abroad.*
Elþeódung, 2 f., *residence abroad.*
Embe. *See* ymbe, *about.*
Emne, *even.*
Emniht, 2 f., *equinox.*
Emnlang, *equally long.*
Ende, 1 m., *part, end.*
Endebyrdan, de, *to ordain, arrange.*
Endebyrdnes, 2 f., *order.*
Endian (igan) ode, *to end.*
Endlifa, *eleven;* endlyfta, *the eleventh.*
Enge, *narrow.*
Engel, 1 m., *an angel.*
Englisc, *English.*
Engu, 2 f., *a narrow place.*
Eodorcan, te, *to ruminate.*
Eóred. *See* werod.
Eorl, 1 m., *a man, an earl.*
Eorldóm, 1 m., *an earldom.*
Eorl-gebyrd, 2 f., *the nobility.*
Eormð. *See* yrmð.
Eornost (est), *earnest.*
Eornoste, eornostlíce, *earnestly, truly.*
Eorp, *dark, swarthy.*
Eorð-bugigend, 1 m., *an earth-dweller.*
Eorðe, 4 f., *the earth, ground.*
Eorðlíc, *earthly.*
Eówer, *your.*
Ercebiscop, 1 m., *an archbishop.*
Ercehád, *the archepiscopal office.*
Erian, ede, *to plow, till.*
Ermð. *See* yrmð.
Est, 1 m., *liberality, favor, devotion.*
Esta, 4 m., *an Esthonian.*
Estfull, *devout.*
Estfullíc, *devout;* -líce, *devoutly.*
Est-mere, *the Frische Haff.*
Etan, 3, *to eat.*

Ettan. *See* etan, *to pasture.*
Exanceastre, *Exeter.*
Eð, *more easily.*
Eðel, 1 m., *a country.*
Eðel-land, 1 n., *a native land.*
Eðel-leás, *countryless.*
Eðel-riht, 1 n., *land-right* (*p.* 155, *l.* 130, *the Promised Land*).

F.

Fácn, 1 n., *deceit.*
Fácn, *deceitful.*
Fæc, 1 n., *a portion of time, a space.*
Fæder (19), *father.*
Fæge, *devoted to death, fated.*
Fægen, *glad.*
Fæger, fægr, *fair.*
Fægere, *fairly.*
Fægernys, 2 f., *fairness, beauty.*
Fægnian, ode, *to rejoice, exult.*
Fæhð, 2 f., *deadly wrath.*
Fæmne, 4 f., *a woman.*
Fær, 1 m., *a ship.*
Fær, 1 m., *terror.*
Fær, 1 m., (fær, fara, 2 f.), *a journey;* on fære, *on the way.*
Færan. *See* faran, *to go.*
Fær-bryne, 1 m., *a terrible-heat.*
Færeld, 1 m., *a journey.*
Færlíc, *sudden;* -líce, *suddenly.*
Fær-spell, 1 n., *terrible news.*
Fær-wundor, 1 n., *a stupendous miracle.*
Færð, 1 m, *the mind.*
Fæsel, 1 m., *offspring, seed.*
Fæst, *fast.*
Fæstan, te, *to fast.*
Fæsten, 1 n., *a fastness, firmament.*
Fæsten, 1 n., *a fast.*
Fæsthafel, *retentive.*
Fæst-hydig, *firm-minded.*
Fæstlíc, *firm;* -líce, *firmly.*
Fæstræd, *inflexible.*
Fæt, 1 n. (13), *a vat, vessel, plate.*
Fætels, 1 m., *a vessel.*

Frðm, 1 m., *a fathom, an embrace, grasp.*

Fæðm-rím, *a fathom-measure.*

Fáh, *hostile.*

Fámgian, ode, *to foam.*

Fámig, *foamy.*

Fana, 4 m., *a standard.*

Fandian, ode, *to try, prove, tempt.*

Fandung, 2 f., *trial.*

Fangan (íón), 1, *to take, seize.*

Faran, 2, *to go.*

Feallan, 1, *to fall, run back.*

Fealo, se fealwa, *fallow, yellow.*

Fealwian, ode, *to grow yellow.*

Fearm, 1 m., *a ship-load.*

Fearnhám, *Farnham.*

Fcáw, feá (indecl.), *few.*

Feccan, *p.,* feahte, *to bring.*

Fédan, de, *to feed.*

Fela (indecl.), *many, much.*

Feld, 1 m., *a field, the open country.*

Feld-hús, 1 n., *a tent.*

Fell, 1 n., *a hide, skin.*

Fenn, 1 n., *a fen, marsh.*

Feogitsung, 2 f., *avarice, riches, property.*

Feoh, (dat. feó), 1 n., *cattle, beasts, money.*

Feohan, *p.,* feáh, *to rejoice.*

Feohgitsere, 1 m., *a miser.*

Fcoh-leás, *moneyless, poor.*

Feohtan, 6, *to fight.*

Feola. *See* fela, *many.*

Feónd, (pl. fýnd, 13 n., 7), 1 m., *an enemy, fiend.*

Feor, *cp.,* fyrre, *sp.,* fyrrest, *far.*

Feorh (*g.* feores), 1 n., *life, a living being.*

Feorh-hirde, 1 m., *a life-guard.*

Feorsian, fyrsian, ode, *to go on.*

Feorðling, 1 m., *a farthing.*

Feower, *four;* feowertig, *forty;* feowertyne, *fourteen.*

Féran, de, *to go;* forð, *to die.*

Férclam, 1 m., *a sudden onset.*

Ferhð, 1 m., *the life.*

Ferhð-loca, 4 m., *the body.*

Férian, ode (ede), *to bear, lead, conduct.*

Fers, 1 n., *a verse.*

Fersc, *fresh.*

Féða, 4 m., *a phalanx.*

Féðe, 1 m., *activity, power of motion.*

Féðe-gast, 1 m., *a visitor* (foot-guest).

Feðer, 2 f., *a feather.*

Fian, ode, *to hate.*

Fíc-æppel, 1 m., *a fig.*

Fíf, *five;* fífta, *the fifth;* fíftig, *fifty;* fíftyne, *fifteen.*

Findan, 5, *to invent, find, determine.*

Fíógan, ode. *See* fian, *to hate.*

Fioung, 2 f., *hatred.*

Fir, 1 m., *a man.*

Firen, 2 f., *a sin, crime.*

First, fyrst, 2 f. (1 m.), *time, an interval.*

Fisc, 1 m. (13 n., 5), *a fish.*

Fiscere, 1 m., *a fisher*

Fiscoð, 1 m., *fishing.*

Fiðer, 2 f., *a feather.*

Flá, *crafty, hostile.*

Flæsc, 1 n., *flesh.*

Flæsc-homa, 4 m., *the body.*

Flán, 2 f., *a dart.*

Flcám, 1 m., *flight.*

Fleón (fleógan), 6, *to fly, flee.*

Fleótan, 6, *to float.*

Fleswian, ode, *to mutter.*

Fliht, 2 f., *flight.*

Flítan, 4, *to contend.*

Floc, 1 m., *a company, division.*

Floc-rádum, *by companies.*

Flód, 1 n. (2 f.), *a flood, flood-tide.*

Flód-blác, *flood-pale.*

Flód-egsa, 4 m., *flood-terror.*

Flód-weard, 2 f., *a flood-bulwark.*

Flód-wylm, *a flood-wave.*

Flóta, 4 m., *a sailor.*

Flót-man, 1 m., *a sailor.*

Flówan, 1, *to flow.*

Flýma, 4 m., *a fugitive.*

Flýman, de, *to put to flight.*

Fnæst, 1 m., *a blast, rage.*

Folc, 1 n., *folk, people, multitude.*

Folc-ágende, *inhabited.*

Folc-gefeoht, 2 f., *general battle.*

Folc-gestealla, 4 m., *a companion*.

Folc-toga, 4 m., *a leader*.

Fold (a termination), *fold, times*.

Folde, 4 f., *the earth, ground*.

Folde-buend, 1 m., *earth-dwellers*.

Folgian, ode, *to follow*.

Folm, 2 f., *a hand*.

Fón (fangan), 1 (58, n., 2), ic fóh, þu féhst, he féhð; we fóð, *to take, seize*.

Fond, *for*, fand. *See* findan.

For (dat. acc.), *for, because, as regards*.

For þý, þe, *because;* for þam, *because;* for hwam, hwon, *why*.

Fóran, *before*.

Forbærnan, de, *to burn up*.

Forbeódan, 6, *to prohibit*.

Forbyrnan, 5, *to burn up*.

Forceorfan. *See* ceorfan, *to cut down*.

Forcúð, *wicked*.

Ford, 1 m., *a ford*.

Fordéman, de, *to condemn*.

Fordón, *to destroy*.

Fordrífan, 4, *to drive away*.

Fore, *before*.

Forecweðan, 3, *to foretell*.

Foregangan, *to precede*.

Foregenga, 4 m., *an ancestor, forerunner*.

Foregisel, 1 m., *a hostage*.

Foreméra, *illustrious*.

Foresceáwung, 2 f., *providence*.

Foresceótan, 6, *to anticipate*.

Fóresecgan, *to foretell;* foresæd, *aforesaid*.

Foresetnes, 2 f., *resolution*.

Foresprecena, *the aforesaid*.

Foresteppan, 2, *to precede*.

Foreweall, 1 m., *a bulwark, protecting wall*.

Foreweard, *well along*.

Forfaran, 2, *to close, prevent exit*.

Forfleón (fleógan), 6, *to flee from*.

Forgán, *to forego*.

Forgifan. *See* gifan, *to forgive, give*.

Forgifenes, 2 f., *forgiveness*.

Forgitan. *See* gitan, *to forget*.

Forgitol, *forgetful*.

Forgyman, de, *to neglect, despise*.

Forhabban, *to hinder*.

Forhæfednys, 2 f., *abstinence*.

Forhogian, ode, *to despise*.

Forhohnes, 2 f., *contempt*.

Forhradian, ode, *to prevent, overtake*.

Forht, *afraid*.

Forhtian, ode, *to fear*.

Forhtung, 2 f., *fear*.

Forhwæga, *at least, at last*.

Forhwi, forhwon, *why*.

Forlǽdan, de, *to seduce*.

Forlǽran, de, *to deceive*.

Forlǽtan, *to abandon, permit*.

Forlegenys, 2 f., *adultery*.

Forleóran, de, *to forsake*.

Forleósan, 6 (58, n., 7), *to abandon, lose*.

Forma (se), *early, former, first*.

Forniman, *to deform, destroy*.

For-oft, *very often*.

For-rídan, 4, *to outride, ride down*.

Forscepan (sceópan), *p.* scóp, sceóp, *to transform*.

Forscúfan, 6, *to cast down*.

Forscyldian (igan), ode, *to condemn*.

Forseón, *to despise*.

Forsewennys, 2 f., *contempt*.

Forsleán, *to kill*.

Forspanan, 2 (1), *to seduce*.

Forspendan, de, *to spend, use up*.

Forspillednes, 2 f., *destruction*.

Forst. *See* frost.

Forstandan, 2, *to benefit, impede*.

Forstélan. *See* stélan, *to steal*.

Forswapan, 1, *to sweep away*.

Forswerian, *to forswear*.

Forswíðe, *exceedingly, very much*.

Fortredan, 3, *to tread under foot*.

Forwel, *very many, much*.

Forweornian, ede, *to wear out, wither, grow old*.

Forweorðian. *See* weorðan, *to perish*.

Forwúndian, *to wound.*
Forwyrcan, *to obstruct, close.*
Forwyrd, 2 f., *destruction.*
Forwyrnan, de, *to deprive, refuse.*
Forð, *forth* (often requires a verb).
Forðam, *because.*
Forð-bæro, 2 f., *creation.*
Forð-bringan, *to bring forth.*
Forð-cuman, *to come forth.*
Forð-faran, 2, *to die.*
Forð-fór, 2 f., *departure, death.*
Forð-gang, 1 m., *forth-going.*
Forð-gangan, *to go forth.*
Forð-gewítan, 4, *to depart, die.*
Forð-here (herge), 1 m., *the van.*
For þi, *therefore.*
Forðlǽdan, de, *to bring forth.*
Forð-síð, 1 m., *death.*
Forð-weard, *forward, future.*
Forð-weg, 1 m., *departure, march.*
Fót, 1 m., (12, 5), *a foot.*
Fót-scamel (ol, ul), 1 m., *a foot stool.*
Fót-swaðu, 2 f., *a footstep.*
Fóð. *See* fangan.
Frætwe (uwe), pl., 2 f., *ornaments, decorations.*
Frætwian, ode, *to adorn.*
Fram (dat., gen., acc.), *by, from.*
Francan, pl., 4 m., *the Franks.*
Fráncland, *France.*
Freá, 4 m., *the Lord.*
Frec, *wicked, vile, bold.*
Freca, 4 m., *a bold man.*
Frecednys, 2 f., *calamity.*
Frecen, 2 f., *peril* (g. frecne).
Frecene, *dangerous, dire.*
Frefrian, de, *to comfort.*
Fregnan, 5, *p.*, frægn, *to ask, learn.*
Freme, 4 f. (fremu, 2 f.), *advantage, gain.*
Fremed, *strange, foreign.*
Fremian, ede, *to profit.*
Fremman, *to do.*
Fremsumnes, 2 f., *kindness.*
Freó (h), *free.*
Freólíc, *free, noble;* freólíce, *freely.*

Freónd, pl., frýnd, 1 m., *a friend.*
Freósan (58, n., 7), *to freeze.*
Freóðo, 2 f., *protection.*
Freóðo-wær, 2 f, *a safeguard.*
Fretan, 3, *to devour, eat up.*
Fríg, *free.*
Frignan, *p.*, fræg, frungon; *pp.*, frungen, *to ask, to learn by asking.*
Frignes, 2 f., *questioning.*
Frisa, 4 m., *a Frisian.*
Frið, 1 m., friðu, 2 f., friðe, 1 n., *peace.*
Fród, *wise, old.*
Frófer (or), 2 f., *comfort.*
From (dat.), *from.*
From-gewítan, 4, *to depart.*
Frost, 1 m., *frost.*
Frum, *first.*
Fruma, 4 n., *author, beginning.*
Frum-gára, 4 m., *a patriarch.*
Frumsceaft, 2 f., *creation.*
Frymð, 1 m., *a beginning.*
Fugel (ol), 1 m., *a fowl.*
Fugel-cyn, 1 n., *fowls.*
Fugelere, 1 m., *a fowler.*
Ful, full, *full.*
Fulfremed, *perfect.*
Fulfremedlíce, *perfectly.*
Fulfremian, ode, *to perfect, fulfil.*
Fulgán. *See* gán, *to gratify.*
Fúlian, ode, *to foul, decay.*
Fullanhám, 1 m., *Fulhm.*
Fullian, ode, *to baptize.*
Fullíce, *fully.*
Fulneáh, *almost.*
Fultum, 1 m., *aid, help, an army.*
Fultumian, ode, *to aid.*
Fulwiht, fulluht, 1 m., *baptism.*
Furlang, 1 m., *a furlong.*
Furðan (on, um), *also, even, already.*
Fús, *swift, eager.*
Fyligan, de, *to follow.*
Fyll, 1 m., *a fall, death.*
Fyllan, de, *to fill, satisfy.*
Fylst, 2 f., *aid.*
Fýnd. *See* feónd.
Fýr, 1 n., *fire.*

Fyrd, 2 f., *the militia, an army, a march.*
Fyrd-getrum, 1 n., *a band of soldiers.*
Fyrdian, ede, *to march, war.*
Fyrdleás, *without an army.*
Fýren, *fiery.*
Fyrenlust, 1 m., *sinful desire.*
Fyrhto, 2 f., *dread.*
Fyrlen, *distant.*
Fyrmest, *foremost.*
Fyrn, *ancient, old.*
Fyrnum, *horribly.*
Fyrst, 2 f. (1 m.), *a space, an interval.*

G.

Gaderian, ode, *to gather.*
Gæst (12, 2), gast, 1 m., *a guest.*
Gafol, 1 n., *tax, tribute.*
Gál, 1 n., *folly, wantonness.*
Gamenian, ode, *to joke, sport.*
Gamol, *old, aged.*
Gán (gangan), (51), *to go.*
Gár, 1 m., *storm, a weapon.*
Gár-beám, 1 m., *a spear.*
Gár-berend, 1 m., *a soldier.*
Gársecg, 1 m., *the ocean.*
Gást, 1 m., *breath, spirit, ghost.*
Gástlíc, *ghostly, spiritual.*
Ge, *and;* ge . . ge, *both* . . *and.*
Geacsian, ode, *to learn by asking.*
Geærnian. *See* earnian.
Geágan. *See* ágan.
Geapscipe, 1 m., *shrewdness.*
Geár, 1 m., *a year.*
Gearcian, ode, *to make ready.*
Geáre, *long ago.*
Geárian (igian), ode, *to pardon.*
Gearo, *ready, prepared.*
Gearwian, ede (ode), *to prepare, furnish, make ready.*
Geárwurðian, ode, *to reverence.*
Geát, 1 n., *a gate, door.*
Gebǽdan, de, *to drive.*
Gebannan, 1, *to convoke, call out.*
Gebéd, 1 n., *prayer.*
Gebelgan, 6, *to be angry.*
Gebeódan, 6, *to command.*

Gebeorscipe, 1 m., *company.*
Gebétan, te, *to atone for, make good.*
Gebídan, 4, *to await.*
Gebiddan, *to pray.*
Gebígan, de, *to subject, bow.*
Gebisnung, 2 f., *example.*
Geblanden, *infected.*
Gebletsian, ode, *to bless.*
Gebod, 1 n., *a command.*
Gebrecan, *to break.*
Gebregan, de, *to frighten.*
Gebregd, 1 n., *a violent motion.*
Gebringan. *See* bringan.
Gebroðra (19), *brethren.*
Gebúgan, 6, *to swerve from, to yield to.*
Gebyrd, 2 f., *birth, family,* on gebyrd faran, *to die.*
Gebýrian, ede, *to be fitting.*
Gebyrtíd, 2 f., *birth-time, birth-day.*
Gebysgian, ode, *to disturb, vex.*
Gebytle, 1 n., *a building.*
Gecamp, 1 m., *warfare.*
Gecégan, de, *to call.*
Geceósan, 6, *to choose.*
Gecerran (cirran), de, *to turn, return.*
Gecneordlǽcan, hte, *to study.*
Gecneordlíc, *diligent;* -líce, *diligently.*
Gecnyrdnys, 2 f., *diligence, fervor, study.*
Gecope, *fit.*
Gecoplíc, *fit;* -líce, *fitly.*
Gecostan, ode, *to try, prove.*
Gecristnad, *christened.*
Gecwéman, de, *to please.*
Gecwéme, *pleasant, pleasing.*
Gecýgan, de, *to call.*
Gecynd (cind), 1 n. (2 f.), *nature.*
Gecynde, *natural, by natural right.*
Gecyndelíc, *natural.*
Gecyrran, de, *to turn.*
Gecyrrednys, 2 f., *conversion.*
Gecýðan, de, *to manifest.*
Ged. *See* gyd, *a song.*
Gedafenian, ode, *to behave, fit.*
Gedál, 1 m., *separation;* to-gedal, *exempt.*

Gedǽlan, de, *to share, divide.*

Gedafenlíc, *suitable.*

Gedéfe, *mild.*

Gedeorf, 1 n., *labor, toil.*

Gedihtan, te, *to compose, ordain.*

Gedón. *See* dón, *to reach, effect, make, cause, treat.*

Gedréfan, de, *to trouble.*

Gedréfednys, 2 f., *trouble.*

Gedrencan, te, *to drown.*

Gedreósan, *to fail.*

Gedriht, 2 f., *a host.*

Gedrinc, 1 n., *a banquet.*

Gedrým, *joyful.*

Gedwolman, 1 m., *an heretic.*

Ge-eácnian, ode, *to increase.*

Ge-earnian, ode, *to earn.*

Ge-earnung, 2 f., *merit.*

Ge-edstaðelian, ode, *to restore.*

Ge-efenlǽcan, hte, *to imitate.*

Ge-emnetan, te, *to make equal.*

Ge-endung, 2 f., *death, ending.*

Ge-fǽdera, 4 m., *a cousin.*

Gefægen, *glad, joyful.*

Gefæstnian, ode, *to fasten, confirm.*

Gefaran, 2, *to die.*

Gefeallan, 1, *to fall upon.*

Gefégan (ian), de, *to join, make.*

Gefeóhan, *to rejoice.*

Gefeoht, 1 n., *war.*

Gefeónde, *joyful.*

Gefera, 4 m., *a companion.*

Gefere, *easy of access.*

Gefeterian, ode, *to bind.*

Gefetian, te (ed), *to take possession.*

Gefexod, *haired.*

Gefiðerian (feðerian), ode, *to feather.*

Gefón, *to take.*

Gefrǽge, *known.*

Gefrætewian, ode, *to adorn.*

Gefremian, ode, *to commit.*

Gefremman, de, *to perform, accomplish.*

Gefrige, 1 n. (dat. pl., freogum), *investigation.*

Gefrignan, 5, *p.,* fræg, *to learn by inquiry.*

Gefyllan, de, *to accomplish, make good, ulfil.*

Gefylsta, 4 m., *an assistant.*

Gefyrn, *long ago.*

Gefysan, de, *to hasten.*

Gegaderung, 2 f., *a meeting.*

Gegán (gangan) (51), *to subdue.*

Gegrípan, 4, *to seize.*

Gegyrela, 4 m., *a garment.*

Gehádian, ode, *to ordain.*

Gehæftan (*pp.* ed), *to confine, hold captive.*

Gehǽlan, de, *to heal.*

Gehálgian, ode, *to dedicate.*

Gehát, 1 n., *a promise.*

Gehátan. *See* hátan, *to call, promise, be called.*

Gehát-land, 1 n., *promised-land.*

Geháwian, ode, *to observe.*

Gehealdan, 1, *to hold, keep.*

Gehendan, *to seize.*

Gehéran. *See* gehýran.

Gehérnes, 2 f., *a hearing.*

Gehnípan, 4, *to rise darkly, to becloud.*

Gehroden, *adorned.*

Gehwá, hwæt, *g.,* hwæs, *every one.*

Gehwǽde, *little, small.*

Gehwǽr, *everywhere.*

Gehwilc, *every one.*

Gehwílum, *sometimes.*

Gehwyrfan, de, *to turn.*

Gehýran, de, *to hear, obey.*

Gehýrsum, *obedient.*

Gehýrsumian, ode, *to obey.*

Gehýrsumnys, 2 f., *obedience.*

Geinnian, ode, *to supply.*

Gelád, 1 n., *a way.*

Gelæccan, hte, *to take, seize.*

Gelǽdan. *See* lǽdan, *to lead.*

Gelǽran, de, *to learn.*

Gelǽstan, te, *to hold to, observe, effect.*

Geláð, *hostile.*

Gelaðian, ode, *to invite.*

Gelaðung, 2 f., *congregation, church.*

Geleáfa, 4 m., *faith, belief.*

Geleaffull, *believing, faithful.*

Geleánian, ode, *to repay.*

Gelend. *See* lendian.

Gelendian, de, *to endow.*

Geleógan, 6, *to deceive.*

Geleornian, ode, *to learn.*
Gelíc, *like to;* se gelíca, *an equal.*
Gelician, ode, *to please.*
Gelíffæstan, te, *to make alive.*
Gelihtan, te, *to alight.*
Gelimpan, 5, *to happen.*
Gelimplíc, *fit, suitable.*
Gelóme, *frequent.*
Gelómlíc, *frequent;* -líce, *frequently.*
Gelustfullian, ode, *to delight.*
Gelyfan, de, *to believe.*
Gelyfed, *of mature years; of great faith.*
Gemaca, 4 m., *a mate.*
Gemǽne, *common, together.*
Gemǽran, de, *to honor.*
Gemǽre, 1 n., *a limit, boundary.*
Gemaglíc, gemahlíc, *persevering.*
Gemagnys, gemahnys, 2 f., *perseverance.*
Gemana, 4 m., *marriage, company.*
Gemét, 1 n., *manner, way; — measure, bound.*
Gemétan, te (ed), *to find, meet.*
Gemetegian, ode, *to control.*
Gemétlíc, *moderate;* -líce, *fitly.*
Gemiltsian, ode, *to pity.*
Gemunan, de, *to call to mind.*
Gemynd, 1 n., *memory, mind,* 2 f.
Gemynd-wyrðe, *venerable.*
Gemyntan, te, *to purpose.*
Gén, *moreover, then.*
Genǽgan, *to draw near to, press.*
Genamian, ode, *to name.*
Genápan, 1, *to fall on.*
Geneadian, ode, *to compel.*
Geneahe, *enough, oft enough.*
Genealǽcan, 2 (46), *to draw near.*
Geneát, 1 m., *a vassal, supporter.*
Genemnian, ode, *to name.*
Generian, ode (ede), *to save.*
Geniht, 2 f., *abundance.*
Genihtsum, genihtsumlíc, *abundant.*
Genihtsumian, ode, *to suffice.*
Genihtsumlíce, *abundantly.*

Genihtsumnys, 2 f., *abundance.*
Geniman. *See* niman, *to take.*
Genídla, 4 m., *a foe.*
Genídle, 4 f., *enmity.*
Genóh, *enough.*
Genotian, ode, *to use, use up.*
Gent, *Ghent.*
Genydan, de, *to compel, press.*
Geo, *formerly.*
Geoc, 1 n., *a yoke.*
Geocsa, 4 m., *a sobbing.*
Geoffrian, ode, *to offer.*
Geofon, 1 n., *the sea.*
Geofon-hus, 1 n., *a ship.*
Geogoð, 2 f., *youth.*
Geomor, *sad.*
Geond (acc.), *around.*
Geond-faran, *to surround, pervade.*
Geond-lácan, *to flow around.*
Geong (25), *young.*
Geongerdóm, 1 m., *obedience, vassalage.*
Geonglíc, *youthful.*
Geongra, 4 m., *a follower.*
Geopenian, ode, *to open.*
Georn, *anxious, eager, zealous.*
Georne, *diligently, earnestly.*
Geornfullíc, *earnestly.*
Geornfullnes, 2 f., *zeal.*
Geornlíc, *earnest;* -líce, *earnestly.*
Geortruwian, ode, *to despair, distrust.*
Gér. *See* gear, *a year.*
Gerád, *proper.*
Gerǽcan, hte, *to seize, overtake, conquer.*
Gere, Geare, *certainly.*
Gerec, 1 n., *a rule.*
Gereccan, hte, *to relate.*
Gereclíc, *steadfast;* -líce, *steadfastly.*
Geréfa, 4 m., *a reeve, steward.*
Gereord, 2 f., *language.*
Gereordung, 2 f., *a repast.*
Gerestan, te, *to rest.*
Geriht, 1 n., *duty.*
Geriht-lǽcan, hte, *to correct.*
Gerípan, 4, *to reap.*
Gerísan, 4, *to be fit.*
Gerísene, *proper, fit.*

Gerísenlíc, *suitable;* -líce, *suit-ably.*

Gersume, 1 m. (4 f.), *a treasure.*

Geryman, de, *to give place to.*

Gerýne, 1 n., *a mystery.*

Gesǽlan, de, *to happen.*

Gesǽlig, *happy.*

Gesǽliglíce, *happily.*

Gesǽlð, 2 f., *happiness.*

Gesamnian (om), ode, *to collect.*

Gesamnung (om), 2 f., *an as-sembly.*

Gescádan, 1, *to decide, repay.*

Gescapan (58, n. 3), *to create.*

Gesceádwísnes, 2 f., *wisdom.*

Gesceaft, 2 f., *creation, creature.*

Gesceap, 1 n., *creation.*

Gesceapennys, 2 f., *creation.*

Gesceaðan, p., sceód, *to destroy* (dat).

Gescildan, de, *to shield.*

Gescipan, ode, *to take ship, em-bark.*

Gescrífan, 4, *to impose.*

Gescyldnys, 2 f., *protection.*

Gescyppan. *See* scapan, *to make.*

Gescyrped, *equipped.*

Geseglian, ode (ede), *to sail.*

Geseón. *See* scón, *to see.*

Gesetnys, 2 f., *a decree.*

Gesettan, te, *to settle, place, oc-cupy, possess.*

Gesewen, pp., of seón.

Geseðan, de, *to verify.*

Gesibsum, *peaceful.*

Gesibsumian, ode, *to be recon-ciled.*

Gesihð, 2 f., *sight.*

Gesittan, 3, *to abide.*

Gesið, 1 m., *a companion.*

Gesiðcundlíc, *social.*

Gespannan, 1, *to join, close.*

Gespong (spang), 1 n., *a chain.*

Gespornan, 6, *to perch on.*

Gesprǽc, 2 f., *discourse, conver-sation.*

Gestǽlan, de, *to impute, charge.*

Gestæððig, *steadfast.*

Gestandan, 2, *to attack.*

Gestaðelfæstan, te, *to confirm.*

Gestaðelian, ode, *to fix, establish.*

Gestédhors, 1 n., *a stallion, steed.*

Gestefnde, *fixed.*

Gestepan, te, *to raise.*

Gestígan, 4, *to ascend, descend,* (with acc. of place).

Gestillan, de, *to restrain, stop.*

Gestreón, 1 n., *property, wealth.*

Gestrynan, de, *to gain.*

Gesund, *safe, well.*

Gesundfull, gesundfullíc, *pros-perous.*

Gesundfullíce, *prosperously.*

Geswefian, ode, *to put to sleep.*

Geswelgan, 6, *to swallow.*

Gesweorc, 1 n., *a cloud, mist.*

Gesweorcan, 6, *to grow dark.*

Geswícan, 4, *to cease, fail, de-ceive.*

Geswinc, 1 n., *affliction, toil.*

Geswipp, *crafty.*

Geswutelian, ode, *to reveal.*

Gesyllan, p., sealde, *to give.*

Gesynto, 2 f., *profit, prosperity.*

Get, *yet.*

Getel, getæl, 1 n., *a number.*

Getellan, p., tealde, pp., geteled, *to number.*

Getemprian, ode, *to temper.*

Geteohan (teón), 6, *to draw out, educate.*

Geteohian, ode, *to determine.*

Getígan, ede, *to tie, bind.*

Getimbre, 1 n., *a building.*

Getimbrung, 2 f., *building.*

Getimian, ode, *to happen.*

Getiðian, ode, *to grant.*

Getrymmian, ede, *to strengthen.*

Getwǽfan, de, *to deprive of.*

Geuferan, ode, *to exalt.*

Geunnan (50, n.), *to grant.*

Gewadan, 2, *to invade, penetrate.*

Gewǽgan, de, *to oppress.*

Gewanian, ede, *to wane.*

Gewealc, 1 n., *surging, rolling.*

Geweald, 2 f., *power, possession.*

Gewealdan, 1, *to wield, rule.*

Gewealden, *strong.*

Gewearnian, ode, *to admonish.*

Gewemman, de, *to seduce.*

Gewemmednys, 2 f., *a stain.*

Gewendan, de, *to turn, go.*

Geweorc, worc, 1 n., *a fortress, work.*

Geweorp, 1 n., *a dart.*

Geweorðan. *See* weorðan, *to become, happen.*

Gewilnian, ode, *to wish desire.*

Gewilnung, 2 f., *desire.*

Gewinn, 1 n., *contest, toil.*

Gewinnan, 5, *to conquer, fight, gain.*

Gewissian, ode, *to instruct, command.*

Gewisslíc, gewisslíce, *certainly.*

Gewíta, 4 m., *a witness, a sage.*

Gewítan, 4, *to depart, die,* up gewítan, *to ascend.*

Gewítennes, 2 f., *departure.*

Gewit-loca, 4 m., *the mind.*

Gewítnian, ode, *to punish.*

Gewrit, 1 n., *a writ, record.*

Gewun, *accustomed.*

Gewuna, 4 m., *a custom.*

Gewunelíc, *common;* -líce, *commonly.*

Gewunian (igan), ode, *to remain, to be accustomed.*

Gewurðan. *See* weorðan.

Gewurðian, ode, *to honor.*

Gewyrc, 1 n., *a work.*

Gewyrcan, worhte, *to make, work.*

Gewyrdan, de, *to injure.*

Gewyrht, 1 n., *desert, work.*

Geýcan, te, *to increase, add to.*

Geyrsian, ode, *to be angry with.*

Geþafian, ode, *to permit.*

Geþafung, 2 f., *consent.*

Geþanc, 1 m., *thought.*

Geþeaht, 2 f., *council.*

Geþeahtian, ode, *to advise.*

Geþencan (ean). *See* þencan, *to consider, devise.*

Geþeódan, de, *to join, associate.*

Geþeóde, 1 n., *language, idiom.*

Geþeódnes, 2 f., *desire.*

Geþeón, *to flourish, grow up.*

Geþincð, 2 f., *dignity.*

Geþingian, ode, *to intercede.*

Geþóht, 1 m., *determination, mind.*

Geþreatian, ode, *to oppress.*

Geþungen, *excellent, noble.*

Geþýwan, de, *to press, thrust.*

Gicel, 1 m., *an icicle.*

Giddian, ode, *to sing.*

Giet, gieta, get, *yet.*

Gif, *if.*

Gifan, 3 (58, n. 4), *to give.*

Gifu, 2 f., *grace, gift* (pl. *nuptials*).

Gilp, 1 m., *pride, glory.*

Gim, 1 m., *a gem.*

Gim-reced, 1 n., *an ornamented house.*

Girdan, gyrdan, de, *to gird.*

Girian, ede, *to prepare.*

Girnan, de, *to yearn for.*

Giscian, ode, *to sob.*

Gísel, 1 m., *a pledge, hostage.*

Git, *yet.*

Gitan, 3 (58, n. 4), *p.,* geat, *to get.*

Gitsere, 1 m., *a miser.*

Gitsian, ode, *to covet.*

Gitsung, 2 f., *desire, avarice.*

Gíu, *long ago.*

Gladian, ode, *to rejoice.*

Glæd, glædlíc, *glad.*

Glædlíce, *gladly.*

Gleáw, *sagacious.*

Glengan, de, *to adorn.*

Gleówian, ode, *to jest, be merry.*

Gnorn, *sad;* gnornra, *sadder.*

Gnornian, ode, *to grieve.*

God, 1 m., *God.*

Gód, *good;* n. pl., *goods.*

Godcund, *divine.*

Godcundnes, 2 f., *divinity, deity.*

Gódeweb, 1 n., *fine clothing.*

Gódian, ode, *to endow.*

Godlíc, *divine.*

Gódnes, 2 f., *goodness.*

Godspel, 1 n., *a gospel.*

Godspellere, 1 m., *an evangelist.*

God-spræc (ge-spræc), 2 f., *a message from God.*

God-sunu, 3 m., *a god-son.*

Gól, gál, *greedy.*

Gold, 1 n., *gold.*

Gold-hord, 1 m., *treasure.*

Gold-hordian, ede, *to lay up treasure.*

Gold-smið, 1 m., *a goldsmith.*

Gotland, *Gothland, Jutland.*

Grædig, *greedy.*

Grǽdiglíc, *greedily.*
Grǽdignes, 2 f., *greediness.*
Grǽs, 1 n., *grass.*
Grafan, 2, *to dig.*
Gram, *incensed, angry.*
Grama, 4 m., *anger, wrath.*
Grantebrycg, 2 f., *Cambridge.*
Gránung, 2 f., *lamentation.*
Great, *great.*
Grecisc, *Greek.*
Gréne, *green.*
Greót, 1 m., *earth.*
Greótan, 1 (*p.* 6), *to weep.*
Grétan, te, *to greet, call.*
Grim, 1 m., *rage.*
Grim, *sharp, fierce, horrible, cruel.*
Grim-helm, 1 m., *a visor.*
Grimme, *bitterly.*
Grindel, 1 m., *a net-work, grate.*
Grípan, 4, *to seize, gripe.*
Grund, 1 m., *a bottom, abyss, earth.*
Grundleás, *bottomless.*
Grýre, 1 m., *horror.*
Guma, 4 m., *a man.*
Gúð, 2 f., *battle.*
Gúð-fana, 4 m., *a battle-flag.*
Gúd-fremmend, 1 m., *a fighter.*
Gúð-myrce, *the Ethiopians.*
Gúð-þreát, 1 m., *an army.*
Gyd, gid, 1 n., *a song.*
Gyf, *if.*
Gyldan, 6, *to pay, restore.*
Gylden, *golden.*
Gyllan, ede, *to shriek, howl.*
Gylp-plega, 4 m., *a contest.*
Gylt, 1 m., *guilt, debt.*
Gyltan, te, *to be,* or *prove guilty.*
Gýman, de, *to watch, care for.*
Gym-cyn, 1 n., *jewelry.*
Gýmeleast, 2 f., *carelessnes, neglect.*
Gym-stán, 1 m., *a gem.*
Gym-wyrhta, 4 m., *a jeweller.*
Gyrd, 2 f., *a stick.*
Gyrla, 4 m., *clothing.*
Gyrwan, ede, *to prepare.*
Gyse, *yes.*
Gytsere, 1 m., *a miser.*
Gytsung, 2 f., *avarice.*
Gyú, *already.*

H.

Habban (59), *to have, hold, detain.*
Hád, 1 m., *a person; — order, state.*
Hádor, *clear.*
Hádung, 2 f., *consecration.*
Hæftnian, ede, *to hold by force*
Hæftnung, 2 f., *captivity.*
Hægol, hagol, 1 m., *hail.*
Hægsteald-man, 1 m., *a youth.*
Hǽlan, de, *to heal.*
Hǽlend, 1 m., *the Savior.*
Hǽleð, 1 m., *a hero, people.*
Hǽlu (o), 2 f., *salvation, health.*
Hærfest, 1 m., *harvest.*
Hærfestlíc, *autumnal.*
Hǽs, 2 f., *command.*
Hǽste, *furiously.*
Hǽto (u), 2 f., hǽte, 4 f., *heat, passion.*
Hæwen, *blue cerulean.*
Hǽð, 2 f., *a heath.*
Hǽðen, *heathen, pagan.*
Hǽðen-scipe, 1 m., *heathen practices.*
Hæðum (æt), *Schleswig.*
Haldend, healdend, 1 m., *a lord, occupant.*
Halettan, te, *to greet.*
Hálga, 4 m., *a saint.*
Hálgian, ode, *to hallow, consecrate.*
Hálgung, 2 f., *consecration.*
Hálig, se hálga, *holy.*
Hálignes, 2 f., *religion, holiness.*
Halsian, ode, *to beseech.*
Hálsung, 2 f., *an augury.*
Hálwende, *healthful.*
Hám, 1 m., *home, a village.*
Hamptunscire, 2 f., *Hampshire.*
Hámwearde(s), *homeward, on the way home.*
Hancréd, 1 m., *cock-crowing.*
Hand, 3 f., *the hand;* gán on hand, *to submit.*
Hand-geweorc, 1 n., *handiwork*
Hand-róf, *strong-handed.*
Hand-seax, 1 n., *a cutlas.*
Hár, *hoar.*
Hara, 4 m., *a hare.*

Haso, se haswa, *dark blue, livid.*
Hát, 1 m., *heat.*
Hát, *hot.*
Hátan, 1 (*p.* é), *to be called, call;*
— *to command, promise.*
Hátan, te, *to call, be called.*
Hatian, ode, *to hate.*
Hát-wende, *torrid, hot.*
Heá, heáh (25), *high.*
Heáfod, 1 n., *a head.*
Heáfod-burh, 2 f., *a metropolis.*
Heáh. *See* heá.
Heáh-deór, headeór, 1 n., *a stag.*
Heáh-gerefa, 1 m., *high officer.*
Heáh-gestreón, 1 n., *great treas-
ure.*
Heáhþungen, *famous, illustri-
ous.*
Heal, 2 f., *a hall, palace.*
Healdan, 1, *to hold, keep.*
Healf, 2 f., *the half, side, part.*
Healf, *half.*
Healíc, *presumptuous.*
Heals, hals, 1 m., *the neck.*
Hean, *poor.*
Heánes, heahnes, 2 f., *highness,
pride.*
Heáp, 1 m., *an army.*
Heard, *hard;* hearde, *hardly.*
Heard-heort, *hard-hearted.*
Heard-mód, *stern.*
Heardnys, 2 f., *hardness.*
Hearh (g), 2 f. (1 m.), *an idol.*
Hearm, 1 m., *harm, misery.*
Hearpe, 4 f., *a harp.*
Hearra, 4 m., *a lord* (herr).
Heáwan, 1, *to hew, cut down.*
Heaðo-rinc, 1 m., *a warrior.*
Heaðo-welm, 1 m., *a heat-storm.*
Hebban 2 (hefð), *pp.*, hafen, *to
raise* (63, 2, n.).
Hefelíc, hefig, *heavy, severe.*
Hefigian, ode, *to afflict.*
Hege, 1 m., *a hedge.*
Héht, *p. of* hátan.
Hehð, 2 f., *height.*
Hel, 2 f., *hell.*
Helle-wíte, 1 n., *hell-torment.*
Helm, 1 m., *a defence, head, pro-
tector.*
Helpend, 1 m., *an auxiliary.*
Heofian, ode, *to lament weep.*

Heofon (en), 1 m., heofone, 4 f.,
heaven.
Heofon-beacn, 1 n., *a heaven-
beacon.*
Heofon-beorht, *heaven-bright.*
Heofon-candel, *heavenly-light.*
Heofonlíc, *heavenly.*
Heofon-ríce, 1 n., *heavenly-king-
dom.*
Heofon-timber, 1 n., *the heaven-
ly frame.*
Heofung, 2 f., *grieving, sighing*
Heolfor, 1 n., *gore.*
Heolster, 1 n., *a cave, cavern.*
Heolster-cofa, 4 m., *a dark cham-
ber.*
Heonan, *hence.*
Heonanweard, *retreating.*
Heord, 1 m., *custody.*
Heoro-fæðm, 1 m., *a deadly em-
brace.*
Heoro-wulf, 1 m., *a warrior,*
(sword-wolf).
Heort, 1 m., *a hart, stag.*
Heorte, 4 f., *the heart.*
Hér, *here.*
Here, 1 m., *an army, host.*
Hére, 2 f., *praise, honor.*
Here-bleáð, *panic-stricken.*
Here-cist, 2 f., *a cohort.*
Here-fugol, 1 m., *a raven (bat-
tle-fowl).*
Here-hyð, 2 f., *plunder, booty.*
Hérenes, 2 f., *praise.*
Here-stræt, 2 f., *an army road.*
Heretoga, 4 m., *a general.*
Here-wóp, 1 m., *a battle-cry.*
Hergáð, 1 m., *a plundering ex-
pedition.*
Herge. *See* here, 1 m., *an
army.*
Herian (gian), ode, *to ravage,
harry.*
Hérian, ede, *to honor, praise.*
Herige (dative of here), *an
army.*
Hérigendlíc, *laudable;* -líce,
laudably.
Herra, *for* hehra, *higher.*
Hérung, 2 f., *praise.*
Hét, *called* (hátan).
Héte, 1 m., *hate.*

Héte-spræc, 2 f., *malignant speech.*
Hettend, 1 m., *a pursuer.*
Híd, hýd, 2 f., *a skin, hide,* (measure of land).
Hider, *hither.*
Hild, 2 f., *battle, carnage.*
Hilde-calla, 4 m., *a man of war.*
Hínd, 2 f., *an hind.*
Hindan, *behind.*
Hingrian, ede, *to hunger,* (refl.)
Hiow. *See* híw.
Hicw-beorht, *handsome.*
Hired, 1 n., *family, household.*
Híw, 1 m., *a form, face, family.*
Híw-cúð, *familiar, well-known.*
Híw-gedál, 1 n., *divorce.*
Híwscipe, 1 m., *a family.*
Hládan, 2, *to load, drink.*
Hlæst, 1 n., *freight, lading.*
Hlǽw, 1 m., *a sepulchre, slope.*
Hláf, 1 m., *loaf, bread.*
Hláford, 1 m., *lord.*
Hleápan, 1, *to leap.*
Hlence, 2 f., *a coat of mail.*
Hleó, 1 m., *a shade.*
Hleónian, hlinian, ode, *to lean, rest.*
Hleóðor, 1 m., *a revelation, sound.*
Hlifian (igean), ode, *to tower.*
Hlinc, 1 m., *a ridge.*
Hlioð, Hleoð, 1 n., *a cliff, peak.*
Hlísa, 4 m., *fame.*
Hloð, 2 f., *a band* (of robbers).
Hluttor, *pure.*
Hóf, 1 n., *a house, palace.*
Hogian, ode, *to study, think, be anxious.*
Hóh, 1 m., *a heel;* on hóh, *behind.*
Hol, 1 n., *a hole.*
Huld, *faithful.*
Holm, 1 m., *an abyss, the ocean.*
Holm-ærn, 1 n., *ocean-house.*
Holmeg, *raging.*
Holt, 1 n., *a grove.*
Hón (hangan), 1 (*p.* ê), *to hang.*
Hord, heord, 1 n., *a treasure.*
Hordan (ian), ode, *to hoard.*
Hord-gestreón, 1 n., *riches.*
Hord-weard, 1 m., *a master, lord.*

Horn, 1 m., *a trumpet, horn.*
Hors, 1 n., *a horse.*
Hors-hwæl, 1 m., *the sea horse, walrus.*
Horsian, ode, *to mount, furnish with horses.*
Hors-þegn, 1 m., *a horse-thane, marshal.*
Hosp, 1 n., *reproach.*
Hrædlíce, *quickly.*
Hrædwǽn, 1 m., *a vehicle.*
Hræfen, hræfn, 1 m., *a raven.*
Hrægel, 1 m., *clothing.*
Hræðlíce, *quickly.*
Hran, 1 m., *a reindeer.*
Hraðe, *quickly.*
Hream, 1 m., *wailing.*
Hreáw, 1 m., *a corpse.*
Hrefn, hræfen, 1 m., *a raven.*
Hremman, de, *to disquiet.*
Hreoh (g), *rough.*
Hreopedún, 2 f., *Repton.*
Hreósan (58, n. 7), *to rush.*
Hreówlíc, *pitiable.*
Hreówsung, 2 f., *repentance.*
Hreoða, 4 m., *a shield.*
Hrépan, 1, *to scream.*
Hrepian, ode, *to touch.*
Hréran, de, *to raise.*
Hrím, 1, m., *rime, frost.*
Hrínan, 4, *to touch* (gen.)
Hring (cg), 1 m., *a ring, circumference.*
Hróf, 1 m., *a roof.*
Hrofesceaster, *Rochester.*
Hruse, 4 f., *earth.*
Hrýre, 1 m, *a rushing, fall, violence.*
Hryðer (*pl.* u), 1 m., *cattle.*
Hú, húmeta, *how.*
Húnd, 1 m., *a dog.*
Hund, 1 n., *a hundred.*
Hund-nigontig, *ninety.*
Hund-twelftig, *one hundred and twenty.*
Hunger, 1 m., *hunger, famine.*
Hungrig, *hungry.*
Hunig, 1 n., *honey.*
Hunig-swéte, *honey-sweet.*
Hunta, 4 m., *a hunter.*
Huntað, 1 m., *hunting.*
Húru, *at least*

Hús, 1 n., *a house.*
Húsel, 1 n., *sacrament.*
Húsel-gang, 1 m., *communion.*
Hwá, hwæt, *who, any one, what.*
Hwæl, on hwæl, *around.*
Hwǽl, 1 m., *a whale.*
Hwǽl-hunta, 4 m., *a whale hunter.*
Hwǽl-huntáð, 1 m., *whale-hunting.*
Hwæs, to hwæs, *whither, p.* 155, *l.* 111.
Hwæt, *how, why, ah!*
Hwæðer, *whether, which of two.*
Hwæðer . . þe, hwæðer þe, . . þe, *whether, . . or.*
Hwæðere, *yet.*
Hwanon, *whence.*
Hwá-swá-hwa, *whosoever.*
Hwealf, 1 m., *a canopy* (2 f.).
Hwearfian, ode, *to advance.*
Hwéne, *somewhat.*
Hweorfan, 6, *to turn, return.*
Hwí, to hwí, *why.*
Hwider, *whither.*
Hwíl, 1 f., hwíle, 4 f., *a while, time.*
Hwílendlíc, *temporary;* - líce, *temporarily.*
Hwílum, *just now, once, whilom.*
Hwít, *white.*
Hwón, *somewhat, a little.*
Hwone. *See* hwá.
Hwópan, 1, *to threaten* (instr.)
Hwylce, *what? what sort of?*
Hwyrft, 1 m., *a circuit, space.*
Hycgan, p., hogode, *to think.*
Hýdan, de, *to hide.*
Hyge, hige, 1 m., *the mind.*
Hyge-geomor, *sorrowful.*
Hygeleást, 2 f., *rashness.*
Hygesceaft, 2 f., *thought.*
Hyge-snoter, *wise.*
Hyge-teóna, 4 m., *an offence.*
Hyht, 2 f., *hope, joy.*
Hyhtlíc, hytlíc, *pleasant, glorious.*
Hyhtlíce, *gloriously.*
Hyld, 2 f., hyldo, *favor.*
Hýran, de, gehýran, *to hear, obey, belong to.*

Hyrde, hirde, 1 m., *a guardian, shepherd.*
Hyrne, 4 m., *an angle, corner.*
Hyrst, 2 f., *treasure.*
Hýrsum, *obedient.*
Hýrsumian, ode, *to obey.*

I.

Ídel, *idle, vain.*
Íge (*g.,* ígge), 2 f., *an island.*
Igland, 1 n., *an island.*
Iglea, 1 m., *Iley.*
Ilc, *the same.*
Ilfing, *the Elbing river.*
Inbryrdnes, 2 f., *feeling.*
Inca, 4 m., *blame.*
Incund, *internal.*
Infær, 1 m , *an entrance.*
Ing, geong, *young.*
Ingán. *See* gán, *to enter.*
Ingang, 1 m., *entrance.*
Ingedón. *See* dón, *to put in.*
Ingehyd (hygd), 1 n., *an intention.*
Ingerec, 1 m., *a tumult.*
Ingeðanc, 1 m., *mind.*
Inlǽdan, de, *to lead in.*
Inlifian, de, *to live in.*
Innan, inne (dat. acc.), *within.*
Innane, *within.*
Inne, inn, 1 n., *an inn, a house.*
Innera, *interior;* eall mín inneran, *all that is within me.*
Inneweard, *inward.*
Instepe, in stæpe, *immediately, suddenly.*
Intinga, 4 m., *a cause.*
Inwit-þanc, 1 m., *an evil thought.*
Íren, ísen, 1 n., *iron.*
Íren-bend, 1 m., *an iron bond.*
Ís, 1 n., *ice.*
Ís-ceald, *ice-cold.*
Ísig, *icy.*
Iu, *formerly, long ago.*

L.

Lá, ló!
Lác, 1 n., *a gift.*
Lácan, p., leolc (léc), *to play, fly.*

Lád (u), 2 f., *a way, journey.*
Lǽcedóm, 1 m., *medicine.*
Lǽdan, de, *to lead, produce.*
Lǽden, *Latin.*
Lǽfan, de, *to leave.*
Lǽne, *frail, slender.*
Lǽran, de, *to teach.*
Lǽrig, 1 m., *margin of a shield.*
Lǽs, lǽssa, *less, smaller.*
Lǽst, *least.*
Lǽstan, te, *to observe, practice, fulfil, last.*
Lǽtan, 1 (p. é), *to let, leave, let go to, think.*
Lǽtanie, 1 m., *a litany.*
Lǽwede, *lay, not clerical.*
Láf, 2 f., *a remnant.*
Lago-flód, 1 n., *a sea-flood.*
Lagon. *See* licgan.
Lago-síð, 1 m., *a water-way.*
Lagu, lag, lah, 2 f., *a law.*
Lagu, 3 m., lago, 2 f., *water.*
Lagu-streám, 1 m., *a water-stream.*
Lám, 1 m., *loam, earth.*
Land, 1 n., *land, country.*
Land-ár, 2 f., *landed estate.*
Land-leód, 1 m., *inhabitants, natives.*
Land-scipe, 1 m., *a landscape.*
Lang (25), *long.*
Lange, langlíce, *for a long time.*
Lang-fær, *lasting, long-during.*
Langian, ode, *to lengthen, long.*
Langsum, *long, tedious.*
Lár, 2 f., *lore, doctrine.*
Láreow, 1 m., *a teacher.*
Lást, 1 m., *a track.*
Late, *late.*
Láð, 1 n., *an evil, an enemy, hostility.*
Láð, *hateful, hostile.*
Láðlíc, *ugly;* -líce, *loathsomely.*
Láð-weard, 1 m., *a pursuer.*
Leaf, 1 n., *a leaf.*
Leáf, 2 f., *leave, permission.*
Leáhter, 1 m., *sin.*
Leán, 1 n., *a reward.*
Leas, *false, wanting — less*
Lease-líccetere, 1 m., *a hypocrite.*
Leasung, 2 f., *falsehood.*

Leccan, p., leohte (lehte), *to water.*
Lecgan, p., lægde (læde), *to lay flow.*
Leden, 1 n., *speech.*
Leden, *Latin.*
Leg, líg, 1 n., *a flame.*
Leger, 1 n., *a lying, sickness.*
Lenc, lengu, 2 f., *length.*
Lencten-líc, *vernal.*
Lencten-tíd, 2 f., *spring-time.*
Lendian, de, *to land, attack.*
Leng, *longer, further.*
Leód, 2 f., (1 m.), leóda, 4 m., *a man, prince,* (pl.) *people.*
Leód-biscop, 1 m., *a diocesan bishop.*
Leód-mægen, 1 n., *an army.*
Leód-scipe, 1 m., *a nation.*
Leód-wer, 1 m., *people.*
Leóf, *dear, sir! beloved.*
Leógan, 6, *to lie.*
Leoht, 1 n., *a light.*
Leoht, *light, easy.*
Leohte. *See* leccan.
Leoht-fæt, 1 n., *a lamp* (light-vat).
Leoht-fruma, 4 m., *creator of light.*
Leóma, 4 m., *a beam, ray.*
Leóran, de, *to depart.*
Leornere, 1 m., *a learner, pupil.*
Leornian, ode, *to learn.*
Leorning-cniht, 1 m., *a disciple.*
Leósan, 6, *to lose, go away, depart from.*
Leoð, lioð, 1 n., *a poem, song.*
Leoð-cræft, 1 m. (2 f.), *poetic skill.*
Leoð-song (sang), 1 m., *a poem.*
Lesan, 3, *to loose.*
Libban (2, 3, leof-), ode, *to live.*
Líc, 1 n., *a body, form, figure.*
Líccetan, te, *to dissemble.*
Líccetere, 1 m., *an hypocrite.*
Licgan, 3, *to lie, extend.*
Líchama, 4 m., *a body.*
Líchamlíc, lícumlíc, *bodily.*
Lícian, ode, *to be pleased with, like.*
Lícman, 1 m., *a corpse bearer.*
Líc-wúnd, 2 f., *a wound.*

Líd, 1 n., *a ship.*
Líf, 1 n., *life.*
Liffæst, *life-giving.*
Lífian (igan), leofode, *to live.*
Líflíc, *of life;* -líce, *lively.*
Líg, 1 n., *a flame, fire.*
Liga, 4 f., *the river Lea.*
Líg-fýr, 1 n., *a flame.*
Lilie, 4 f., *a lily.*
Lim, 1 n., *a limb.*
Lím, 1 m., *cement.*
Limene-múð, *the Limene mouth.*
Lind, 2 f., *a shield* (of linden).
Lindes, 2 f., *Lindsey.*
Líne, 4 f., *a line.*
Linnan, 5, *to lose* (instr.)
Liódan, leódan, *to grow,* pp., liódend, *grown, perfect.*
Lióðo-bend, 2 f. (1 m.), *a limb-bond, fetter.*
Liss, 2 f., *favor.*
Lissan, *to catch* (?)
List, 2 f., *science.*
Listum, *carefully.*
Lixan, te, *to shine, glitter.*
Lið, *mild, gentle.*
Lið. *See* licgan.
Líðan, 4, *to go, travel, sail, flow.*
Lócan, 6, *to lock, shut.*
Lócan, ode, *to look.*
Locc, 1 m., *a lock of hair.*
Lóf, 1 m., *praise.*
Logian, ode, *to lodge.*
Lond, *for* land.
Longað, 1 m., *weariness.*
Longe, *for a long time.*
Losian (igan), ode, *to lose, to pass away from.*
Luf, lufu, 2 f., lufé, 4 f., *love.*
Lufian, ode (ede), *to love.*
Luftyme, *charitable.*
Lundenburh, *London.*
Lust, 1 m., *desire.*
Lust-bærlíc, *diligent.*
Lust-bærlíce, *diligently.*
Lust-bærnes, 2 f., *delight.*
Lustfullian, ode, *to delight.*
Lustlíc, *glad;* -líce, *gladly.*
Lybban, ode, *to live.*
Lyft, 2 f., *the atmosphere, the heavens.*

Lyft-édor, 1 m., *an aerial dwelling.*
Lyft-helm, 1 m., *a cloud.*
Lyre, 1 m., *loss.*
Lystan, te, *to wish, will, desire.*
Lyt, lytel (25), *little, small.*
Lytligan, ode, *to decrease.*

M.

Má, *more.*
Macian, ode, *to make.*
Mádme-hús, 1 n., *a treasury.*
Mæden, 1 n , *a maiden.*
Mæg, 1 m., *a son, kinsman.*
Mæg, 2 f., *a maid, woman.*
Mæg-burg, 2 f., *a family, tribe*
Mægen(in), 1 n., *strength, virtue, might, force.*
Mægenfæst, *strong.*
Mægen-heáp, 1 m., *a strong band.*
Mægen-róf, *great in strength.*
Mægen-þrym, 1 m., *magesty.*
Mægeste, *greatest.*
Mægsib, 2 f., *relationship.*
Mægð, 2 f., *a tribe, family.*
Mǽl, 2 f., *a portion, time.*
Mǽnan, de, *to complain.*
Mængan. *See* mengan, *to mix.*
Mǽnig. *See* manig.
Mǽra, *great, illustrious, high.*
Mǽrsian, ode, *to magnify.*
Mǽrsung, 2 f., *celebration.*
Mǽsse, 2 f., *the river Mase.*
Mæsse, 4 f., *the mass.*
Mæsse-dæg, *mass-day.*
Mæsse-reáf, 1 n., *a clerical robe.*
Mæst-ráp, 1 m., *a mast-rope.*
Mǽð, 2 f., *measure.*
Maga, 4 m., *a son.*
Mágan (53), *to be able.*
Mago-rǽswa, 4 m., *a chief of a clan.*
Mago-rinc, 1 m., *a citizen.*
Mal, 1 n., *tribute.*
Man, 1 m. (13 n.), manna, 4 m., *man.*
Man (35), *some one, any one.*
Mán, 1 n., *sin.*
Man-cwealm, 1 m., *a pestilence.*

Mancyn, 1 n., *mankind, a nation.*

Mán-dǽd, 2 f., *sin, wickedness.*

Mán-fǽhðu, 2 f., *wickedness.*

Mán-fremman, *to do evil.*

Mánfull, mánfullíc, *sinful, wicked.*

Mánfullíce, *wickedly.*

Mánian, ode, *to admonish, advise.*

Manig, *many.*

Manigfeald, *manifold.*

Manna, 4 m., *manna.*

Mára, *more, greater; — great.*

Marc, 1 n., *a mark* (of money).

Marn. *See* morgen, *morning.*

Maðelian, ode, *to speak.*

Maðm, 1 m., *a treasure.*

Meaht, 2 f., *power, might.*

Mearc, 2 f., *a line of battle, boundary* (of the camp).

Mearc-hóf, 1 n., *a tent.*

Mearcian, ode, *to determine, designate.*

Mearc-weard, 1 m., *a wolf.*

Mearc-þreat, 1 m., *a battle-host.*

Mearh, 1 m., *a horse.*

Mearð, 1 m., *a marten.*

Méce, 1 m., *a sword.*

Méd, 2 f., *meed, reward.*

Medmicel, *little.*

Medo (u), 3 m., *mead.*

Meltan, 6, *to melt.*

Mengian, de, *to mingle.*

Menig. *See* manig.

Menígu, 2 f. (15, n. 2), *a multitude.*

Mennisc, 1 n., *a race, people.*

Menniscnes, 2 f., *incarnation.*

Meolc, 2 f., *milk.*

Meoring, 2 f., *an impediment.*

Meotud (od), 1 m., *the Creator.*

Mere, 1 m., *a lake, sea.*

Mere-ciest, 2 f., *a sea-chest.*

Mere-grót, 1 n., *a pearl.*

Meresig, *the river Mersey.*

Merestreám, 1 m., *the ocean.*

Mere-tór, 1 m., *a sea-tower.*

Mergen. *See* morgen, *morning.*

Metan, 3, *to mete, measure.*

Métan, te, *to meet, meet with.*

Mete, mette, *meat, food.*

Metcleast, 2 f., *want of food.*

Meteþegn, 1 m., *a purveyor.*

Metod, 1 m., *the Creator.*

Meðel, 1 n., *an address.*

Micelnys, 2 f., *greatness.*

Mid (dat. acc.), *with;* mid ealle, *withal, altogether;* mid þý, *when, since.*

Middaneard (geard), 1 m., *the earth.*

Middaneardlíce, *earthly.*

Midde, se midda, *middle, mid.*

Middel, *middle.*

Middeltún, *Middleton.*

Middeniht, 2 f., *midnight.*

Middeweard, *towards the middle.*

Miht, 2 f., *might,* (pl.) *miracles.*

Mihtig, *mighty.*

Míl, 2 f., *a mile.*

Mild, *mild.*

Mild-heort, *mild-hearted, merciful.*

Mild-heortnys, 2 f., *mercy.*

Míl-pað, 1 m., *a mile.*

Milts, 2 f., *mercy.*

Miltsian, ode, *to pity.*

Miltsung, 2 f., *mercy, pity.*

Minster, 1 n., *a minster, church, cathedral.*

Miscyrran, de, *to err.*

Misfón, *to mistake.*

Mislíc, mistlíc, missenlíc, *various;* -líce, *variously.*

Mist, 1 m., *darkness.*

Mód, 1 n., *mind, passion, courage.*

Moddrie, 4 f., *an aunt.*

Mód-geðanc, 1 m., *thought.*

Mód-heáp, *wise.*

Mód-hwǽt, *zealous.*

Módig, *proud, high-minded.*

Módigan, ode, *to rage, be insolent.*

Módignys, 2 f., *pride.*

Modor (19), *a mother.*

Mód-wǽg, 1 m., *a fierce wave.*

Molde, 4 f., *mould, earth, land.*

Móna, 4 m., *the moon.*

Mónað, 1 m., *a month.*

Monig. *See* manig.

Monung, 2 f., *admonition.*

Mór, 1 m., *a moor, mountain,* (waste land).
Mór-fæsten, 1 n., *a fastness.*
Morgen, morn, 1 m., *morning.*
Morgenlíc, *daily.*
Mór-heald, *moor-occupying.*
Morðor, 1 m., *misery.*
Mot, 1 n., *a mote.*
Mót (53, 2), *must.*
Moððe, 4 f., *a moth.*
Mund, 2 f., *the hand.*
Munt, 1 m., *a mountain.*
Munuc (ec), 1 m., *a monk.*
Munuc-hád, 1 m., *monastic life.*
Munuclíc, *monastic.*
Munuclíf, 1 n., *a monastery.*
Múð, 1 m., *the mouth.*
Múða, 4 m., *mouth* (of a river).
Mycclum, *very much.*
Mycel (25), *great, much, many.*
Mynegung, 2 f., *admonition.*
Myngian, ode, *to meditate.*
Myrce (*pl.*), 1 m., *the Mercians.*
Myrdra, myrðra, 4 m., *a murderer.*
Myre, 4 f., *a mare.*
Myrhð, myrð, 2 f., *joy, mirth.*

N.

Ná, *not.*
Nabban, næbban (59, n. 1), *not to have.*
Nacod (ed), *naked.*
Næddre, 4 f., *an adder, a serpent.*
Næfre, *never.*
Nægled, *nailed.*
Nængu, *nom. f. of* nænig.
Nænig, *none.*
Nágan (ne-ágan) (53), *not to own.*
Náht (ne-aht), *nothing.*
Nales, nalles, *not at all, not;* nales þæt on, *not only.*
Nama, 4 m., *a name.*
Nán, *none, no one.*
Nát (ne-wat), *knows not.*
Náwiht, nanuht, *naught.*
Náðor, nawðer, *neither.*
Ne, *neither, nor:—not, by no means.*
Neád, néd, nýd, neód, 2 f., *need.*

Neádlíc, *earnest;* -líce, *earnestly.*
Neah, néh (nearra; nýhst, néhst), *near, wholly.*
Neah-lécan, hte, *to approach.*
Neáhnys, 2 f., *nearness.*
Nearo, se nearwa, *narrow.*
Nearones, 2 f., *anxiety, perplexity.*
Neát, 1 n., *cattle.*
Neawest, *neighborhood.*
Nefa, 4 m., *a nephew.*
Nefe, 4 f., *a neice.*
Néh. *See* neáh; at néhstan, *at last.*
Nemnan, de, *to name, call.*
Neód, neád, 2 f., *need, want.*
Neorxna-wang, 1 m., *paradise.*
Neósan, ede, *to visit, approach.*
Neósian, ode, *to visit.*
Neósung, 2 f., *visitation.*
Neowel, *profound, deep.*
Neoðan, neoðone, *beneath.*
Nép, 1 n., *motion, advance.*
Nergend, 1 m., *the Preserver, Savior.*
Nerian, ede, *to save, preserve.*
Net, 1 n., *a net.*
Next, *nearest, next;* nexta, *a neighbor;* æt nextan, *at last.*
Nig-hworfen, *newly-converted.*
Nigon, *nine.*
Niht, 2 f., *night;* nihtes, *by night.*
Niht-lang, *night-long.*
Niht-scuwa, 4 m., *night-shade.*
Niman (58, n. 4), 3, *to take.*
Niniveisc, *Ninevite.*
Nió-bed, 1 n., *a death-bed.*
Nitan, nytan (ne-witan), *not to know.*
Niwe, se niwa, *new.*
Niwelnys, neowelnys, 2 f., *an abyss.*
Níð, 1 m., *wickedness, hatred.*
Nið, 1 m., *a man.*
Niðer, *down.*
Niðerian, ode, *to condemn.*
No, ne, *not at all.*
Norð, *the north, north;* norðan, *from the north, northerly;* norðan-eastan, *northeast.*

Norð-dǽl, 1 m., *the north part.*
Norðhymbre, *the Northhum-brians.*
Norðman, 1 m., *a Northman.*
Norðmest, *northmost.*
Norðrihte, *to the north, due north.*
Norðwæg, *Norway.*
Norðweala, Norðwealcyn, *the North Welsh.*
Norðwearde(s), *northward.*
Norðweardum, *northerly.*
Nú, *now.*
Nýd, neád, 2 f., *need.*
Nýdan, neádian, de, *to compel.*
Nýd-boda, *a messenger of need.*
Nýd-fara, 4 m., *a fugitive.*
Nyllan (50, n.), *to be unwilling.*
Nymðe, *except.*
Nyt, *useful.*
Nyten, 1 n., *an animal.*
Nyten, *ignorant.*
Nyten-cyn, 1 n., *animals.*
Nytnes, 2 f., *use, advantage.*
Nytweorð, *useful, convenient.*

O.

Ó, see á, *ever.*
Of (dat. gen.), *from, out of.*
Ofafeallan, 1, *to fall from.*
Ofalǽdan, de, *to lead from.*
Ofaxian, ode, *to learn by asking.*
Ofcuman, ofacuman. *See cu-man, to come of.*
Ofen, 1 m., *an oven, a furnace.*
Ofer (dat. acc.), *over, on, upon, contrary to, after.*
Oferbídan, 4, *to outlast.*
Ofer-brǽdan, de, *to stretch over.*
Ofer-cuman, *to come to an end, overcome.*
Ofer-eáca, 4 m., *overplus.*
Ofer-faran, *to go over.*
Ofer-feran, *to go over.*
Ofer-freósan, *to freeze over.*
Ofer-gán, *to surmount.*
Ofer-geottul, *forgetful.*
Ofer-holt, 1 n., *a shield.*
Ofer-hragen, *to cover.*
Ofer-hygd, 1 m., *pride.*

Ofer-méde, 1 n., *pride.*
Ofer-met, 1 n., *arrogance.*
Ofer-mód, *proud, arrogant.*
Ofer-seón, *to oversee, overlook.*
Ofer-stígan, 4, *to surpass.*
Ofer-swíðe, *very much.*
Ofer-teldan, *to hide.*
Ofer-wígan, ode, *to conquer.*
Ofer-wrígan (-han), 4, *to clothe.*
Ofest, 2 f., *haste;* ofstum, *hastily.*
Ófet, ófæst, 1 n., *fruit.*
Of-faran, 2, *to pursue, overtake.*
Of-gán, *to gain.*
Of-gifan, *to give up.*
Of-hreówan, 6, *to pity.*
Ofostlíce, *speedily.*
Of-rídan, 4, *to overtake.*
Of-seón, *to observe.*
Of-settan, te, *to oppress.*
Of-sleán, *to kill, strike.*
Of-sníðan, *to cut off.*
Of-spring, 1 m., *posterity.*
Of-swelgan, 6, *to swallow.*
Oft (oftor, oftost), *often.*
Oht, 2 f., *terror;* oht inlende, *fear of the natives.*
Oht-nied, 2 f., *oppression*
Oleccan, ehte, *to fawn, o v.*
Óm, 1 m., *rust.*
On (dat. acc.), *on, in with, among.*
Onǽlan, de, *to kindle.*
Onbǽrnan, de, *to inflam*
Onbeódan, 6, *to promise.*
Onbryrdnys, 2 f., *inspiration, instigation.*
Onbúgan, 6, *to submit, over-whelm.*
Onbýrigan, de, *to taste* (gen.)
Oncnáwan, *to recognize.*
Oncyrran, de, *to change, turn away.*
Ond, *and.*
Ondrǽdan, 1 (p. 6), *to dread, fear*
Onettan, te, *to hasten.*
Onfengnes, 2 f., *reception.*
Onfindan, 5, *to experience.*
Onfón, *to receive, to find out,* (gen. dat.)
Onforan, *before.*
Ongán, *to come on.*

Ongen, ongean (dat. acc.), *against.*
Ongeniman, *to spoil, deprive.*
Ongildan (gyldan), 6, *to expiate.*
Onginnan, 5, *to begin.*
Ongitan (*p.*, geat), *to understand, feel, perceive.*
Ongitenys, 2 f., *knowledge.*
Onhlídan, 4, *to open.*
Onhréran, de, *to rouse, agitate.*
Onhyldan, de, *to incline, lay down.*
Onhyrian, de, *to imitate.*
Onlǽnan, de, *to lend to.*
Onlíc, *like.*
Onlícnes, 2 f., *a likeness.*
Onlíhan, 4, *to grant.*
Onlihtan, te, *to lighten, shine on.*
Onlocan (lúcan), 6, *to unlock.*
Onlócian, ode, *to behold.*
Onlyhtnes, 2 f., *illumination.*
Onrídan, 4, *to ride on.*
Onsceacan, 1 [2], *to shake.*
Onsegon, *p. of* onseón.
Onsendan, de, *to send on.*
Onseón, *to behold.*
Onsígan, 4, *to impend, approach.*
Onslǽpan, te, *to sleep.*
Onspring, 5, *to spring forth.*
Onstellan (*p.* stealde), *to appoint.*
Onstyrian, ode, *to agitate.*
Onsúnd, *healthy, whole.*
Onswífan, 4, *to turn away.*
Onsylle, *unhappy.*
Onsyn, 2 f., *lack.*
Ontynan, de, *to open.*
Onweald, 1 m., *power.*
Onweg, *away.*
Onwendan, de, *to change.*
Onwreon, 6, *to uncover, reveal.*
Onwrigenes, 2 f., *revelation.*
Onþeón, 6, *to engage in.*
Openian, ode, *to open.*
Openlíc, *open;* -líce, *openly, manifestly.*
Órd, 1 m., *a beginning.*
Ord-fruma, 4 m., *beginning.*
Orlegstund, 2 f., *fatal hour.*
Orsorh, *secure.*
Ortrywe, *despondent.*
Orwén, *hopeless.*

Orðian, ode, *to breathe, aspire to.*
Oð, *until.*
Oðer, *other, second, the other;* se oðer, *the rest.*
Oðrówan, 1, *to row back.*
Oðwindan, 5, *to escape.*
Oðwítan, ode, *to blame.*
Oððæt, *until.*
Oððe, *or;* oððe, . . oððe, *either, . . or.*

P.

Pæll, 1 m., *a pall, cloak.*
Pællen, *purple.*
Pallium, 1 m., *a bishop's pall.*
Papa, 4 m., *the pope.*
Papan-hád, 1 m., *papal office.*
Papolstán, 1 m., *a pebble.*
Pað, 1 m., *a path.*
Pedreda, 4 m., *the river Parret.*
Penig, pening, 1 m., *a penny.*
Pentecosten, 1 m., *Pentecost.*
Peohtas, pl., *the Picts.*
Pistol, 1 m., *a letter.*
Plega, 4 m., *play, sport.*
Port, 1 m., *a port, haven.*
Preóst, 1 m., *a priest.*
Preóst-hád, *priesthood.*
Prica, 4 m., *a prick, point.*
Pund, 1 n., *a pound.*

R.

Racenta, 4 m., *a chain.*
Racenteage, 1 m., *a chain.*
Rád, 2 f., *a raid, journey.*
Rǽd, 1 m., *counsel, advice.*
Rǽdan, 1 (*p.* é), *to consider;* with dat., *to advise.*
Rǽdan, de, *to read, rule, determine.*
Rǽran, de, *to raise, rear.*
Rǽsan, de, *to attack, rush on.*
Rǽst. *See* rest.
Rǽswa, 4 m., *a leader.*
Rǽð, hrǽð, *quick, wrathful.*
Rand, 1 m., *a shield.*
Rand-burg, 2 f., *a protecting wall.*

Rand-gebeorh, 1 n., *a protecting shield.*
Rand-wíga, 4 m., *a warrior.*
Rárian, ode, *to roar, cry.*
Raðe, *quickly.*
Read, *red.*
Reading, 2 f., *Reading.*
Reáf, 1 n., *a robe, clothing.*
Reáflan, ode, *to rob, plunder.*
Réc, reác, 1 m., *smoke.*
Récan, p., róhte, *to reck, care for.*
Recan, reccan, p., rehte, pp., reaht, *to say, tell, recite.*
Reccan, 3, *to order, direct.*
Reced, 1 n., *a house, hall.*
Recen, *quick, prompt.*
Reft, ryft, 1 n., *a veil, garment.*
Regen, regn, rén, 1 m., *rain.*
Regol (ul), 1 m., *a rule, law.*
Regollíce, *regularly.*
Reliquias, *relics.*
Rén. *See* regen.
Rén-scúr, 1 m., *a shower.*
Reófan, 6, *to break, dissolve.*
Reord, 2 f., *a voice.*
Reordian (igean), ode, *to address.*
Rest, 2 f., *rest.*
Restan, te, pp. ed, *to remain, rest.*
Reðe, hreðe, *fierce, cruel.*
Rib, 1 m. (2 f.), *a rib.*
Rice, 1 n., *a kingdom, power, reign.*
Rice, riclíc, *rich, great.*
Riclíce, *powerfully.*
Ricsian, ode, *to reign.*
Rídan, 4, *to ride, press.*
Riht, 1 n., *a right, duty.*
Riht, *right, just, fitting.*
Rihte, *rightly, due* (of direction).
Rihtlíce, *rightly.*
Riht-ryne, 1 m., *a right-course.*
Rihtwís, *righteous.*
Rihtwísnys, 2 f., *righteousness.*
Rím, 1 m., *a number.*
Ríman, de, *to number, count.*
Rím-getæl, 1 n., *a number.*
Rínan, de, *to rain.*
Rinc, 1 m., *a man, hero.*
Ríp, 1 n., *a harvest.*
Rípan, 4, *to reap.*

Rípung, 2 f., *ripening, reaping.*
Rixian, ode, *to reign.*
Ród, 2 f., *the cross.*
Róde-hengen, 2 f., *the cross.*
Róde-tácen, 1 n., *sign of the cross.*
Rodor, 1 m., *the firmament, the heavens.*
Róf, *brave, illustrious, famed.*
Romanisc, *Roman.*
Rómigan, ode, *to hold* (gen.)
Romware, 1 m., *citizens of Rome.*
Rose, 4 f., *a rose.*
Rót, rótlíc, *splendid, cheerful.*
Rótlíce, *cheerfully.*
Rud, *red.*
Rúm, *broad, large, roomy.*
Rúme, *widely, greatly.*
Rúmgál, *rejoicing in freedom.*
Rýman, de, *to make ready, to open a way.*
Rýmet, 1 n., *room.*
Ryne, 1 m., *a course.*
Ryne-swift, *swiftly running.*

S.

Sac, sacu, 2 f., *strife.*
Sacerd, 1 m., *a priest.*
Sæ, 1 m., *the sea.*
Sæ-cir, 1 m., *the reflux of the sea.*
Sæfern, 2 f., *the river Severn.*
Sæfern-stæð, *Severn-bank.*
Sœgan, de. *See* secgan, *to say.*
Sæl, sal, 1 n., *a hall, palace.*
Sæl, 2 f., *a time, prosperity.*
Sælan, de, *to bind, seal.*
Sælð, 2 f., *happiness.*
Sæl-wong, 1 m., *a fertile plain.*
Sæme, *bad, weak.*
Sæ-rima, 4 m., *sea-shore.*
Sæ-strand, 1 m., *the sea-shore.*
Sæt, 1 m., *a camp.*
Sæ-tilc, 1 m., *navigation* (sailor).
Sætning (ung), 2 f., *a snare.*
Sál, 1 m., *a band, fetter.*
Salwig, *swarthy, sallow.*
Salwed, *pitchy.*
Salwed-bord, *the pitched board, the ship.*

Sam, *whether;* sam . . sam, *whether* . . *or.*

Samnian, somnian, ode, *to gather.*

Samod, *together, also.*

Samtenges, *immediately.*

Sámworht, *half-made.*

Sanctus, *holy, saint* (Lat.)

Sand, 2 f., *a mission sending.*

Sand, 1 n., *the earth, sand, shore.*

Sand-ceosel, 1 m., *sand gravel.*

Sár, 1 n. (2 f.), *pain, sorrow.*

Sár, *sore, severe.*

Sár-cwide, 1 m., *a lament.*

Sárgian, ode, *to grieve, lament.*

Sárnys, 2 f., *sorrow.*

Sáwan, 1, *to sow.*

Sáwel, sáwl, 2 f, *the soul, life.*

Scamian, sceamian, ode, *to shame, feel ashamed.*

Scapan, 2 (*pp.* also sceapen), *to make, shape, create.*

Sceado, 2 f., *a shadow.*

Scealc, 1 m., *a servant.*

Sceald, scyld, 1 m., *a shield.*

Sceán, *p. of*, scínan, *to shine.*

Sceáp, 1 n., *a sheep.*

Scearp, *sharp.*

Scearpnys, 2 f., *sharpness.*

Sceat, 1 m., *a garment, skirt.*

Sceát, 1 m., *a region.*

Sceawian, ode, *to look at, view.*

Sceawung, 2 f., *sight, observation.*

Sceaða, 4 m., *a thief, robber, sinner.*

Scéne, sceóne, *beautiful, bright.*

Sceóburg, *Shoebury.*

Sceóp-gereord, 2 f., *poetic language.*

Sceortian, ode, *to shorten.*

Sceótan, 6, *to shoot.*

Sceótend, 1 m., *an archer.*

Sceðan, ede, *to injure.*

Scild, 1 m., *a shield.*

Scínan, 4, *to shine.*

Scip, 1 n., *a ship.*

Scip-here (herge), 1 m., *a navy.*

Scip-hlæst, 1 n., *a ship-load, crew.*

Scip-ráp, 1 m., *a cable, cordage.*

Scír, *clear, pure, bright, glorious.*

Scír, 2 f., scire, 4 f., *a shire, county, share.*

Scírman, 1 m., *a shireman.*

Scomu, scamu, sceamu, 2 f., *shame.*

Scóp, sccóp, 1 m., *a poet.*

Scortlíce, *briefly.*

Scrífan, 4, *to shrive, enjoin, grant;* with gen., *to care for*

Scrúd, 1 n., *a garment.*

Scrýdan, de, *to clothe, put on.*

Scucca, sceocca, 4 m., *the devil.*

Scúr, 1 m., *a shower, storm.*

Scyld, 1 m., *a shield.*

Scyldful, *guilty.*

Scyld-hreoða, 4 m., *a shield.*

Scyldig, *guilty.*

Scylfe, 4 f., *a shelf.*

Scyne. *See* scene, *beautiful.*

Scypen, 2 f., *a stall.*

Scyppend, 1 m., *the Creator.*

Sealwudu, *Selwood.*

Sealt, 1 n., *salt.*

Sealt, *briny, salt.*

Searo, 1 n., *a weapon, armor.*

Searo-cræft, 1 m. (2 f.), *cunning*

Searolíce, *cunningly.*

Sécan (48, n.), *p.*, sóhte, *to seek.*

Secg, 1 m., *a warrior.*

Secgan, *p.*, sǽde, *to say.*

Sefa, 4 m., *mind, disposition.*

Segl, segel, 1 m. (n), *a sail.*

Seglian, ode (ede), *to sail.*

Segl-ród, 2 f., *sail-cross, spar.*

Segn, 1 m., *a sign, banner.*

Seht, saht, 2 f., *friendship, peace.*

Sél, *good, blessed.*

Sellan. *See* syllan, *to give, sell.*

Scmian, seman, ode, *to appear, seem.*

Semninga, *suddenly.*

Sendan, de (48), *to send.*

Senian, segnian, ode, *to sign, bless.*

Seofon, syfan, *seven;* seofoða, *seventh;* seofonfeald, *sevenfold.*

Seofung, 2 f., *lamentation, sighing.*

Seol, 1 m., *a seal.*

Seolfer, 1 n., *silver.*

Seoloce(n), *silken.*

Seomian, ode, *to remain, rest, wait.*

Seón (65, n.), *p.*, séh, seáh (he sáwe, we sáwon), *to see.*

Scondan. *See* sendan.

Seono-bend, 2 f., *a sinew-bond.*

Seóðan, 6, *pp.*, soden, *to seethe, boil, agitate.*

Setl, 1 n., *a seat.*

Setl-rád, 2 f., *a setting.*

Settan, te (sætte), *to set, place.*

Sib-gedriht, 2 f., *a kindred-band.*

Siccetung, 2 f., *sighing.*

Síd, *wide, vast;* síde, *widely.*

Síde, 4 f., *a side.*

Sígan, 4, *to fall.*

Sige, sigor, 1 m., *victory, triumph.*

Sigefast, *victorious.*

Sige-leás, *triumphless.*

Sigel-ware, 1 m., *Ethiopians.*

Sigen, *the river Seine.*

Sige-wong, 1 m., *a glorious plain.*

Sillend, 1 m., *Zealand.*

Simle, *always.*

Sin (a prefix), *continual, great.*

Sincald, *very cold.*

Sincan, 5, *to sink.*

Singal, singallíc, *constant, continual.*

Singallíce, *perpetually.*

Singan, 5, *to sing.*

Sin-niht, 2 f., *continual night, always.*

Siofian, seofian, ode, *to lament.*

Sioloce, *silken.*

Sittan, 3 (65, n.), *to sit, remain.*

Six, sex, *six;* sixta, *the sixth;* sixtig, *sixty;* sixtyne, *sixteen.*

Siwian, siowian, ode, *to sew.*

Síð, 1 m., *a way, path:— a journey:— a time:— lot, chance;* oðre síðe, .. oðre síðe, *once, .. again.*

Síð-boda, 4 m., *a journey-signal.*

Síð-fæt, 1 m., *a way, course.*

Síðian, ode, *to come, go, journey.*

Síððan, sióða, *afterwards.*

Slǽp, 1 m., *sleep.*

Slǽpan, 1 (*p.* é), *to sleep.*

Sleán, 2 (58, n. 3), *pp.*, slegen, slagen, *to strike, slay, forge.*

Slege, slǽge, 1 m., *a stroke, death.*

Slídan, slíðan, 4, *to slide.*

Sliht, 2 f., *a stroke.*

Slíð-heard, *oppressive.*

Slúpan, 6, *to glide.*

Smǽl, *small, narrow.*

Smean, smeagan, de, *to inquire*

Smeaurg, 2 f., *contemplation.*

Smið, 1 m., *a smith.*

Smolt, smylt, *serene, friendly.*

Smylte, s. nely.

Snáw, 1 m., *snow.*

Snáwan, 4 (de), *to snow.*

Snell, *quick;* snelle, *quickly.*

Snoter (or), *wise, prudent.*

Snyttro, 2 f., *wisdom.*

Soden. *See* seóðan.

Soft, *soft;* softe, *softly.*

Somnian (igian), ode, *to collect, gather.*

Sóna, *soon, immediately;* só bæs þe, *as soon as.*

Song-cræft, 1 m., *art of song.*

Sorgian, ode, *to sorrow, be anxious.*

Sorh (gen. sorge), 2 f. (1 m.), *sorrow, anxiety.*

Sorhful, *sorrowful.*

Sóð, 1 n., *truth.*

Sóð, *true; truly.*

Sóð-cwiðe, 1 m., *a proverb.*

Sóðes, *truly.*

Sóðfæstnys, 2 f., *truth.*

Sóðlíce, *truly, verily.*

Spanan, 1, *to urge, allure.*

Spanan, 2, *to entice.*

Sparian, ode, *to spare.*

Spearwa, 4 m., *a sparrow.*

Specan, 3. *See* sprecan, *to speak.*

Spéd, 2 f, *speed, wealth, power.*

Spédig, *rich, powerful.*

Spell, 1 n., *a story, tidings, language.*

Spell-boda, 4 m., *a messenger.*

Spére, 1 n., *a spear.*

Spildan, de, *to destroy.*

Spinnan, 5, *to spin.*

Spíwan, 4, *p.*, spáw, spiwon, *pp.*, spiwen, *to foam, spue.*

Spréc, 2 f., *speech, talk, saying.*
Sprecan, 3, *to speak, say.*
Springan, 5, *to spring, spread.*
Spyrian, spirian, ede, *to hunt after.*
Stæf, 1 m., *a staff, letter* (pl.) *writings.*
Stélan. *See* stélan, *to steal.*
Stæl-herge, 1 m., *a predatory band.*
Stæl-hran, 1 m., *a decoy reindeer.*
Stælwyrð (weorð), *worth-taking.*
Stæp, 1 m., *a step.*
Stæppan. *See* steppan, *to step.*
Stær, 1 n., *a history.*
Stæð, 1 n., *a shore, coast.*
Stæð-weall, 1 m., *a shore-wall.*
Stán, 1 m., *a stone.*
Stán-clif, 1 n., *a rock.*
Standan, 2, *to stand.*
Staðol, 1 m., *a foundation.*
Steap, 1 m., *a cup.*
Steáp, *steep, lofty.*
Stearc, *strong, harsh, severe.*
Stéda, 4 m., *a steed.*
Stede, 1 m., *a place.*
Stefn, stefen, 1 m., *the prow; — a trunk, body.*
Stélan, 3, *to steal.*
Stemn, 2 f., *a voice, a set time.*
Stenc, 1 m., *an odor, stench.*
Steóran, de, *to rule, steer.*
Steór-bord, 1 n., *the starboard.*
Steór-leás, *ignorant.*
Steorra, 4 m., *a star.*
Steppan, stapan, 2, *to step, go.*
Stihtan, te, *to arrange, order.*
Sting, 1 m., *a stroke, stab.*
Stíð, *firm, stern, austere.*
Stíð-frihð (ferhð), *firm-minded.*
Stíð-líc, *firm, severe;* -lícé, *firmly, severely.*
Stól, 1 m., *a throne, seat.*
Storm, 1 m., *a storm.*
Stow, 2 f., *a place.*
Strét, 2 f., *a street, a course.*
Strætclédwealas, *The Britons on the river Clyde.*
Strang, streng; stranglíc, strenglíc, *strong.*
Stranglíce, *strongly, vehemently.*
Streám, 1 m., *a stream.*

Streám-racu, 2 f., *a flood-stream*
Streám-stæð, 1 n., *a stream-shore.*
Strec, *powerful, stern.*
Strengð(u), 2 f., *strength, might.*
Stríð, 1 m., *strife, battle.*
Strýnan, de, *to beget.*
Stufe, 2 f., *the river Stour.*
Stund, 2 f., *an hour.*
Stunt, *foolish;* se stunta, *the fool.*
Stýle, stýl, 1 m., *steel.*
Styrman, de, *to storm.*
Sum, *some, one, a;* sum .. sum, *one .. another.*
Sumer(or), 1 m., *summer.*
Sumes, *somewhat.*
Sumorlíc, *belonging to summer.*
Sumorsǽte, *men of Somersetshire.*
Sun-bearo, 1 m., *a sunny grove.*
Sund, 1 m., *the sea.*
Sund-buend, 1 m., *a sailor.*
Sundor-hálga, 4 m., *a Pharisee.*
Sund-reced, 1 n., *an ocean-hall.*
Sundrian, ode, *to separate.*
Sunnandæg, 1 m., *Sunday.*
Sunnanuhta, 4 m., *Sunday morning.*
Sunne, 4 f., *the sun.*
Sunn-stede, 1 m., *solstice.*
Sunu, 3 m., *a son.*
Súð, *south.*
Súðan, *southerly;* be súðan, *south of.*
Súðrihte, *to the south.*
Súð-stæð, 1 n., *a south shore.*
Súðweard, *southward.*
Swá, *so;* swá .. swá, *so .. as;* swá þeáh, *however;* swá hwilc swá, *whosoever.*
Swǽfan, te, *to rage, roll up.*
Swǽsend, 1 n., *food, a banquet*
Swæðe, 4 f., swaðu, 2 f., *a track*
Swanawic, *Swanwich.*
Swápan, 1, *to sweep.*
Swár, swær, *heavy, severe.*
Sweart, *swarthy, black*
Swearte, *darkly.*
Swefan, 8, *to sleep.*
Swefel, 1 m., *sulphur.*
Swefen, 1 n., *a dream.*

Swégan, de, *to sound, to mean.*
Swegel, 1 n., *the sky.*
Swelgan, 6, *to swallow.*
Sweltan, 6, *to die.*
Swencan (ian), te, (*pp.*, ed), *to oppress.*
Sweóland, *Sweden.*
Sweón (pl.), 4, *Sweden.*
Sweord, swurd, 1 n., *a sword.*
Swcoster, swyster (19), *a sister.*
Sweot, 1 m., *a multitude.*
Sweótel, *clear.*
Sweótole, sweótolíce, *clearly.*
Swerian, 2, (58, n. 3), (*also* ede), *to swear.*
Swétnys, 2 f., *sweetness.*
Swícan, 4, *to deceive.*
Swícdóm, 1 m., *deception.*
Swícian, ode, *to deceive.*
Swífan, 4, *to turn away.*
Swift, *swift.*
Swígean, ode, *to be silent.*
Swilce, *as though.*
Swincan, 5, *to toil, labor.*
Swingel, 2 f., *a whip, scourge.*
Swinsung, 2 f., *melody.*
Swipian, ode, *to lash, scourge.*
Swira, sweora, swura, 4 m., *a neck.*
Swíðe, *very much;* to þam swíðe, *so much;* swíðor, swíðost, *most of all, especially.*
Swiðrian, ode, *to vanish.*
Swógan, 1 (*p.* é), *to come on with a roar.*
Swonc, *tough.*
Swót-mette, 1 m., *sweetmeats.*
Swútelian, ode, *to reveal.*
Swútelíce, *manifestly.*
Swylc, swilc, *such as.*
Swylce, *such as; as it were, as if.*
Swýn, swin, 1 n , *a swine, pig.*
Swýðre, *the right hand, eye.*
Sylf, *self,* se sylfa, *the same.*
Sylf-willes, *voluntary.*
Syllan, sellan, *p.,* sealde, *to give, sell.*
Syllic, *wonderful.*
Syltan, te, *to salt.*
Symbel, 1 n., *a meeting.*
Symle, symble, *always.*

Syn, sin, 2 f., *sin.*
Synderlíc, *separate, peculiar;* -líce, *separately, peculiarly.*
Syndrig, *separate, extraordinary.*
Synfull, *sinful.*
Synlíc, *sinful;* -líce, *sinfully.*
Syrian, ede, *to conspire.*
Syððan, *afterwards, after that.*

T.

Tácen, 1 n., *a sign.*
Tácnian, ode, *to betoken.*
Tǽcan, hte, *to teach.*
Tǽlan, de, *to accuse, blame, insult.*
Talian, ode, *to think.*
Tám, *tame.*
Tán, 1 m., *a rod.*
Teallan, de, *to reckon, esteem.*
Teár, 1 m., *a tear.*
Teian, ode, *to create.*
Tela, *well.*
Telga, 4 m., *a branch.*
Tellan, *p.,* tealde, *to tell, reckon, esteem.*
Temes, 2 f., *the Thames.*
Tempel, 1 n., *a temple.*
Temprian, ode, *to temper.*
Teolung, tiling, 2 f., *tilling.*
Teón (teohan), 6, *to draw, tug, entice.*
Teón, tíon, ode, *to create.*
Teónn, 4 m., *wrong, injury.*
Teón-hete, 1 m., *dire-hate — the enemy.*
Teoða, *the tenth.*
Tíd, 2 f., *time, hour, season.*
Tihtan, te, *to incite, persuade.*
Tihting, 1 m., *persuasion, instigation.*
Tilian, teolian, ode, *to till, toil, strive.*
Tíma, 4 m., *a time, season.*
Timber, 1 n., *timber, a frame.*
Timbrian, ode, *to build.*
Tina, 4 m., *the river Tyne.*
Tintrég, 1 m., tintréga, 4 m., *torment.*
Tintréglíc, *tormenting.*

Tir, tyr, 1 m., *splendor, glory.*
Tir-eádig, *illustrious, glorious.*
Tir-fæst, *glorious.*
To (dat.), *to: — too.*
To-brædan, *p.,* bræde, brudon, *to publish abroad.*
To-brecan, 3, *to break to pieces.*
To-bredan, 3, *to spread.*
To-cnáwan, 1, *to know.*
To-cuman. *See* cuman, *to happen.*
To-cwysan, de, *to crush.*
Ty-cwysednys, 2 f., *brokenness.*
To-dæg, *to-day.*
To-dælan, de, *to divide.*
To-drífan, 4, *to drive away.*
To-cácan, *besides.*
To-emnes, *along.*
To-faran, 2, *to break up, depart.*
To-fóran, (dat.), *before.*
To-geanes (dat. acc.), *against, towards.*
To-geþeódan, de, *to join to.*
To-lecgan. *See* lecgan, *to separate.*
To-morgen, *to-morrow.*
To-niman, *to divide.*
Torht, torhtlíc, *bright.*
To-sceótan, 6, *to rush upon.*
To-slítan, 4, *to slit, rend, tear.*
To-somme, *together.*
To-tellan, *to enumerate, reckon.*
To-teran, 3, *to tear to pieces.*
To-weard (dat.), *towards;* — se, seó, þæt toweard, *approaching, future.*
To-wendan, de, *to turn to.*
To-weorpan (wurpan), 6, *to destroy.*
Tóð (13, n.), 1 m., *a tooth.*
Traht-bóc, 2 f., *a commentary.*
Tredan, 3, *to tread.*
Treow, 1 n., *a tree, wood.*
Treów, 2 f., treówe, 4 f., *a pledge, an agreement.*
Treówð, 2 f., *truth, treaty.*
Trúwa, 4 m., *trust, faith.*
Trúwian, ode, *to trust.*
Trymian, ede, *to encourage, fix, fasten, strengthen.*
Trymnes, 2 f., *exhortation.*
Tucian, ode, *to torment.*

Tuddor, tudor, tydor, 1 m., *offspring.*
Tugon. *See* teón.
Tún, 1 m., *a field, dwelling.*
Tunece, 4 f., *a tunic, coat.*
Tunge, 4 f., *the tongue.*
Tungcl (ol), 1 n., *a star.*
Tún-gcrefa, 4 m., *a steward.*
Turcesig, 2 f., *Torkesey.*
Turf (15), f., *turf, sod.*
Tuwa, *twice.*
Twá, *two.*
Twégen, *two, twain.*
Twelf, *twelve;* se twelfta, *twelfth.*
Twentig, *twenty.*
Tweo (gen., dat., acc., tweon, twýn), 4 m., *doubt.*
Twig, twih, 1 n., *a twig.*
Twigecged, *two-edged.*
Tyan, de, *to instruct, imbue.*
Týman, de, *to propagate.*
Tyn, *ten.*

U.

Ufan, ufon, *above, from above.*
Ufeweard, *upward, highest.*
Ufor, *higher.*
Uhta, 4 m., *the morning.*
Uhtsang, 1 m., *the nocturne.*
Uht-tíd, 2 f., *before dawn.*
Unæðele, *base, ignoble.*
Unasecgendlíc, *unspeakable.*
Unawendenlíc, *unchangeable.*
Unbeboht, *unsold.*
Uncoð, *sick.*
Uncúð, *strange, unknown.*
Uncyst, 2 f., uncyste, 4 f., *vice*
Undeádlíc, *immortal.*
Undeádlícnys, 2 f., *immortality*
Under (dat., acc.), *under.*
Underfón, *to accept, receive.*
Undergitan, *to understand.*
Underlútan, 6, *to bear.*
Undern, 1 m., *nine o'clock.*
Understandan, 2, *to understand.*
Underþeódan, þiedan, þýdan de, *to subject.*
Uneáðelíc, unýðelíc, *difficult.*
Uneáðelíce, *with difficulty.*
Unforbærned, *unburned.*

Unforht, *fearless.*
Unfrið, 1 m., *hostility.*
Ungedered, *unharmed.*
Unge-endod, *eternal, without end.*
Ungefohige, *inconceivably.*
Ungehrepod, *untouched.*
Ungehýrsum, *disobedient.*
Ungehýrsumnys, 2 f., *disobedience.*
Ungeleáfsum, *unbelieving.*
Ungelíc, *unlike, unequal.*
Ungelimp, 1 n., *misfortune.*
Ungemet, *immeasurably, inconceivably.*
Ungerád, *unbefitting.*
Ungerísenlic, *unworthy.*
Ungerísenlíce, *unworthily.*
Ungesǽlig, *unhappy.*
Ungetreówe, *unfaithful.*
Ungewemmed, *unharmed.*
Ungewiderung, 2 f., *bad-weather.*
Ungeþeahtendlíce, *rashly.*
Ungréne, *not green.*
Ungrund, *immense.*
Unhleów, *unsheltering.*
Unhold, *faithless.*
Unlǽd, *base, wicked.*
Unlaga, *unlawful.*
Unlésan, 3, *to release.*
Unmihtig, *powerless.*
Unnan (50, n.), *to grant.*
Unnyt, unnet, *vain, useless.*
Unriht, 1 n., *injustice.*
Unriht, *unjust, wrong.*
Unriht-hǽman, de, *to commit adultery.*
Unrihtwís, *unrighteous.*
Unrím, *unnumbered, innumerable.*
Unrót, *sad.*
Unrótnes, 2 f., *sadness.*
Unsǽlig, *unhappy.*
Unsæpig, *sapless.*
Unscæðig, *innocent.*
Unsméðe, *rough.*
Unspédig, *poor.*
Unteallendlíc, *innumerable.*
Untrum, *sick.*
Untrumnys, untrymnes, 2 f., *illness, sickness.*

Unwǽr, *unwary.*
Unwǽrscipe, 1 m., *unwariness.*
Unwealt, *steady.*
Unwem, *pure, inviolate.*
Unwemme, *purely.*
Unwíndan, 5, *to unwind.*
Unwís, *foolish, unwise.*
Unwiðmetenlíc, *incomparable.*
Unwiðmetenlíce, *incomparably*
Unwrest, *frail, transitory.*
Unwúndod, *unwounded.*
Unþancwurð, *ungrateful.*
Unþeáw, 1 m., *vice.*
Upahebban, 2, *to raise up, surmount.*
Upahefednys, 2 f., *arrogance.*
Uparǽran, de, *to heighten, exalt.*
Upastígenes, 2 f., *ascension.*
Uplang, *erect.*
Uppan, uppe (dat., acc.), *upon.*
Upplíc, *upper.*
Uprídan, 4, *to ride up, mount.*
Upstíg, 2 f., *ascension.*
Úser, (31, 2), *our.*
Út, úte, *out, without.*
Ut-adón, *to take out.*
Útan, (dat., acc.), *without.*
Ut-awegan, 3, *to carry away.*
Uteweardan, *from without.*
Utgán, *to go out, leave.*
Utgang, 1 m., *Exodus, out-going.*
Uton, *let us.*
Utsetl, 1 n., *a sitting apart.*
Uðwita, 4 m., *a philosopher.*

W.

Wác, wáclíc, *humble, poor, weak, feeble.*
Wacian, ode, *to wake, watch.*
Wáclíce, *wretchedly.*
Wácnys, 2 f., *worthlessness.*
Wacol, *watchful;* -líce, *watchfully.*
Wacon, 2 f., *watchfulness.*
Wæccan, *to watch.*
Wæcce, 4 f., *watching, vigil.*
Wǽd, 2 f., *a garment.*
Wǽdl, 2 f., *poverty.*
Wǽdla, *poor;* 4 m., *a poor man.*

Wæd.ian, ode, *to beg.*
Wæfels, 1 m., *a cloak, garment.*
Wæfersýn, 2 f., *a spectacle.*
Wǽg, 1 m., *a wave.*
Wǽg-bord, 1 n., *wave-board, a ship.*
Wǽg-faru, 2 f., *the sea-path.*
Wǽg-liðend, *wave-traversing.*
Wǽg-þel, 1 n., *a ship.*
Wǽg-þreat, 1 m., *a wave-host.*
Wæl, 1 n., *slaughter.*
Wæl-ben, 2 f., *a death-wound.*
Wæl-ceasiga, 4 m., *a slaughter-chooser.*
Wæl-fæðm, 1 m., *a deadly-embrace.*
Wæl-grim, *fatally fierce.*
Wæl-grýre, 1 m., *deadly-terror.*
Wæl-hlence, 4 f., *a coat of mail.*
Wæl-hreów, *cruel.*
Wæl-mist, 1 m., *a death mist.*
Wæl-net, 1 n., *a death-net.*
Wæl-regn, 1 m., *a fatal-rain.*
Wæl-stow, 2 f., *a battle-field.*
Wæl-streám, 1 m., *a death stream.*
Wæpn (en), 1 n., *a weapon.*
Wæpned-cyn, 1 n., *males.*
Wæpned-man, 1 m., *a man.*
Wǽr, 2 f., wǽre, 4 f., *a covenant.*
Wǽrfæst, *faithful.*
Wǽstm, 1 m., *fruit, growth, size, strength, creation, production.*
Wǽstmbǽre, *fruitful.*
Wæt, *wet, moist.*
Wæta, 4 m., *wet, moisture, a liquid.*
Wæter, 1 n., *water.*
Wæter - fæsten, 1 n., *a water-fastness.*
Wæðan, de, *to wander.*
Waflan, ede, *to be amazed.*
Wálá wá, *alas!*
Waldan. *See* wealdan, *to rule.*
Waldend, 1 m., *Lord, ruler.*
Wandrian, ode, *to wander.*
Wang, wong, 1 m., *a field, land.*
Wanhoga, *foolish.*
Wanian, ode, *to wane.*
Wannspédig, *poor.*
Wamb, 2 f., *the belly, womb.*
Warenian, ode, *to beware* (refl.)

Warnian, wearnian, ode, *to beware* (refl.)
Waru, 2 f., *wares, merchandise.*
Wǽð, waðu, 2 f., *a way.*
Waðum, 1 m., *a wave.*
Weá, 4 m., *wo, affliction.*
Weal, weall, wǽll, 1 m., *a wall.*
Weald, wald, 1 m., *a forest, grove.*
Wealdan, 1, *to govern, wield.*
Weald-leðer, 1 n., *a rein.*
Wealhstód, wealstód, 1 m., *an interpreter.*
Weallan, 1, *to boil, wave, surge.*
Weard, 2 f., *a guard.*
Weardian, ode, *to guard.*
Wearm, *warm.*
Weaxan, wexan, 1, *to grow, wax.*
Wecg, 1 m., *a wedge.*
Wecgan, de, *to agitate.*
Wed, wedd, 1 n., *a pledge.*
Wédan, de, *to be mad, rage.*
Weder, 1 n., *a storm, weather.*
Weder-wolcen, 1 n., *a cloud.*
Weg, weig, 1 m., *a way.*
Wegan, 3, *to carry, move.*
Wegnest, 2 f., *food for a journey, viaticum.*
Wel (bet, betst), *well, much.*
Wela, 4 m., *weal, happiness, wealth.*
Wel-hwær, *everywhere.*
Welig, *rich.*
Well, wyl, 1 m., wella, wylla, 4 m., *a well.*
Wemman, de, *to defile, stain.*
Wén, 2 f., *hope.*
Wéna, 4 m., *expectation.*
Wénan, de, *to ween, hope, think.*
Wendan, de, *to go, turn, interpret.*
Weng, 2 f., *the jaw, cheek.*
Weód, 1, *grass, an herb, a weed.*
Weofod, 1 n., *an altar.*
Weonodland, *the land along the Vistula, land of the Wends.*
Weorc, 1 n., *work, labor.*
Weorpan, wyrpan, 6, *to throw, cast.*
Weoruld. *See* woruld.
Weorð, 1 n., *worth, price.*
Weorðan (59, n. 2), *to become, be*

Weorðe, wyrðe, wurðe, *worthy, honorable.*

Weorðgeorn, *desirous of honor, ambitious.*

Weorðian, ode, *to honor.*

Weorðscipe, 2 f.; *honor, worship.*

Wépan, 1, *to weep.*

Wépendlíc, *sorrowful.*

Wer, 1 m., *a man.*

Wer-beám, 1 m., *the race of man, a warrior.*

Werhám, 1 m., *Wareham.*

Werian, ede, *to keep off, parry.*

Wérian, ode, *to defend: — to wear.*

Wérig, *weary.*

Werod, wearod, weorod, wered, 1 n., *a multitude, host.*

Weroð, waroð, 1 m., *the sea-shore.*

Werscipe, 1 m., *valor, manhood.*

Wer-þeód, 2 f., *the human race.*

Wesan (59), *to be.*

West, *west;* westan, *from the west, westward.*

Wéste, *waste, desert.*

Wésten, 1 n., *a desert, waste.*

Wésten-gryre, 1 m., *desert-terror.*

Westlang, *west, towards the west.*

Westmest, *westernmost.*

West-seaxan, pl., 4 m., W.-seaxe, 3 m., *the West-Saxons.*

Wetmór, 1 m., *Wedmore.*

Wíc, 2 f., *a dwelling, street: — a castle, fortress, station.*

Wícan, 4, *to give way, yield.*

Wíc-gerefa (wícgefera), 4 m., *a governor.*

Wícian, ode, *to dwell, encamp.*

Wícing, 1 m., *a viking, pirate.*

Wíc-steal, 1 m., *a camp.*

Wíd, *wide, broad, great.*

Wíde, *widely.*

Wídgil, *large.*

Widl, 1 m., *pollution.*

Wíd-sæ, 1 m., *the open sea.*

Wíd-sið, 1 m., *a pilgrimage.*

Wíf, 1 n., *a wife, woman.*

Wífman, 1 m., *a woman.*

Wíg, 1 n., *battle.*

Wíga, 4 m., *a warrior.*

Wíg-bed, 1 n., *an altar.*

Wíg-blác, *glittering in armor.*

Wíg-bord, 1 n., *a battle-shield.*

Wígend, 1 m., *a warrior.*

Wíg-leoð, 1 n., *a war-song.*

Wíg-líc, *warlike.*

Wíglung, 2 f., *witchcraft.*

Wiht, 1 n., *weight.*

Wiht, 2 f., *a creature, a whit.*

Wiht, 1 n., *the isle of Wight.*

Wilcumian, ode, *to welcome.*

Wíld, *wild.*

Wíldeór, 1 n., *a wild animal.*

Willa, 4 m., *will, pleasure.*

Willan (50), *to will, wish.*

Wille-burne, 4 f., *a spring, well stream.*

Willsumnes, 2 f., *willingness.*

Wiln, 2 f., *desire, joy.*

Wilnian, ode, *to wish.*

Wilsǽte (pl.), 1 m., *the people of Wiltshire.*

Wín, 1 n., *wine.*

Wín-berie, 4 f., *a grape.*

Wind, 1 m., *the wind.*

Windan, 5, *to wind, whirl, roll.*

Windig, *windy.*

Winnan, 5, *to contend, win, labor, fight.*

Winteceaster, *Winchester.*

Winter, 1 m., *a winter, year.*

Winter-ceald, *winter-cold.*

Winter-lǽcan, hte, *to become winter.*

Winter-líc, *wintry, belonging to winter.*

Winter-setl, 1 n., *winter-quarters.*

Winter-tíd, 2 f., *winter-time.*

Wirheal, *Wirhall.*

Wís, *wise.*

Wísa, 4 m., *a leader, wise man.*

Wiscan, te, *to wish.*

Wísdóm, 1 m., *wisdom.*

Wíse, 4 f., *a guise, manner thing.*

Wisle, 2 f., *the Vistula.*

Wíslíc, *wise;* -líce, *wisely.*

Wist, 2 f., *food, repast.*

Wistfullian, ode, *to feast.*

Wít (t), 1 n., *the mind.*

Wita, 4 m., *a senator.*

14

Witan, 4, *to know.*
Witan, witian, ode, *to blame.*
Witan. *See* gewitan, *to depart.*
Wite, 1 n., *affliction, punishment.*
Witega, 4 m., *a prophet, wise man.*
Witegian, ode, *to prophesy.*
Witian, ode, *to decree, destine.*
Witig, *wise.*
Witland, *the country east of the Vistula.*
Witodlíce, *certainly.*
Witrod, 2 f., *a march, a marching host.*
Wið (gen., dat., acc.), *against, for, near, with;* wið þam þc, *to the end that.*
Wiðcweðan, *to oppose.*
Wiðerian, wiðrian, ode, *to oppose.*
Wiðerweardes, *against.*
Wiðerweardlíc, *perverse.*
Widerweardnys, 2 f., *perversity.*
Wiðerwinna, 4 m., *an adversary.*
Wiðinnan (acc.), *within.*
Wiðmetenes, 2 f., *a comparison.*
Wiðsacan, 2, *to refuse.*
Wiðstandan, 2, *to withstand.*
Wiðútan (dat., acc.), *without.*
Wlanc, *spirited.*
Wlance, wlence, 2 f., *riches, pride, wealth.*
Wlítan, 4, *to look.*
Wlíte, 1 m., *beauty.*
Wlíte-beorht, *beautiful.*
Wlítig, *beautiful.*
Wodensdæg, 1 m., *Wednesday.*
Wócor (er), 1 m., *offspring.*
Wól - bérendlíc, *deadly, pest-bringing.*
Wolcen, 1 n.; *sky, cloud, heaven.*
Woma, 4 m., *an alarm.*
Wong. *See* wang, 1 m., *a plain.*
Wong-stede, 1 m., *a field.*
Wonn, wan, *wan, dark.*
Wóp, 1 m., *weeping.*
Word, 1 n., *a word.*
Word-hord, 1 m., *the mouth.*
Worn, 1 n., *a multitude, a number.*
Woruld, 2 f., *the world.*
Woruld-búend, 1 m., *an inhabitant of the world.*

Woruld-gebyrd, 2 f., *a family*
Woruld-gessælð, 2 f., *worldly happiness.*
Woruld-gesceaft, 2 f., *a creature, creation.*
Woruld-hád, 1 m., *a secular state.*
Woruldlíc, *worldly.*
Woruld-wela, 4 m., *riches.*
Woruld-þing, 1 n., *a worldly thing.*
Wracu, 2 f., *revenge.*
Wræc, 2 f., *exile.*
Wræc, wrec, *wretched, exiled.*
Wræc-man, 1 m., *an exile.*
Wræc-sið, 1 m., *exile.*
Wrætlíc, *beautiful, wonderful.*
Wrað, 2 f., *a helpmeet, support.*
Wraðlíc, *clinging.*
Wrécan, 3, *to avenge, punish, drive out.*
Wrecca, wreccea, 4 m., *an exile, a wretch.*
Wreccan, ehte, *to speak.*
Wrídian, wríðian, ode, *to bloom, flourish.*
Wríhan, p., wreah, wrægon, pp., wrigen, *to cover.*
Wrítan, 4, *to write.*
Wrítere, 1 m., *a writer, scribe.*
Wrixlian, ode, *to exchange.*
Wrixendlíc, *mutual.*
Wrixendlíce, *in turn.*
Wuce, 4 f., wucu, 2 f., *a week.*
Wudu, 3 m., wude, 1 m., *a wood, forest.*
Wudu-fæsten, 1 n., *a wood-fortress.*
Wuduwe, widewe, 4 f., *a widow.*
Wuht, wiht, 2 f., *aught, a creature.*
Wuldor (er), 1 m., *glory, honor.*
Wuldor-cyning, 1 m., *the Glory-King.*
Wuldorfullíc, *wonderful,* -líce, *wonderfully.*
Wuldrian, ode, *to glorify.*
Wulf, 1 m., *a wolf.*
Wúnd, 2 f., *a wound.*
Wúnd, *wounded.*
Wúndian, ode, *to wound.*
Wundor, 1 n., *a miracle.*

Wundrian, ode, *to admire, wonder.*

Wundrum, *wonderfully.*

Wunian, ode, *to dwell, continue.*

Wunung, 2 f., *a dwelling.*

Wurma, 4 m., *grief, a worm.*

Wurð, 1 n., *worth, value.*

Wurð (adj.), *worth.*

Wurðful, *honorable, worthy.*

Wurðlíc, *worthy; -líce, worthily.*

Wurðmynt (d), 1 m., *honor.*

Wurðscipe, 1 m., *dignity.*

Wyl, 1 m., wylla, 4 m., wylle, 4 f., *a spring, well.*

Wylfen, *wolf-like.*

Wylle-burne, 4 f., *a spring.*

Wyll-flód, 1 m., *a raging flood.*

Wylm, 1 m., *fervor.*

Wyn, 2 f., *delight.*

Wynlíc, *delightful.*

Wyn-lond, 1 n., *a pleasant land.*

Wynstre, *the left hand.*

Wynsum, *pleasant.*

Wyrcan (ean), p., worhte, *to work, make, do.*

Wyrd, gewyrd, 2 f., *fate, destiny.*

Wyrfan. *See* hweorfan, *to turn, return.*

Wyrhta, 4 m., *a workman, maker.*

Wyrian (igan), ode, *to curse.*

Wyrman, de, *to warm.*

Wyrnan, de, *to refuse.*

Wyrpan, te, *to turn, to throw one's self down.*

Wyrrest, wyrst, *worst.*

Wyrse, *worse.*

Wyrt, 2 f., *an herb, plant.*

Wyrðe, weorðe, *worthy.*

Wyscan. *See* wiscan.

Y.

Ýdel, *idle.*

Yfel, 1 n., *evil, sickness.*

Yfelian, ode, *to do evil; — afflict: — to suffer evil, be afflicted.*

Yfemest, ufemest, *highest.*

Ylc, *same, the same.*

Yldan, de, *to delay.*

Yldest, *eldest.*

Ylding, 2 f., *delay.*

Ylda, 2 f. (15. n. 2), yldo, *age*

Yldra (*cp. of* eald), *older : — (in pl.), parents, elders.*

Ymb(e),(acc.), *about, concerning.*

Ymbe-bútan, te, *to restrain.*

Ymbhoga, 4 m., *care, anxiety.*

Ymbhwyrft, hweorft, 1 m., *an orbit, the world.*

Ymbhýdig, *anxious.*

Yymbhyped, *attacked.*

Ymbscrýdan, de, *to clothe.*

Ymbseón, *to look around.*

Ymbsettan, te, *to surround.*

Ymbsittan, 2, *to besiege.*

Ymbspréc, 2 f., *remark.*

Ymbspréce (adj.), *spoken of.*

Ymbsprécan, *to mention.*

Ymbútan, *round about; (prep. acc.), around.*

Ymbþencan, *to consider.*

Ypping, 2 f., *an expanse.*

Yrfenuma, 4 m., *an heir.*

Yrmð, 2 f., yrmðo(u), *distress.*

Yrnan, 5, *to run.*

Yrre, *angry.*

Ýst, 1 m., *the east, east wind: — storm, tempest.*

Yte (ýtere, ýtemest), *out, outer utter, utmost.*

Yteren, *made of otter skin.*

Yð, yðu, 2 f., *a wave.*

Yð-faru, 2 f., *a wave-course.*

Yð-hof, 1 n., *a wave-house, ship*

Þ. Ð.

Þá, *then, when;* þá gyt, *moreover,* þá þá, *when, then, when.*

Þær, *there;* þær to, *thereto, besides;* þær rihte, *immediately;* þær þær, *there where;* þæi wið, *therewith, concerning.*

Þæs, *thus, then, therefore;* þæs þe, *after that, because, afterwards.*

Þæslíc, *fit;* -líce, *fitly.*

Þæt (adv.), *until.*

Þafian, ode, *to permit, grant.*

Þanc, 1 m., *a favor, thank, thought, wish;* þances, *thank fully, voluntarily.*

Þancian, ode, *to thank.*

þancung, 2 f., *thanksgiving.*
þanon, þonan(e), *thence.*
þe, *than, or;* þe, . þe, *either,. or.*
þeáh, *though, yet, however;* þeáh
 þe, *although;* þeáh hwæðere,
 yet nevertheless; þeáh git, *as
 yet, hitherto.*
þeahtere, 1 m., *a counsellor.*
þeahtian, ode, *to consult.*
þearf, 2 f., *need, necessity.*
þearf, *needful, necessary.*
þearfa, 4 m., *a poor man.*
þearfan, *p.,* þorfte, *subj.,* þurfe,
 (54, 2), *to need.*
þeáw, 1 m., *custom;* pl., *morals,
 virtues.*
þeccan, *p.,* þeahte, þéht, *pp.,* ge-
 þeaht, *to cover, overwhelm.*
þegen, þegn, þén, 1 m., *a servant,
 thane.*
þegn-scipe, 1 m., *service.*
þel, 2 f., *a plank.*
þel-fæsten, 1 n., *a ship.*
þe-læs þe, *lest.*
þencan, *p.,* þóhte, *to think.*
þenden, *while, so long as.*
þengel, 1 m., *a prince.*
þénian, ode, *to serve.*
þénung, 2 f., *service.*
þeód, 2 f., *a nation, people, host;
 —the gentiles.*
þeódan, de, *to serve.*
þeóden, 1 m., *the Lord, a prince.*
þeóden-hold, *faithful, loyal.*
þeódisc, 1 n., *a native, people.*
þeódscipe, 1 m., *a community.*
þeóf, 1 m., þeófa, 4 m., *a thief.*
þeón, 6, *to flourish.*
þeónde, *powerful, flourishing.*
þeóster, *dark.*
þeósterful, *dark, gloomy.*
þeóstru, 2 f., *darkness.*
þeow, 1 m., þeowa, 4 m., þeowe,
 4 f., *a servant.*
þeowdóm, 1 m., *service.*
þeowian, ode, *to serve.*
þincan, *p.,* þúhte, *to think, seem.*
þing, 1 n., *a thing, state;* þing-
 um, *because of.*
þingian, ode, *to pray, intercede.*
þingung. 2 f., *intercession.*
þólian, ode, *to suffer.*

þonne, *then, when.*
þorn, þyrn, 1 m., *a thorn.*
þoterung, 2 f., *wailing.*
þrag, 2 f., *a season, time.*
þrage, *long, for a long time.*
þraec-wig, 1 m., *a battle.*
þreá, 3 m. (f.), *punishment.*
þreagan, de, *to chide.*
þreálíc, *direful.*
þreat, 1 m., *a host.*
þrí, *three;* þridda, *third.*
þringan, 5, *to rush, throng.*
þrittig, þritig, *thirty.*
þriwa, *thrice.*
þrótu, 2 f., *the throat.*
þrówian, ode, *to suffer.*
þrówung, 2 f., *suffering.*
þryccan, te, *to oppress.*
þrym, 1 m., *strength, a mass.*
þrymlíc, *glorious;* - líce, *glori-
 ously.*
þrym-setl, 1 n., *a throne.*
þrýnnys, 2 f., *trinity.*
þúf(e), 1 m., *a standard.*
þunian, ede, *to thunder.*
þurh (acc.), *through.*
þurhfleón, 6, *to fly through.*
þurhlonge, *so long.*
þurhsceótan, 6, *to pierce through.*
þurhsmean, smeagan, de, *to
 inquire into.*
þurhstingan, 5, *to stab, pierce.*
þurhteón, *to make, complete.*
þurhwunian, ode, *to continue.*
þurstig, *thirsty.*
þus, *thus.*
þúsend, *a thousand.*
þúsend-mælum, *by thousands.*
þweán, 2, *to wash.*
þwyrnys, þweórnys, 2 f., *perver-
 sity.*
þý, *on this account;* þy læs, *lest.*
þyder, *thither;* þyderweard, þy-
 derwearde(s), *thitherward, on
 the way thither.*
þyrn-cyn, 1 n., *thorn-kind, a
 thorn.*
þyrstan, te, *to thirst.*
þyslíc, *such.*
þysterful, *dark.*
þýstre, þeóstre, *dark, obscure.*
þýstru, 2 f., *darkness.*

ADDITIONS TO VOCABULARY.

Adýdan de, *to kill.*
Adwæscan, ede, *to quench, appease.*
Ahefod, *p.p.* of ahebban.
Ahreósan, 6, *to rush.*
Anig, *any.*
Aroda. *See* aræda.

Beorn, 1 m., *a man, prince.*
Betweonan, *between, among.*
Blícan, 4, *to glitter.*
Brocian, ode, *to destroy afflict.*

Clypian (cleopian), ode, *to speak, call.*
Cweðan, 3, *p. pl.* cwædon, *p p.* cweden, *to speak, say, call.*
Cwiman. *See* cuman.

Dryre, 1 m., *a fall.*
Dwelian, ede, Dwolian, ode, *to err.*

Ealand, 1 n., *an island.*
Earmian, ode, *to pity.*

Fordrifen, *fever-smitten.*
Forþon. *See* forþam.

Gálscipe, 1 m., *wantonness.*
Gehladan, 2, *to load.*
Gelp. *See* gilp.
Genedd. *See* genýdan.
Geot. *See* get.
Geweorht. *See* gewyrht.
Gewyldan, *p.* gewealde, *to subdue, conquer.*
Gio. *See* giu.

Hæftned, 2 f. (1 m.), *captivity, control.*
Hilde-wræsen, *a war-chain.*
Hlud, *loud.*
Hyðian, *to devastate.*

Iland. *See* igland.

Nánwuht. *See* náwiht.

Ræcan, -hte, *to reach.*

Sættan. *See* settan.
Scacan, 2, *to shake, brandish.*
Scíma, 4 m., *brightness.*
Smýrian, ede, *to anoint.*
Stæfen (stefen), 2 f., *a sound, voice.*
Sticcemǽlum, *here and there.*
Stígan, 4, *to ascend.*
Swíð, *strong, powerful, great.*
Swíðrian, ode, *to increase, prevail.*
Sylen, 2 f., *a gift.*

Tól (-les), 1 m., *tribute, toll.*

Unateallendlíc, *innumerable.*
Untreówa, 4 m., *falsehood, perfidy.*

Weorod. *See* werod.

Yrsian, ode, *to be angry at, to anger.*

þon. *See* þam.
þonne, *then, than.*
þrosm, 1 m., *smoke.*

Latin Text-Books.[2]

INTROD. PRICE

ALLEN & GREENOUGH:	Latin Grammar	$1.12
	Latin Composition	1.12
	Cæsar (7 books, with vocabulary; illustrated)	1.25
	Sallust's Catiline	.60
	Cicero (13 orations, with vocabulary; illustrated)	1.25
	Cicero de Senectute	.50
	Ovid (with vocabulary)	1.40
	Virgil (Bucolics, and 6 Books of the Æneid)	1.12
	Preparatory Course of Latin Prose	1.40
ALLEN	Latin Primer	.90
	New Latin Method	.90
	Introduction to Latin Composition	.90
	Latin Reader	1.40
	Latin Lexicon	.90
	Remnants of Early Latin	.75
	Germania and Agricola of Tacitus	1.00
BLACKBURN	Essentials of Latin Grammar	.70
	Latin Exercises	.60
	Latin Grammar and Exercises (in one volume)	1.00
COLLAR & DANIELL:	Beginners' Book in Latin	.00
COLLEGE SERIES OF LATIN AUTHORS.		
CROWELL	Selections from the Latin Poets	1.40
CROWELL & RICHARDSON:	Brief History of Roman Lit. (BENDER)	1.00
GREENOUGH	Virgil:—	
	Bucolics and 6 Books of Æneid (with vocab.)	1.60
	Bucolics and 6 Books of Æneid (without vocab.)	1.12
	Last 6 Books of Æneid, and Georgics (with notes)	1.12
	Bucolics, Æneid, and Georgics (complete, with notes)	1.60
	Text of Virgil (complete)	.75
	Vocabulary to the whole of Virgil	1.00
GINN & CO.	Classical Atlas and Geography (cloth)	2.00
HALSEY	Etymology of Latin and Greek	1.12
	Classical Wall Maps (three or more), each	3.50
KEEP	Essential Uses of the Moods in Greek and Latin	.25
KING	Latin Pronunciation	.25
LEIGHTON	Latin Lessons	1.12
	First Steps in Latin	1.12
MADVIG	Latin Grammar (by THACHER)	2.25
PARKHURST	Latin Verb	.35
PARKER & PREBLE:	Handbook of Latin Writing	.50
SHUMWAY	Latin Synonymes	.30
STICKNEY	Cicero de Natura Deorum	1.40
TETLOW	Inductive Latin Lessons	1.12
TOMLINSON	Manual for the Study of Latin Grammar	.20
	Latin for Sight Reading	1.00
WHITE (J. W.)	Schmidt's Rhythmic and Metric	2.50
WHITE (J. T.)	Junior Students' Latin-English Lexicon, (mor.)	1.75
	English-Latin Lexicon (sheep)	1.50
	Latin-English and English-Latin Lexicon (sheep)	3.00
WHITON	Auxilia Vergiliana; or, First Steps in Latin Prosody	.15
	Six Weeks' Preparation for Reading Cæsar	.40

Copies sent to Teachers for Examination, with a view to Introduction, on receipt of Introduction Price.

GINN & COMPANY, Publishers,

BOSTON, NEW YORK, AND CHICAGO.

Greek Text-Books.

		Intro. Price.
Allen:	Medea of Euripides	$1.00
Flagg:	Hellenic Orations of Demosthenes	1.00
	Seven against Thebes	1.00
	Anacreontics	.35
Goodwin:	Greek Grammar	1.50
	Greek Reader	1.50
	Greek Moods and Tenses	1.50
	Selections from Xenophon and Herodotus	1.50
Goodwin & White:	Anabasis, with vocabulary	1.50
Harding:	Greek Inflection	.50
Keep:	Essential Uses of the Moods	.25
Leighton:	New Greek Lessons	1.20
Liddell & Scott:	Abridged Greek-English Lexicon	1.90
	Unabridged Greek-English Lexicon	9.40
Parsons:	Cebes' Tablet	.75
Seymour:	Selected Odes of Pindar	1.40
	Introd. to Language and Verse of Homer, { Paper	.45
	{ Cloth	.60
Sidgwick:	Greek Prose Composition	1.50
Tarbell:	Philippics of Demosthenes	1.00
Tyler:	Selections from Greek Lyric Poets	1.00
White:	First Lessons in Greek	1.20
	Schmidt's Rhythmic and Metric	2.50
	Oedipus Tyrannus of Sophocles	1.12
	Stein's Dialect of Herodotus	.10
Whiton:	Orations of Lysias	1.00

College Series.

Beckwith: Euripides' Bacchantes.
  Text and Notes, Paper, .80; Cloth, $1.10; Text only, .20.
D'Ooge: Sophocles' Antigone.
  Text and Notes, Paper, .95; Cloth, $1.25; Text only, .20.
Dyer: Plato's Apology and Crito.
  Text and Notes, Paper, .95; Cloth, $1.25; Text only, .20.
Fowler: Thucydides, Book V.
  Text and Notes, Paper, .95; Cloth, $1.25; Text only, .20.
Humphreys: Aristophanes' Clouds.
  Text and Notes, Paper, .95; Cloth, $1.25; Text only, .20.
Manatt: Xenophon's Hellenica, Books I.-IV.
  Text and Notes, Paper, $1.20; Cloth, $1.50; Text only, .20.
Morris: Thucydides, Book I.
  Text and Notes, Paper, $1.20; Cloth, $1.50; Text only, .20.
Seymour: Homer's Iliad, Books I.-III.
  Text and Notes, Paper, .95; Cloth, $1.25; Text only, .20.
Smith: Thucydides, Book VII.
  Text and Notes, Paper, .95; Cloth, $1.25; Text only, .20.

Sanskrit.

Arrowsmith:	Kaegi's Rigveda, (*translation*)	$1.50
Elwell:	Nine Jatakas (*Pali*)	.60
Lanman:	Sanskrit Reader	1.80
Perry:	Sanskrit Primer	1.50
Whitney:	Sanskrit Grammar	2.50

Copies sent to Teachers for Examination, with a view to Introduction, on receipt of Introduction Price.

GINN & COMPANY, Publishers,

BOSTON, NEW YORK, AND CHICAGO.

SCIENCE AND HISTORY.

NATURAL SCIENCE.

		INTROD. PRICE
Everett:	Vibratory Motion and Sound	$ 2.00
Gage:	Elements of Physics	1.12
	Introduction to Physical Science	1.00
Hale:	Little Flower-People	.40
Hill:	Questions on Stewart's Physics	.35
Journal of Morphology	(per vol.)	6.00
Knight:	Primer of Botany	.30
Williams:	Introduction to Chemical Science	.80

PHILOSOPHICAL SCIENCE.

Davidson:	Rosmini's Philosophical System	2.50
Hickok:	Philosophical Works	.00
Ladd:	Lotze's Outlines of Metaphysic	.80
	Lotze's Outlines of Philosophy of Religion	.80
	Lotze's Outlines of Practical Philosophy	.80
	Lotze's Outlines of Psychology	.80
	Lotze's Outlines of Æsthetics	.80
	Lotze's Outlines of Logic	.80
Seelye:	Hickok's Mental Science (Empirical Psychology)	1.12
	Hickok's Moral Science	1.12

POLITICAL SCIENCE.

Clark:	Philosophy of Wealth	1.00
Clark & Giddings:	The Modern Distributive Process (retail)	.75
Macy:	Our Government	.70
Political Science Quarterly	(per vol.)	3.00
Seligman:	Railway Tariffs and the Interstate Law (retail)	.75

HISTORY.

Allen:	Readers' Guide to English History	.25
Andrade:	Historia do Brazil	.75
Fiske-Irving:	Washington and His Country	1.00
Halsey:	Genealogical and Chronological Chart	.25
Journal of Archæology	(per vol.)	5.00
Judson:	Cæsar's Army	1.60
Montgomery:	Leading Facts of English History	1.00
	English History Reader	.60
Moore:	Pilgrims and Puritans	.60
Myers:	Mediæval and Modern History	1.50
	Ancient History	1.40

*Copies sent to Teachers for Examination, with a view to Introduction,
on receipt of Introduction Price.*

GINN & COMPANY, Publishers.

BOSTON.   NEW YORK.   CHICAGO.

MODERN LANGUAGES, Etc

MODERN LANGUAGES.

		INTROD. PRICE
Becker:	Spanish Idioms	$1.80
Collar.	Eysenbach's German Lessons	1.20
Cook:	Table of German Prefixes and Suffixes	.05
Doriot:	Illustrated Beginners' Book in French	.80
Knapp:	Modern French Readings	.80
	Modern Spanish Readings	1.50
	Modern Spanish Grammar	1.50
Spiers:	French-English General Dictionary	4.50
	English-French General Dictionary	4 50
Stein:	German Exercises	.40

MISCELLANEOUS.

Ariel:	Those Dreadful Mouse Boys	.75
Arrowsmith:	Kaegi's Rigveda	1.50
Burgess.	The American University	.15
Channing:	Delbruck's Introduction to the Study of Language	.94
Culver·	Epitome of Anatomy	.20
Davidson:	The Place of Art in Education	.20
	The Parthenon Frieze and other Essays	1.50
	A Dante Handbook	1.12
Dippold:	Emanuel Geibel's Brunhild	.45
Fisk·	Teachers' Improved Class Books	
Flagg:	Pedantic Versicles	.75
Halsey:	Genealogical and Chronological Chart	.25
Harrington:	Helps to the Intelligent Study of College Preparatory Latin	
Hitchcock:	Manual for the Gymnasium	.25
Hofmann:	Inaugural Address	.25
Hudson:	Daniel Webster	.25
J. B. G.:	Queen of Hearts	.20
Lectures on School Hygiene		.80
Leighton:	Harvard Examination Papers	1.00
Prince·	Courses of Studies and Methods of Teaching	.75
Monoyer:	Sight Test	.12
Packard:	Studies in Greek Thought	.80
Seelye.	Growth through Obedience	.25
Smith & Blackwell:	Parallel Syntax Chart	1.00
Stevens:	Yale Examination Papers	.75
Straight:	True Aim of Industrial Education	.10
Super:	Weil's Order of Words in the Ancient Languages compared with the Modern	1.12
Warren:	True Key to Ancient Cosmology	.20

Copies sent to Teachers for Examination, with a view to Introduction, on receipt of Introduction Price.

GINN & COMPANY, Publishers.

BOSTON.   NEW YORK.   CHICAGO.

Lightning Source UK Ltd.
Milton Keynes UK
UKHW020703141222
413914UK00006B/515